茶金帝國

與

海上絲路 II

廣東十三洋行的變遷與重生

The Legend of
Thirteen Hongs
of Canton

十三行大火（關喬昌 繪 西元一八二二年）

起火時，關喬昌（啉瓜二世）正與十三行總商伍秉鑑隔江觀望。
啉呱以畫筆記錄下這場災難性的天災。

清朝中期的廣州西關

廣州西關靠近碼頭、交通便利，但建築密度高、長年堆滿易燃貨物，一旦著火，經常蔓延成毀滅性的大型火災。

西洋山水圖（史貝霖 繪）

因為主題豐富、質優價廉，史貝霖的中式油畫取代了紙本繪本和彩色木板畫，成為清朝中期主要的外銷藝品。

孔雀開屏圖（郎世寧 繪）

清朝玻璃畫

西洋繪師如郎世寧等，擅長以明暗對比、透視法，呈現中國水彩畫風。到清朝中期，西方市場吹起巴洛克風格，要求在高檔傢俱上嵌入玻璃畫。（隨著清式家具的出口日增，玻璃畫更加本土化）

伯駕師徒診療（關喬昌 繪）

郭雷樞與病患（關喬昌 繪）

畫家關喬昌（啉呱二世）曾因眼疾向伯駕求診，並因此留下畫作。兩幅畫都是描繪當時中國病患接受西醫的形象。

西洋油畫：十三行夷館前廣場

熱鬧的十三行夷館前廣場，是當時專屬外國商人旅館及辦公場所，大火後更是廣設柵欄，隔離華人禁止進入。

南少林遺跡

泉州、廈門一帶，有許多未隨鄭成功退出內陸的部下，為反抗清朝「留頭不留髮、留髮不留頭」的政策，他們多數削髮為僧躲避。傳聞少林寺的興建便與這些明鄭遺民息息相關。

龍川胡氏宗祠

祠堂是清代遺留至今最多的建築，清代富商如伍國瑩等人，為保全財產，其宗祠的建築規格甚至常常高於所屬家族的住宅。

西歐國家首次向清國派出的正式使節船

這個使節團實際由三艘船艦共航，該畫圖中為英國大使馬戛爾尼搭乘的主艦「印度斯坦號」。

張保仔號，仿造的紅旗幫海盜船

每個星期四，張保仔號都會揚起醒目的紅帆，從尖沙嘴出發滑過維多利亞港海面，展現香港人對紅旗幫的懷念之情。

位在香港離島區長州上的「張保仔洞」

相傳張保仔夫婦將掠奪來的財寶，藏在香港島和大嶼山間的山洞。

達爾文與小獵犬號雙桅帆船

英國博物學家達爾文率領的科學研究船，西元一八三一年展開環球之旅，五年內陸續造訪南美洲、大洋洲、東南亞和非洲。

終止東印度公司業務的英王威廉四世

威廉四世解散東印度公司，並宣稱「按照中國政府的合理要求」，設立駐華貿易監督一職。

被燒毀的美國國會大廈

西元一八一四年，英軍攻陷華盛頓，火燒國會大廈。大火燒毀美國國會三千多卷圖書館藏，兼具美學與價值象徵的白宮潔白牆面背後，據傳至今仍留著火燒後燻黑的磚石。

十八世紀高檔瓷器〈骨瓷〉

骨瓷是英國發明家弗萊在西元一七四八年發明出的高檔瓷器，由不同造型和不同裝飾風格發展出一批世界知名品牌。英國特倫特河畔斯托克又稱史篤城，是英國瓷器工業的重要產地，號稱瓷都。

目錄

II 紅與藍

III 無色商脈

推薦序I／漫談茶金帝國與海上絲路

政治大學臺灣史研究所碩士、獨立研究學者／陳力航

近來，由溫昇豪、連俞涵等人主演的《茶金》在台灣掀起一陣熱潮，《茶金》談的是戰後新竹北埔茶產業的故事。然而，台灣茶業的展甚早，早在清治後期，台茶就開始外銷，一八六〇年代後期，台茶曾銷往澳門、美國，而其中的故事也很精彩。如果大眾看了《茶金》，進一步對茶葉貿易的歷史故事感興趣的話，羅三洋先生所著的《茶金帝國與海上絲路》這本書，非常適合做為了解東方茶業在早期外銷歐美的傳奇故事。

《茶金帝國與海上絲路》這本書，雖說是以廣東十三行為主軸，但是它的視角不只侷限在東亞，而是將廣東十三行，甚至是整個清帝國放入世界史的脈絡中探討，而本書也不局限在經濟，沒有一大堆數字與術語。如此敘述方式，讀者不會有太大負擔，可以順著作者筆觸，回到時空當下，理解歷史背後的政治、經濟、軍事因素。

本書還有一個特別之處，就是能夠在歷史框架下，告訴我們各方態度與盤算是甚麼？不會只呈現單一地區與視角，讀者在閱讀之餘，也能感受作者有趣筆法，比如在第82頁提到：「大部分外洋商船都從事過海盜行動，只不過有些海盜行動僅限於搶對方幾桶淡水，有些則是計畫縝密的攻城略地」，作者應該是看過許多海盜史料，才如此下筆，對於歷史研究者而言，在浩瀚的史料之海中，看到幾則有趣的史料，心情往往是興奮的，只是這往往要碰運氣，而透過作者視角，

讀者也能清楚感受到作者爬梳、整理史料的功夫。

又如第 193 頁提到：「據說，當時被『茶黨』倒入海中的茶葉，後來還被撈起來曬乾，繼續在北美市場上銷售，可見當時北美茶葉市場之炙手可熱」。談到波士頓茶黨事件，許多人只知道茶葉被倒入港中，不太知道說這些茶葉，到底後來怎麼了，據說是被打撈起來再度販賣。也許在現代人眼光當中，會覺得不可思議，如果此事為真，也顯示當時中國茶葉的珍貴。

過往，教科書只能以有限篇幅敘述這段有趣的歷史，對於有興趣進一步涉獵的人來說，本書更詳細，但又不會艱深，可以滿足學生或者是一般社會大眾的需求，特此推薦。

推薦序II／多變時代的舵手——大清行商的起落

知識型歷史 YouTuber／Cheap

《茶金帝國與海上絲路》是一本很精采的書，書中詳細而不失趣味地介紹了明代與清代兩個中原王朝與外國互動的故事。此外，作者還試圖分析，為何西方國家逐漸變得比東方國家富強。是一開始就這樣嗎？還是中間有許多轉折跟巧合？又或者是制度與思想使然？這個有意思的問題，相信讀者讀完本書後，可以得到不失深度、令人滿意的答案。

作者從葡萄牙人與西班牙人的教皇子午線，一直講到明代與葡萄牙的戰爭。介紹走完全球航線的麥哲倫，又闡述不知名的華人富翁與他們的經營之道、國際政治眼光。這些眼光，其實與行商的興起到衰落不無關係，順著這個脈絡，便能了解東印度公司曾經有多強，而國家與國家之間，又是如何進行全球霸權的更迭？這些在本書裡都多有敘述。不僅如此，在這個變動的時代裡，臺灣作為東亞轉運站，又扮演怎樣的腳色，這也是本書重要的一隅。

隨著作者細膩的文筆，讀者的思想能夠暢快地走回那個饒富趣味的競爭時代，不僅從國際歷史的角度、也從時下流行的經濟學視角去看。讓人能好好品讀這些決定世界格局的事件，在起初到底是怎麼一回事，有非常完整的畫面感。

不僅交代國際政局，對於中國境內發生的事情與其衍伸的國際糾葛，作者更是信手拈來，並將彼此關係做了清楚的連結與介紹。譬如何謂皇商？什麼是官商？為何有華人的地方，即使是小島，也能夠吸引歐洲殖民者？而明清時期盛行的朝貢貿易，又如何讓小國發大財？歐洲人起初是如何與中國人合作，最後雙方卻怎樣破局？隨著一個接一個引人入勝的問題，作者一步一步帶讀者理解：為什麼強盛如斯的大清帝國、東方強權，最後毀得一敗塗地。為什麼一度可與東印度公司匹敵的廣州十三行，卻又在優勢情況下敗陣？而一度風光無兩、富可敵國的行商，為何最後卻自嘲自己連狗都不如？

《茶金帝國與海上絲路》在既有歷史知識的格局上，撥開重重迷霧，做了更加深入的介紹。想必喜好歷史的讀者，不僅讀來親切，也會獲益匪淺。若想理解我們當今的世界、國際格局為何如此？本書非常值得一讀。

第一章

游走於黑白兩道之間的商業鉅子

在十九世紀、這個大海權時代，廣東十三行的商人們的確取得了輝煌的商業成就。不過，就像許多成功人士不得不揹著灰色十字架，十三行內，其實也隱藏了許多不可告人的秘密。在眾多涉及十三行人的歷史文件中，關於他們「怪事」多半已是「不可考」不會去探討，或以此引導讀者的思路，不過，若要解讀那些確實存在於史料上的「疑難謎題」，探索者們確有必要做出更深入的分析。所以首先，就讓筆者從十九世紀上半葉的世界首富、十三行總商伍秉鑑的身世、家族開始，與各位一起深入十三行菁英們的內心世界。

伍秉鑑的曾祖父伍朝鳳，祖籍福建泉州府晉江縣安海鄉，在明末清初從晉江移居廣州後做起小本生意，趁著「三藩之亂」爆發、廣州房地產價格回落之機，在海幢寺西南側、漱珠湧運河東岸買下一塊地皮，並依照老家的名字，稱這裡為「安海鄉」，從此人稱這一家人為「安海伍氏」。

伍秉鑑的父親伍國瑩與叔父伍國釗，在少年

晚清商業帝王伍秉鑑

伍秉鑑的怡和行由英國人扶植在東印度公司的交易裡面，一直佔了很大的份額，幾乎壟斷了中國的對外海上貿易，又透過他的義子，美國鐵路大亨約翰・穆瑞・福布斯名下受其資助的旗昌洋行參與投資密西根中央鐵路，涉足美國鐵路工業。

時，偶然結識了同樣遷居廣州河南島，海幢寺旁的福建籍富豪潘振承，並在後者所開的同文行中，擔任帳房先生的要職。西元一七六九年，伍國瑩的第三個兒子伍秉鑑出生於廣州，在他之上，還有長兄伍秉鏞和二哥伍秉鈞。

伍秉鑑出生的時候，伍國瑩由於精通財務、數學和外語，深得老闆潘振承和諸多外國商人的讚賞，已經掙得了一筆可觀的資產，本來足以保證童年的伍秉鑑衣食無憂。然而，天有不測風雲，由於美國獨立戰爭導致的全球經濟危機，泰和行、裕源行等洋行紛紛倒閉，粵海關收入下滑，急於增加洋行的數量，於是在西元一七八二年，建議夷務熟練的伍國瑩創建自己的洋行。

伍國瑩卻擔心此時獨立經營不景氣的外貿行容易虧本，又不敢得罪粵海關官員，於是採取了避而不見的鴕鳥政策，沒想到反而激怒了當局，被迫加入他並不熟悉的傳統行業當起了鹽商。

果然，伍國瑩在擔任鹽商的第一年就蒙受龐大的虧損，給家庭帶來了巨大的經濟壓力，也讓童年的伍秉鑑對商海的瞬息萬變、風雲詭譎，有了初步認識。

伍國瑩因投入鹽業貿易賠光了本錢，深自悔恨沒有接受海關監督提供的行商執照，於是重新向粵海關申請建立元順行。英國東印度公司的管理者，鑑於伍國瑩過去擔任同文行帳房先生的優異表現，認為「他會起作用」，在元順行剛開張時，就慷慨地下了三千六百箱武夷茶的大單。元順行的業務從此順利開展，不但在創業三年後便躍居十三行的第六位，還擁有七萬餘兩白銀的英國東印度公司債權❶。

身為元順行老闆的三公子，伍秉鑑似乎這輩子註定將享盡榮華富貴。可是在成為世界首富之前，命運就是要跟他多開點玩笑。

伍國瑩本身是個技術型的人才，但他雖精通商業能出色完成副手的工作，卻缺乏領導者必備的遠見與氣魄，從早年投入鹽商事業的虧損就看得出來，他應付不了突如其來的挑戰。

西元一七八八年初，十三行總商潘振承突然去世，次年法國大革命爆發，全球外貿遭到劇烈地衝擊，元順行因此受到牽連，虧損的程度之巨，甚至難以再承受官方攤派的苛捐雜稅，和積欠帕西商人高利貸。因現金流斷鏈，伍國瑩本人甚至一度被英國東印度公司一名會計誘到夷館，囚禁了數日才得以脫身。

才剛創建不過五年的元順行，因積欠海關關稅及其他稅捐已到資不抵債，幾乎宣告破產，而潘振承的繼承人潘有度，卻忙於爭產及料理亡父後事，也自顧不暇，但對於安海伍氏來說，更大的麻煩才正席捲而來。

按清朝政府規定，廣東十三行都是「無限公司」，必須承擔無限責任，也就是說一旦商行倒閉，洋行老闆不僅要以「詐騙罪」被發配新疆，家產充公償還全部債務及利息外，甚至家屬連帶也要變賣為奴抵債。上百年來，破產的商行老闆都是這個命運，如此一來，剛成年正準備踏入婚姻殿堂的伍秉鑑，勢必要和伍家人一起失去財產和自由，被當作奴隸拉到市場上賣掉。

所幸，他有個與眾不同的父親。與逆來順受的同行們相反，拒絕屈服於厄運與清朝淫威的伍國瑩，帶著全家老小潛逃了！在清兵衝入安海鄉抄家時，伍家宅第早已人去樓空。

廣東十三行老闆破產後帶領家人潛逃，這在清朝是史無前例的爆炸性事件。按當時英國東印度公司保留的貿易記錄，伍國瑩（浩官一世）自從在西元一七八四年成立元順行以後，一直表現得很活躍，每年都要與英國東印度公司做兩、三艘船的生意。但這個數字在一七八八年下降為一艘，此後再無貿易記錄，足見元順行及其老闆伍國瑩，已經從廣東十三行外貿市場上消失。❷直至西元一七九三年，伍國瑩的次子伍秉鈞才以「沛官」的新商名，重建怡和行，再度開始與英國東印度公司開展貿易。

根據《安海伍氏族譜》的記載，伍國瑩直至西元一八〇〇年才去世，但他早在一七八八年就被逐出廣東十三行，從此不得再參與外貿。伍秉鈞復出以後，伍國瑩也沒有試圖再重建「元順」這個商號，而是讓兒子註冊新商號「怡和」，這肯定是為了避嫌，可見伍國瑩一度曾攜家潛逃的負面影響之大。

但是，作為破產後悍然潛逃的通緝犯，伍國瑩父子是怎樣鹹魚翻身的呢？儘管現有史料都對伍家在西元一七八八到一七九二年之間的神秘經歷諱莫如深，但種種跡象顯示，他們的藏身之地離廣東並不遠。

在前文中，讀者可能已經留意到潘家和伍家這些最成功的家族，都來自福建，而且都住在與廣州城隔著珠江水道的河南島。伍家宅第就位於漱

伍家花園舊照

伍家花園佈局分為祠、園及原有景物等幾個部分，其入口處稱伍家祠道，至今地名猶存。通過伍家祠道進入園內，其北側有土地祠，南側依次排列荷塘、竹林，然後進入萬松園。（關於清代宗祠制度及影響，請參閱本書第五章）

珠湧運河東岸的安海鄉，與運河西岸的潘有度家隔水相望，北鄰廣東省最大的佛寺：海幢寺。

事實上，伍家宅第與海幢寺僅一街之隔。按照中國傳統的風水學理論，住宅本不應建在離寺廟這麼近的地方，何況海幢寺所在地區，離廣州城、廣州西關的十三行辦公地點均有相當的距離，住在這裡，天天都得坐船渡過珠江去上班，實在是自討苦吃。

這一地區交通不便、風水又差，十三行商人們在資金緊張的創業初期在此居住，可以理解，但在發家致富以後，依然堅持在此地定居，而不搬到明顯更適合工作和生活的廣州城內和西關十三行一帶的「外貿區」（按：他們在這些地區也購置了房產，但僅供出租和短期休息之用，家屬都長期定居河南島），反倒兼併附近的地產，擴張毗鄰海幢寺的宅第規模並將宗祠都建在這一帶，實在令人費解。

如果說單只是某個家族堅持定居於此，或許還可以用他們對創業根據地感情深厚來解釋，但十三行商有志一同的選擇似乎不是偶然事件，更像有股無形的力量，促使他們聚在海幢寺周圍。

更奇怪的是當乾隆末年，英國東印度公司提出來華人員因為行動被限制，只能出沒在夷館等少數地區缺乏運動、經常生病，請求清朝當局批准他們定期、定點出外旅行時，潘有度等廣東十三行洋商建議廣東當局批准洋人出遊的兩個景點，就是海幢寺與陳家花園。海幢寺一帶，因此成為全廣東乃至全中國境內，國際化程度僅次於澳門的地區。[3]

而這兩個景點都與潘家關係密切。陳家花園是廣東十三行早期行商陳壽官的故居，後來被潘振承買下，此地毗鄰十三行夷館，倒是在情理之中；可是，十三行商人安排外國商人長期、頻繁前往遠離廣州城、十三行與黃埔港的海幢寺遊玩，就著實令人費解了。[4]

潘有度等廣東十三行洋商，應該很清楚這些外國商人大多為基督徒、穆斯林和祆教徒，不適宜出現在佛寺裡。難道他們只是出於一片熱情，想邀請外國商人藉遊覽海幢寺之機，順便到自己家中來做客？或是因為他們篤信佛教，想勸說外國異教徒皈依佛門？

都不是。潘有度、伍國瑩等廣東十三行洋商，之所以一定要住在海幢寺邊周圍，還費盡心機給外國商人創造遊覽海幢寺的條件，是因為海幢寺不僅僅是一座佛寺。實際上，它只是看上去像一座佛寺，裡面卻大有玄機。

海幢寺原址本為私人宅第「郭氏花園」，明末清初時，郭家將其捐給僧人、改建為佛寺。由於明末清初時廣東戰亂頻仍，物質條件極度匱乏，所以海幢寺一開始規模很小，直到康熙初年，由今無（阿字）和尚擔任住持才大範圍擴建，甚至躍居廣東佛寺之首。原因不僅是今無和尚道行高深，廣受善男信女尊奉，更因為他和師弟今釋（澹歸）、今種和尚三人擁有的、獨特的政治資源。

今釋和尚俗名金堡，浙江杭州人，「複社」成員。複社是明末著名的文人社團，在清朝初年培育出陳子龍、夏允彝、黃淳耀、顧炎武、黃宗羲等許多反清志士，楊廷樞、方以智、陳貞慧幾個成員則在南明敗亡後，削髮為僧、拒絕與清朝合作。

康熙皇帝在華東的特務頭子兼「統戰」官員、曹雪芹的祖父曹寅，就曾經專門抄錄《複社姓氏》作為黑名單，還寫了一篇《複社姓氏記》，錄入他的文集《楝亭文鈔》裡。文中稱：「嗚呼！即二千二百五十五人而明亡矣！」

金堡是複社成員之一，崇禎十三年（西元一六四〇年）考中進士，明亡後在家鄉起兵抗清，失敗後跟隨永曆帝輾轉到廣西堅持抗清，擔任給事中，名列政治團體「五虎」，因能言善辯被稱為「虎牙」。

金堡因陷入南明政權內部黨爭，後來入獄被打成殘廢，出獄後逃到廣東，削髮出家。但他身殘志堅，一面與平南王尚可喜家族保持密切往來（尚可喜家族為海幢寺捐了很多錢），一面又以跛腿僧人身分跋山涉水，遠赴福建莆田聯絡當地堅持反清、與廈門鄭成功方面保持秘密聯繫的「蓮社」人士。

此時，金堡的另一位同榜進士、南明兵部尚書、浙東巡撫盧若騰到廈門投奔鄭成功。不久，盧若騰的少年好友道宗（達宗）和尚也來到廈門，與盧若騰一同幫助鄭成功謀劃反清大業。

今種和尚俗名屈大均，讀者對這個名字可能有些眼熟。不錯，他就是介紹廣東十三行的著名詩篇《廣州竹枝詞》的作者。廣州被清軍攻陷以後，十八歲的屈大均參加反清鬥爭，失敗後至肇慶投奔南明永曆帝。同金堡一樣，由於在南明官場失意，屈大均後來也削髮為僧，法名「今種」，成為今無、今釋的師弟。

南明滅亡後，屈大均以「今種和尚」的身分北上中原，遊歷名勝古蹟，號稱「廣東徐霞客」，但其真正的用意，卻是聯絡顧炎武等具有「複社」背景的南明遺民，共同反清復明。鄭成功與張煌言北伐南京時，今種和尚曾向他們提供過許多情報。

今釋、今種兩人都是堅定的反清復明志士，作為他們的師兄，今無和尚執掌海幢寺以後，就在今釋、今種等同門兄弟的幫助下，將這座佛寺變成了鄭郟、陸圻、鄭郊、徐孚遠等諸多南明遺老活動的反清復明大本營。

這些人同鄭成功多有聯繫，顯然也與清朝最大的秘密組織天地會關係密切，他們的朋友道宗（達宗）和尚，更被稱為天地會的祖師之一。

天地會，又稱洪門，通常被認為是由泉州、廈門一帶的鄭成功部下，在福建南少林寺建立的秘密組織，宗旨為「驅除韃虜，恢復中華」，簡稱「反清復明」。鄭成功被清軍趕出大陸以後，很多留在大陸的部下為了應對清政府「留頭不留髮，留髮不留頭」的文化壓迫政策，剃髮出家，以僧人的身分掩護其反清復明的秘密行動。

天地會內部一直有康熙皇帝在福建「火燒南少林寺」，倖存的五位南少林僧人「少林五老」逃到鄰近的長林寺，投奔道宗和尚，六位僧人共同創建天地會的傳說。雖然現在看沒有什麼確鑿史料支持，但也反映出天地會與華南佛寺的密切聯繫。

鄭芝龍、鄭成功父子，均與明末清初中國的海外及沿海貿易關係密切，鄭成功反清鬥爭的經濟基礎，大部分來源於海上貿易，其麾下眾多部將都參與其中。台灣鄭氏政權敗亡之後，一些堅持反清的鄭氏餘部，以「義興公司」等名目漂泊海上，繼續從事貿易活動，兼做海盜劫掠，康熙年間分別以「仁、義、禮、智、信」五字為旗號的「海賊」徐榮集團，就是其中的一部分。清朝政府多次下令「遷海」和「禁海」，主要針對的就是這些有天地會背景、致力於反清復明的海盜們。

至於天地會本身，一開始就組織鬆散，任何成員在獲得足夠的部下支持以後，都可以自由成立分會，各分會之間可能密切合作，可能相互對抗，也可能完全沒有來往。拿現代語言講，天地會就像一個傳銷組織，或是一個去中心化的區塊鏈平台。

綜上所述，受到鄭成功逝世和清朝政府下令「遷海」和「禁海」的打擊，大批原來從事海外貿易和海盜活動的人員，被迫湧入平南王尚可喜控制的廣東，得到尚可喜家族的庇護，並在尚可喜家族參與的「三藩之亂」中起過一定作用。廣州海幢寺由於擁有地鄰珠江航道的交通便利，加上和廣州城相隔珠江的偏遠位置，成為削髮為僧的廣東天地會成員們主要的隱蔽地和聯絡站。於是，海幢寺在康熙五年建大雄寶殿、地藏閣，次年又建天王殿、韋馱殿、伽藍殿等，一時高僧雲集，盛極一方，呈現爆炸性地發展。

隨著福建天地會成員來到廣東的，不僅有「反清復明」勢力的驚人財富，還有他們獨特的武術——洪拳（顧名思義，洪門之拳），到清末甚至出現過如黃飛鴻等武術大家，在社會上有廣泛的影響。

據海幢寺的昌懷法師介紹，相傳南少林寺被毀以後，「少林五老」五枚師太、至善禪師及其弟子方世玉等「少林十虎」在海幢寺居住期間曾經傳習武術，留下一根「五枚棍」，可能就是雙節棍的鼻祖。南少林寺的僧人「少林五老」和「少林十虎」雲集海幢寺，絕不是偶然的，恰恰說明了這兩座寺廟與天地會之間的秘密聯繫，以及他們研習洪拳的目的。追根溯源，天地會傳授洪拳的主旨，最初主要並不是為了幫助華人抵禦洋人欺侮，而是為了增強其成員抗擊清軍的能力。

清朝政府的很多檔案資料都顯示，當台灣鄭氏政權敗亡、天地會走入地下之後，教授拳術成為其核心骨幹發展組織、吸納新成員的重要手段[5]。

天地會既然是反清復明的秘密組織，就不能留下明顯的文字材料讓清政府發現線索、抓捕鎮壓，而是用各種隱晦的稱呼和暗號來相互聯絡。與青幫成員多數是京杭大運河的漕運水手一樣，在清朝，從福建和長江中下游地區運輸茶葉、絲綢和陶瓷等外銷商品到廣州的水手們和貨棧、客棧人員多為天地會的成員。因此，「拜碼頭」一詞及其儀式、手勢、暗語和傳統在天地會成員中成為常識，並且逐漸擴展成為社會用語和習俗。

廣東十三行商人長期住在廣東天地會的主要根據地海幢寺周圍，雇用的工人又多為天地會成員，他們與天地會又是什麼關係呢？（哥老會人物與事蹟，見於本書P36）

西元一八一六年，這個秘密曝光了。這一年，清軍在廣西東蘭州（今東蘭縣）的天地會成員姚大羔家裡，搜獲了天地會的核心材料《會簿》，書中詳細記載了「火燒南少林寺」等天地會的發展經歷和主要的儀式、手勢、暗語。

在這份絕密文件裡，多次提到天地會的女聯絡員「艄婆」（水母）住在廣州的「海棠寺」，有時寫作「海童寺」或「海潼寺」，指的無疑都是海幢寺，因為在粵語中，海幢寺與海童寺、海潼寺發音相同，海幢寺的俗稱就是「海棠寺」。

在海幢寺附近的珠江南岸，至今還有一處名為白鶴洞的地方，《會簿》說，天地會總舵主、被金庸在《鹿鼎記》中譽為「平生不識陳近南，就識英雄也枉然」的陳近南（本名陳永華，鄭經的軍師、鄭克臧的岳父）就「在白鶴洞修道，各處村莊唱道為名，

參與戊戌變法的畢永年

據載，自立會起義失敗後，畢永年勸說唐才常無果後「遂投入廣州某寺」，不久後便病歿，與中會與湘顎中興勢力的聯繫也大為削弱。

訪賢為實」，目的是「複效桃園結義，做先生，教習兄弟，再複明朝，定中原之江山。」

海幢寺裡的一個天地會組織名叫「蓮社」，又稱「白社」，這個組織在福建也存在，甚至可能比天地會還要古老，今釋就曾遠赴莆田聯絡他們。

後來，海幢寺一直熱衷於接納反清人士。例如西元一九〇〇年，戊戌變法的重要參與者、湖南哥老會「龍頭」畢永年，在組織惠州起義戰敗後就逃到海幢寺並剃髮出家，兩年後在寺外被清兵刺殺（一說在寺內病逝）❻。

事實上，在海幢寺中活躍的不僅有反清復明志士，還有形形色色的外國人。據長期旅居廣東的美國商人亨特記載，歷任海幢寺主持，都對外國遊客異乎尋常地熱情，即便在鴉片戰爭之後也沒有改變；海幢寺的一大特色，是飼養了十二頭大肥豬，「肥得幾乎都要走不動了」，對外宣傳說，這樣做是教育民眾要愛護生命❼。

世界上恐怕沒有幾座佛寺會養豬，海幢寺養豬的真實用意，顯然是紀念明朝，因為明朝皇帝姓「朱」，「朱」與「豬」同音，所以明朝百姓不敢說「殺豬」，而是以殺「萬里哼」替代。

種種證據顯示，潘、伍兩大十三行商人家族住宅的近鄰海幢寺，就是清朝廣東省的天地會主要根據地，也是反清復明運動的主要策源地之一。以潘、伍兩家行商為代表的十三行商人熱衷於安排外國商人頻繁造訪海幢寺，並不是為了向他們宣傳佛教，而是因為這座寺院裡有許多反清復明志士和洪拳大師，清政府的眼線很難進入，在這裡可以放心大膽地談論一切話題，甚至包括如何與外國勢力合作推翻清朝的秘密計畫。

廣東十三行商人十分熟悉天地會，而天地會也非常重視廣東十三行。在姚大羔的《會簿》裡，

「廣東十三行」是個多次出現的地名。例如《盤問兄弟》：

「……爾舡在那（哪）裡來？」
答曰：「是長沙漢口起程。」
「爾的舡何能這樣快？」
答曰：「子午時起程，丑時就到廣東十三行。」
「這樣好風？」
答曰：「佛祖皇天助我一陣風。」
「爾的貨是何人？」
答曰：「是義兄合店，弟（第）三間洪盛店。」

再如《盤問包袱》：

「布在那（哪）裡買來？」
答曰：「在廣東十三行義合店、第三間洪盛店買來。」

又如《盤問煙銅》：

「爾在那（哪）裡買來（銅煙斗）？」

答曰：「廣東十三行義合店第三間、洪盛店買來[8]。」

在天地會《會簿》裡反復出現的「廣東十三行義合店、第三間洪盛店」，看來也是天地會在廣東的重要據點。從《會簿》中看，「義合」或「義兄合」似乎是廣東十三行中的一個商行。可是，查遍廣東十三行的商行名稱，都找不到一家叫「義合」的商行。

隱含暗語的「天地會會票」

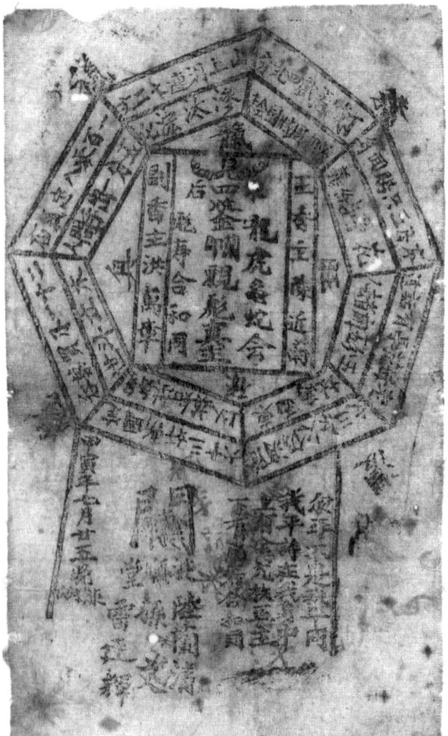

不過，由於天地會成員大多文化程度有限，《會簿》中的很多字都被寫成了同音字，如「百」寫作「白」，「第」寫作「弟」，「攔」寫作「蘭」，「守」寫作「手」，甚至連「天地會」有時也寫作「添弟會」等。那麼，廣東十三行中，有沒有哪家商行採用了「義合」的同音字，作為自己的商號呢？

答案明擺著：天地會《會簿》裡的「義合店」，指的就是伍國瑩的次子伍秉鈞，在西元一七九三年建立的「怡和行」！無獨有偶，在道光皇帝的聖旨等清朝官方文獻中，「怡和行」也多次被寫為「義和行」！

身為清朝的「紅頂商人」，伍國瑩父子一直在暗中為天地會工作，而他們並不是孤例。作為廣東十三行的領軍人物，同文行潘家和怡和行伍家的祖先，不約而同地在清朝初年從福建來到廣東，又不約而同地選擇定居在河南島上、緊鄰海幢寺的地方，直到鴉片戰爭爆發時都沒有遷離，現在看來絕非偶然。

可以斷言，他們的整個家族都是天地會成員。也就是說，隨著福建籍商人在廣東十三行中佔據主導地位，遲到雍正年間，清朝的「天子南庫」廣東十三行，就已經落入主張「反清復明」的天地會（洪門）之手。

以潘、伍兩家為代表的廣東十三行洋商，因而具備複雜的雙重屬性：表面上，他們是清朝官商，戴紅頂、穿補服，為清帝國（特別是清朝皇室御用的小金庫內務府）提供重要的經濟支援，和各種涉外服務；暗地裡，他們是天地會成員，與海盜和外國勢力密切聯繫，一心要顛覆清帝國。

所以，他們實際上是具備複雜社會歷練和多重人格的雙面間諜。這些商人既為清朝經濟做貢獻，也想要革掉清朝的命。

回顧歷史，台灣鄭氏政權敗亡之後，天地會在軍事上遭受重挫，自知已經無法與清帝國正面抗衡，為了保存並發展實力，只能將經營重點轉移到外貿上。這一思路的轉換，在屈大均身上表現得最為明顯。他在《廣東新語》書中寫下「洋船爭出是官商，十字門開向二洋。五絲八絲廣緞好，銀錢鋪滿十三行」詩句，正是在西元一六八三年鄭克塽降清，到一六八七年《廣東新語》首次出版期間。

鄭氏政權敗亡是對天地會的最沉重打擊，屈大均似乎從此淡出政治事務，一心研習學術。然而，從他對廣東十三行和外貿的關注中，我們可以看出天地會要滲透廣東十三行，以商戰取代血戰的方式繼續反清復明大業。於是，在康熙末年，天地會集中滲透並最終控制了廣東十三行的核心商行。自雍正年間開始，天地會以外的商人就很難在廣東十三行取得成功了，難怪雍正皇帝會為此勃然大怒。

而天地會做這種選擇，不僅僅是為了掙錢養家，還有政治和軍事上的考慮。早在南明末年，面對清軍步步緊逼的窘境，向西方列強借兵重整山河，就已經成為南明小朝廷的主流思想。這與南明初年企圖「借虜平寇」，聯合清軍剿滅大順、大西軍思想一脈相承。

因此，在清軍進攻廣東、廣西期間確實有一些葡萄牙雇傭兵為明朝戰鬥，鄭芝龍、鄭成功父子麾下同樣不乏白人和黑人雇傭兵。在南明的死敵清軍中，同樣有來自西方的工程技術人員，而且，據明末清初在中國親歷戰爭的義大利耶穌會傳教士衛匡國記載，入侵明帝國的許多清軍將士來自伏爾加河流域，甚至有來自莫斯科和波蘭的，可能是當時沙皇俄國派去東征西伯利亞的哥薩克，或卡爾梅克人（衛拉特蒙古人）。9

基於「借虜平寇」思想，南明政府還曾在西元一六四九年，派大臣黃宗羲渡海去日本求救兵，但被奉行閉關鎖國政策的幕府將軍德川家光拒絕。10

為了達到抗衡清軍的目的，南明永曆皇室最後甚至集體皈依天主教，王太后取教名海倫娜，以女信徒的身分，寫信向梵蒂岡求援，懇請羅馬教廷發動十字軍遠征中國，幫助漢人驅逐滿人，但信還沒送到歐洲，永曆皇室就被緬甸引渡給清軍處死。11

在這種「借洋滅清」的思想引導下，低潮中的天地會很容易做出與西方各國加強往來的決定，而康熙皇帝在消滅鄭氏政權以後開放海禁，正好給天地會成員提供了一條與外國人合法來往的通道——外貿，他們於是蜂擁而入，一步步地控制了清帝國的沿海外貿。

就這樣，位於天地會根據地海幢寺的潘家和伍家發展成為廣東十三行的領袖。難怪天地會《會簿》中會多次出現十三行及相關地名，而終身反清的屈大均，還要在他的詩中縱情謳歌十三行給羊城帶來的繁

在桂林抵抗清軍的南明雇傭兵

葡萄牙火槍隊曾經幫助南明抗擊清軍。一向驕橫的清軍騎兵，沒想到葡萄牙人的大炮打得那麼遠，士氣因此大挫。葡萄牙火槍隊趁勢殺到城外，擺出歐洲流行的「摩里斯步兵方陣」，把清軍騎兵打得落花流水。

榮，十三行總商潘有度也作詩描繪大批外國人遊覽海幢寺，並在寺內密談的景象。像是這首詩：「紅燈白燭漫珠江，萬顆摩尼護海幢。日暮層樓走千步，呢喃私語影雙雙。」

既然自從雍正年間開始，廣東十三行的主要商人就出自主張反清復明的天地會，清政府對此也有所察覺，尤其是在西元一八一六年繳獲天地會《會簿》以後，完全可以確認海幢寺及伍秉鈞、伍秉鑑兄弟的怡和行，是廣東天地會的主要根據地，清朝為什麼不調集重兵血洗海幢寺和十三行，一舉剷除這個禍源？因為投鼠忌器。

經過清初幾十年的血腥鎮壓，清政府很清楚漢族人口數量大、文化發達，想在國境內完全根除反清復明思想是不現實的。而十三行商人們借助天地會背景，在國內外樹大根深，如果血洗海幢寺和十三行，非但不可能將其骨幹成員全部消滅，反而會讓更多關係者逃向南洋，轉投外國政府和華僑親屬，爾後在中國沿海展開海盜活動，對清朝統治危害極大。

更加高明的辦法，是關閉福建、浙江的通商口岸，只許在鄭成功沒有民意基礎的廣東「一口通商」，順勢引導大陸反清復明勢力集中到珠三角地區，便於管理，並派遣大量貪官污吏到廣東去對他們巧取豪奪，盡可能不讓十三行商人變得太富有，再挑動他們與廣東其他社會團體的矛盾，將其孤立。

這樣，反清復明思想自然就會變成一盤散沙，不再像清朝初年那麼有煽動性。只要反清復明勢力沒有割據土地、組織軍隊，僅限於在海幢寺裡發發牢騷，訓練幾位拳師小打小鬧，而且還能不斷向朝廷捐款進貢，清政府就對他們睜一隻眼、閉一隻眼。畢竟比起清白的普通百姓，有把柄握在政府手裡的人，反而更容易管理。

清政府這個政策雖然有些無奈，但是非常高明也非常受基層官員歡迎。當時，正逢乾隆皇帝下令在廣東「一口通商」，十三行業績大增之際，十三行商人伍國瑩在欠稅破產以後，敢於拒捕潛逃而且在幾年以後返回廣州，還收回了原先的房產，讓兒子重建洋行並拿到十三行牌照，這一系列不可思議的行動背後，肯定有清政府與天地會的暗中交易。

如果伍國瑩及其家族，是扶持海幢寺的天地會骨幹成員，那麼一旦家中有難，他們必定會尋求海幢寺的保護，而海幢寺的艄婆（水母，即船尾掌舵人）等天地會成員，必將保護伍國瑩及其家族坐船離開大陸，前往對天地會友好的安全地區避難。這樣的秘密行動，對天地會骨幹成員來說早已駕輕就熟，清朝大部分海盜集團都有天地會的影子，從福建到馬來半島的無數島嶼，都在這些天地會海盜的控制之下，而廣東十三行肯定一直在給他們提供資助。

在廣東十三行的資助下，十八世紀末中國東南沿海的海盜活動愈演愈烈，最終與境外勢力結合，演變為安南侵華艦隊。伍家在西元一七八八到一七九二年之間在中國大陸上失蹤，這個時間視窗同安南局勢有著密切關係。

西元一七八八年元旦，安南國王阮光平大破兩廣總督孫士毅率領的清軍，同年，伍國瑩就攜家逃離中國大陸；一七九二年夏季，安南海軍首次突襲中國東南沿海，當年伍國瑩就攜家返回中國大陸，這其中的緣由耐人尋味。從時間分析，存在這樣一種可能，那就是阮光平統一安南以後，提出要效法勾踐和孫權，征服華南與華東，同清帝國劃江而治。

當時，阮光平麾下有大批華人軍官而且多為天地會成員，他的這個想法，很可能源於天地會成員的建議。[12]

作為天地會成員，不排除潘振承、伍國瑩等廣東十三行洋商，與阮光平頻繁往來，借貿易之便向阮光平提供各種援助的可能性。換言之，阮光平在升龍戰役中擊敗清軍後，伍國瑩一家便立即從廣州消失，也許不僅是因為繳不起稅，而是因為害怕逃回廣州的孫士毅日後調查報復，才坐船逃往安南投靠阮光平了。可惜阮光平正要北上進攻廣東，卻碰上法軍在他的國土南部登陸，加上死敵阮福映也乘虛而入，阮光平只得與清帝國講和。伍國瑩本想帶著安南軍隊殺回廣東，這時卻身陷窘境，被迫長期滯留在安南。

到了西元一七九二年，伍國瑩一家總算有機會隨安南艦隊殺回廣東，不料阮光平突然病死，又導致這次軍事行動半途而廢。此時，孫士毅早已調任四川總督，和繼任兩廣總督的福康安一起被乾隆派往西藏，抗擊廓爾喀入侵。廣東當局正好是群龍無首，已很少人知道伍國瑩的過去，他趁機返回廣州，在潘有度等同屬天地會的友人協助下，成功地將自己「洗白」，並安排二兒子伍秉鈞組建怡和行。

按照英國東印度公司的檔案記載，伍國瑩很可能去了比越南更遙遠的國土。西元一七九三年，沛官（伍秉鈞）建立怡和行以後，就做了一樁與眾不同的生意，對象是英國大使馬戛爾尼勳爵。這位英國大使當年乘坐「印度斯坦號」，是十九世紀來華最大的一艘船，上面滿載了他帶給乾隆的祝壽貢品！[13]

馬戛爾尼曾經在回憶錄裡提到，廣東十三行的兩位洋商（即同文行老闆潘有度與而益行老闆石中和），並對他們進行了詳細的描述和評價，可是，他並沒有選擇這兩位財大氣粗、經驗豐富的洋商承保自己的船，而是選擇了剛剛獲得外貿許可證的怡和行老闆，伍秉鈞。

在這之前伍秉鈞家族離境潛逃已達五年之久，可說是臭名昭著，而一家無限公司居然能夠鹹魚翻身，本屬史無前例的奇蹟，老闆伍秉鈞當時年方二十七歲，從未有過獨自承攬外貿貨單的商業經驗，何德何能敢承保馬戛爾尼勳爵朝貢乾隆的商船？

更值得玩味的是馬戛爾尼在回憶錄裡，只提和自己沒有業務往來的潘有度與石中和，對伍秉鈞竟一字不提，反過來說，伍家在破產停業五年之後，居然能為作為「貢船」的英國大使的船艦擔保，不僅印度斯坦號裝卸的所有商品全部免稅，穩賺不賠，而且做為商行重新開張的宣傳，是多大的面子？

怡和行負責承保馬戛爾尼勳爵的「印度斯坦」號，勳爵及其部下，就不可能不認識伍秉鈞，從此以後，清朝官員還有哪個敢在伍家與怡和行頭上動土？

據西元一八一六到一八一七年訪華的英國阿美士德使團秘書，艾理斯記載，他們一行抵達廣州以後曾經在伍浩官（伍秉鑑）家的房子裡住過幾天，而旁邊的一棟舊房子，是馬戛爾尼來華時曾經住過的地方，歸伍浩官的父親所有！⓮

通常來說，外國商人抵達廣州之後都住在自己選擇的保商的夷館中，馬戛爾尼使團自然也不例外。在阿美士德使團訪華時，伍秉鑑的父親伍國瑩已經去世，但在馬戛爾尼訪華時還健在。

也就是說，當年在這裡接待馬戛爾尼下榻的，毫無疑問就是伍浩官的父親伍國瑩！馬戛爾尼不僅肯定認識伍國瑩、伍秉鈞父子，而且還在他們的房子中住過好幾天，與伍家的親密程度，肯定遠超與其他中國商人的關係，但他在回憶錄裡對其隻字不提。多麼奇怪！馬戛爾尼勳爵這樣做，究竟在掩護誰？恐怕只有天地會！只有為了反清復明大業隱忍了一百多年的天地會，才可能導演出這些詭秘大戲。

與義大利黑手黨一樣，天地會原本是公開反抗外族侵略和壓迫的武裝組織，軍事鬥爭失敗後被迫向下層社會隱蔽發展，逐漸演變成為地球上最大的黑社會組織。

清朝統治的兩百六十七年中，三分之一以上的反抗鬥爭，是由天地會發動的。同時，天地會在海外華人中享有最高的威望，具備最強的組織能力。歷經百年風雨的英國東印度公司管理層，肯定很清楚與天地會搞好關係，是自己在遠東貿易平安興旺的必要條件。

由此可推敲，當天地會需要扶持伍國瑩、伍秉鈞、伍秉鑑時，便把怡和行獨自承保「印度斯坦號」作為一項政治任務，交給了英國東印度公司，而英國東印度公司又將它交給了馬戛爾尼勳爵。馬戛爾尼勳爵完成了這項任務，伍家父子與怡和行由此鹹魚翻身，重新入主廣東十三行。

當然，這都是在海外以及海幢寺之類秘密場所達成的最高商業機密，無論是在中國還是在英國，都絕對不能形諸筆墨公佈於眾。

作為廣東十三行的代表人物，伍國瑩、伍秉鈞、伍秉鑑父子兼備清朝外貿官商與天地會成員的雙重身分，這兩種身分之間不可調和的矛盾，使他們終身都處於高度緊張與焦慮中，得罪其中任何一方，輕則遭受清政府重罰或商船被海盜洗劫，重則自己的腦袋都要搬家。

他們這樣的廣東十三行洋商的確很富有，社會地位也不算低，卻從未得到過清政府的完全信任，備受官員壓榨和欺凌的同時，又得面對天地會內部的各種鬥爭，同時還需要應付國際局勢和外國勢力花樣百出的各種挑戰。巨大的生活壓力帶給他們的痛苦，可能遠甚於巨額財富帶給他們的歡樂，難怪廣東十三行洋商屢屢非正常死亡。

不瞭解廣東十三行的天地會背景，就難以全面領會廣東十三行的複雜本質。馬戛爾尼使團並未成功完成自己的訪華使命，但在拿破崙戰爭期間，英國對華貿易的依存度卻有增無減，因此，英國東印度公司不得不進一步加強與廣東十三行的聯繫，並試圖透過放貸等商業手段，扶持能夠滿足英國要求的商行，打擊不能滿足英國要求的商行。

十三行首席行商蔡世文自殺一年後，西元一七九七年又爆出行商中排名第二的源順行，欠英國東印度公司六萬多兩白銀，包括欠帕西商人十二萬餘銀圓貨款，無法按期還清。其實，源順行經營狀況不錯，老闆祚官向英國東印度公司提出，只要借給自己「兩、三千元」就可渡過難關，不料卻被拒絕，最終只能宣告破產，這真是一塊錢憋死英雄漢⑮。

源順行破產以後，在英國東印度公司的要求下，源順行的資產、債務和貿易份額，全由伍秉鈞的怡和行接管，怡和行自此躍居廣東十三行的第三位，由此也可見，怡和行與英國東印度公司關係之親密。

然而，天有不測風雲，西元一八〇〇年，安南侵華艦隊主力在松門山海域意外地被颱風毀滅，消息傳到廣東，伍國瑩借外力反清復明的理想破滅，在絕望中溘然長逝。而他那擔任怡和行老闆的次子伍秉鈞，頂不住這些壞消息及新任粵海關監督佶山嚴厲壓榨的雙重打擊，於次年也突然撒手人寰。

怡和行老闆的職務，就這樣順理成章地落在了伍國瑩三子伍秉鑑的身上。伍秉鑑以三十一歲的年齡出任怡和行老闆時，沒有人看好這個年輕人的前景，因為他不僅要支付佶山的巨額勒索，還要應對海盜與拿破崙戰爭帶來的無數挑戰。好在他的運氣不錯，他入主怡和行僅四個月，佶山就被調離粵海關監督，繼任者三義助對待十三行洋商的態度要和藹寬厚得多，另一個重要原因也許是安南內戰的結束，清政府決定大幅削減海防軍費，不再需要廣東十三行的那麼多捐獻了。

儘管在松門山遭到重創，安南侵華艦隊的許多戰船依然完好，返回安南後，在海盜首領鄭七的率領下迅速恢復元氣，繼續與阮福映的海軍激戰，沒想到又在西元一八〇二年的一場颱風中，突然瓦解。阮福映乘機大舉北上，攻下升龍城，擒殺阮光纘與鄭七。

鄭七的堂弟鄭一及其妻子石氏（鄭一嫂）、部將張保仔等海寇，收編了這些原本就以中國海盜為主的安南海軍餘部，北上同中國本土海盜合流，號稱「紅旗幫」（紅色是天地會最喜愛的顏色，因為「紅」與「洪門」的「洪」諧音），與另一位安南海軍將領烏石二組建的「藍旗幫」等海盜組織相互配合，重新在中國東南沿海掀起滔天巨浪。

還是在西元一八〇二年，福建漳州紡織工蔡牽也在廈門造反，收編了幾艘安南侵華戰船，屢挫清軍，後來麾下有船隻近千艘，部下五萬多人，被各路海盜擁戴為鎮海王。

蔡牽頗具戰略眼光，決定建立一個鞏固的後方基地。像李旦和鄭成功一樣，他也盯上了台灣。西元一八〇五年，蔡牽大舉攻台，一度佔領台灣府城，不料後來在阿里山中了高山族部落的埋伏，死傷慘重，被迫撤離台灣。但到了一八〇八年一月，蔡牽捲土重來，在澳門以南的黑水洋上擊斃清帝國海軍第一名將、福建提督李長庚，廣東、福建、浙江三省震動⑯。受此劇變影響，僅僅一個月之後，潘有度急流勇退，宣佈解散同文行，廣東十三行總商改由廣利行老闆盧觀恒，與怡和行老闆伍秉鑑擔任。

更令廣東清朝官員恐懼的是，沒過多久，澳門海面上出現了一支比蔡牽武裝還要可怕的艦隊，戰船上面高懸著米字旗。

英國侵華艦隊終於來了。由於拿破崙在西元一八〇七年攻滅葡萄牙，並要求接管葡萄牙的所有海外殖民地，葡萄牙人大量聚居的澳門，便成為法軍最有可能控制的遠東城市。為了阻止法軍佔領澳門，亞瑟．威爾斯利中將在葡萄牙登陸的同時，印度總督明托勳爵也以「保護澳門」為名，向廣東派出了遠征軍。李長庚陣亡半年之後，這支英國艦隊攻佔了澳門，盤踞當地達三個月之久，並且炮擊虎門炮台，一路衝至黃埔島，威逼廣州城。

當時正逢清朝水師主力剛被蔡牽殲滅，「水師不敢禦艇匪（中國海盜），而艇匪乃深畏夷船（歐洲船）」。廣東「人心駭怖，寢息不安……水師林立，相顧動色而已」，普遍認為英軍將攻破廣州城，對抵抗毫無信心。17

兩廣總督吳熊光下令迎戰，清軍竟無一人敢開火，他被迫向嘉慶皇帝承認「若輕率用兵，彼船炮勝我數倍，戰必不敵，而東南沿海將受其害」，只是下令停止對英貿易了事，把一切交涉都交給廣東十三行去處理。

這樣，說服侵華英軍退兵的重任，就全部落在時任廣東十三行總商的廣利行老闆盧觀恒，與怡和行老闆伍秉鑑肩上了。在這兩人的耐心說服下，英方終於認清，自己還需要與廣東十三行的貿易來打贏拿破崙戰爭，不能在此時得罪清朝當局，於是撤離澳門。

事後，嘉慶皇帝將吳熊光革職，新任兩廣總督百齡上任後，看到盧觀恒與伍秉鑑兩個商人在廣東社會上聲望顯赫，十分嫉恨，於是上奏朝廷，要求以後外國商船到廣州時，不許外國商人與十三行商人私自達成買賣協定，而必須將船上貨物平均分作若干股，由粵海關監督公開抽籤，決定某商行應購買哪一股，以便抑制富有商行，培植窮困商行，令各個洋行的實力逐漸平均化。

不料，這個建議被軍機大臣駁回。百齡對此次挫折倒也無所謂，因為他的注意力已經轉移到鎮壓海盜上了，為了完成這一任務，他同樣急需廣東十三行的援助。

西元一八〇九年九月，蔡牽再度從安南基地出發襲擊廣東沿海，被福建水師擊敗，當時正值逆風，蔡牽無路可逃，於是鑿沉船底，與老對手李長庚一同安息於黑水洋海底。此時，另一個海盜大頭目鄭一已經因颱風溺水身亡，其妻石氏（鄭一嫂）改嫁給部將張保仔，二人進一步擴充「紅旗幫」的規模，達到五、六百艘船，四、五萬人之巨。

百齡希望在蔡牽死後首先解決的，就是張保仔的「紅旗幫」。為了達到這個目的，他首先得找到「紅旗幫」的根據地——香港，這個當年只是個荒蕪的海島，如今卻已發展為全球最富庶的國際化大都市之一的東方之珠，當地人至今仍對張保仔崇拜不已，並多次將其形象搬上銀幕。

每個星期四，「張保仔」號復古客船就會揚起醒目的紅帆，從尖沙咀出發，劃過維多利亞港的海面，展示著香港人對「紅旗幫」的懷念之情。在很多香港人看來，這座城市並非始於英國殖民者的精心設計，而始於張保仔、鄭一嫂夫婦的苦心經營，據說他們經常把搶劫來的財寶分散，埋藏在香港島和大嶼山上的山洞裡，至今還不時有探寶者去一試運氣。

其實，「香港」這個名字本來不指如今的香港島，僅指其西南部的一小片灘塗，即如今的「香港仔」。香港島原先的名字是「紅坎山」，這個名字與香港的許多地名如「紅香爐」「赤柱」「紅磡」「赤臘角」等一樣，具有紅色的含義，歸根結底，都可以追溯到張保仔的「紅旗幫」海盜大軍。

以紅坎山為基地，張保仔率領「紅旗幫」橫行珠江口三年，洗劫來往商船。張保仔可能是在西方最知名的中國海盜，電影《加勒比海盜》中周潤發扮演的華人海盜頭領嘯風，原型就是張保仔，因為他特別喜歡攻擊西方商船，還欠下了不少血債，當然也給廣東十三行造成了嚴重損失。然而，有個洋商行卻是特例，張保仔從來不許部下去碰它的商船，那就是伍秉鑑掌門的怡和行。黑道的紅旗幫與白道的怡和行，就這樣相互扶持，共同壯大。

有不少跡象顯示，張保仔與伍秉鑑交往頗為密切。西元一八〇九年九月，張保仔搶劫了幾艘英國東印度公司商船，結果給自己帶來了滅頂之災。

年底，清朝海軍和澳門葡萄牙海軍及英國商船聯合，在大嶼山赤臘角（今香港國際機場所在地）外海擊破紅旗幫海盜。同時，百齡推行的海禁政策也使海盜們得不到補給，生活日益艱難，張保仔的軍師郭學顯（綽號「郭婆帶」）率領一部分海盜「黑旗幫」投降清軍。

在幾次有伍秉鑑參加的談判後，張保仔終於在西元一八〇九年年底率三萬海盜向百齡投降，隨即又協助百齡，擒殺了堅決不肯降清的藍旗幫首領烏石二，因此功被封為澎湖副將，還得以保留一部分老海盜作為親兵。這以後，伍秉鑑與張保仔的往來增多，伍秉鑑甚至替張保仔在廣州城內買了宅邸，可見二人不是一般的朋友關係。[17]

誘擒烏石二以後，張保仔又陸續剿滅了不少廣東沿海和台灣海峽的海盜，軍功顯赫，按有關規定理應升任總兵。儘管地方當局和吏部均無異議，張保仔升官的計畫卻依然遭到杯葛。究其原因，張保仔在朝廷上有一個難纏的對手，此人恰恰也是伍秉鑑的福建老鄉：林則徐。

鴉片戰爭中的風雲人物林則徐，出生於一個負資產的小知識份子家庭。林則徐的祖父林正澄家庭人員眾多，卻又為了維持面子，辦了多場超出家庭經濟條件的紅白喜事，結果欠下巨額債務。

中國自古就沒有破產保護的概念，所以林正澄去世後，幾個兒子儘管「家無一尺之地，半畝之田」，卻還要連本帶息償還林正澄留下的債務。林則徐的父親林賓日同樣不善理財，而且出於個人愛好，飼養了一群昂貴的寵物——丹頂鶴，每天都要給這些大型食肉動物提供許多魚蝦作飼料，結果忙了半輩子，依然家徒四壁。

林家還清高利貸的全部希望，就都寄託在林賓日那智力超群的次子林則徐身上了，期待他能在科舉考試中出人頭地，進而升官發財。林則徐也不負眾望，二十歲時就考中了舉人，但次年到北京參加會試卻名落孫山，不僅沒考中進士，獲得一官半職，還因為差旅費，又多背負了一筆債務。就在這債台高築的絕境中，林則徐認識了張保仔。

從北京鎩羽而歸的林則徐迫於經濟壓力，選擇像大部分舉人一樣嘗試曲線進入官場，擔任官員的助理。他找到的第一份工作，是擔任廈門海防同知房永清的書記，而廈門海防同知的主要工作就是打擊、防範海盜。由於工作認真高效，林則徐很快獲得了房永清的上司、福建巡撫張師誠的賞識。

西元一八〇七年除夕夜，張師誠正式聘請林則徐擔任幕僚，隨即又為他的父親林賓日找到了一個肥差，父子二人的年薪都高達兩百多兩白銀，工作一年後便還清了全部貸款，還買下了租的房子。

有了這樣優厚的待遇，林則徐自然竭盡所能為張師誠效勞，而張師誠此時的主要任務就是與福建提督李長庚協力鎮壓蔡牽海盜集團。出乎他們意料的是，林則徐進入張師誠的幕府才一年，從廣東就傳來了蔡牽擊斃李長庚的壞消息，隨即英軍攻佔澳門，福建全省震動。

當此危局關頭，林則徐積極為張師誠出謀劃策，據其同事梁章鉅說，與張師誠有關海防的全部文書，都是林則徐起草的。他們的主要辦法，是一面整頓吏治和軍備，一面嚴厲緝拿、懲辦添弟會（天地會）成員，使海盜們得不到足夠的物資補給和軍事情報。

這些措施的效果立竿見影。西元一八〇九年八月，蔡牽與張保仔聯合北上進攻浙江，張師誠與林則徐指揮清軍在半路截擊，大破殿後的張保仔，迫使其撤回廣東。蔡牽慌忙掉頭迎戰，又被福建水師擊敗，逃至黑水洋受困，戰敗自殺。受此重創，張保仔一蹶不振，兩個月後也投降了清朝。

儘管如此，林則徐並沒有寬恕他。在日後出任翰林院編修和江南道監察御史期間，他至少兩次上奏嘉慶皇帝，強調「嚴紀律、擇將帥」的重要性，點名指出張保（張保仔）身為政治上不可靠的「投誠之人」，不僅不能升官，而且應該調離戰略要地或降職。張保仔仕途遇阻、大為沮喪，於西元一八二二年懷著對林則徐的徹骨仇恨鬱鬱而終。⑱

像林則徐這樣與天地會海盜不共戴天的人，在福建籍官員中鳳毛麟角，自然會受到清朝高層統治者的賞識。在張保仔降清過程中起到關鍵作用的伍秉鑑，消息向來靈通，自然認識到了林則徐是天地會多麼可怕的一個對手。

張保仔的死，只是給伍秉鑑與林則徐漫長的恩恩怨怨吹響了序曲而已。不過，在進入這段沉重的歷史之前，我們不妨先瞭解一下廣東十三行對清朝社會產生的多方面影響。

第二章

高價畫家、廉價勞工與免費醫生

作為清朝最重要的企業集團，廣東十三行對清朝社會產生了多方面的影響，上到皇室貴族，下到販夫走卒，可謂無處不在。即便是將中國帶入近代的風雲人物林則徐，也無法不受其影響，儘管他與廣東十三行矛盾重重。

在中國古代的所有政治名人中，林則徐可能是最早一位留下油畫肖像的。有趣的是給他作畫的藝術家並非外國人，因為當時西方藝術家在中國早就有了得意的中國學生。

中國人開始學習西方油畫，最早可以追溯到明末的天啟年間，當時有旅居澳門的義大利傳教士教授當地華人油畫技法，其得意門生倪雅谷、游文輝等人，後來被派到北京教堂進行油畫創作。

這場油畫風潮主要依附於天主教傳播，因此在康熙末年，隨著清朝當局查禁天主教，西方油畫也就在中國大陸銷聲匿跡。此後來華的西方畫家如郎世寧等，儘管使用了明暗對比和透視等西方繪畫技巧，但其作品的本質，仍是中國傳統的水彩畫，很少有西方油畫，其影響更是僅限於北京的一批皇親國戚。

西方油畫在華的第二個高潮，是從乾隆中期開始，結束於鴉片戰爭之後，發源於珠江三角洲，影響遍及東南沿海，其主要推動者正是廣東十三行。

隨著康熙皇帝重新開放海禁，西方藝術品立即出現在廣州外貿市場上，並迅速引起了廣泛的注意，但風格與中國人傳統審美觀有異的油畫並未廣受歡迎。到了英國征服印度和美國獨立戰爭時，飽受破產風潮之苦的廣東十三行，發現了一種頗受西方市場歡迎的新型出口產品，沒想到卻間接推動了西方油畫的本土化進程。

這種新型出口產品，便是享譽世界的「清式傢俱」。由於西方市場當時流行繁複的巴洛克藝術，要求在高檔傢俱上鑲嵌玻璃畫（畫在玻璃上的油畫，四周鑲有巴洛克風格的雕花金色鏡框），而水彩畫等中國傳統繪畫工藝在玻璃上的表現效果，不能令人滿意（除非上釉，但玻璃畫不允許上釉），只能求助於西方油畫。一開始，廣東十三行聘用旅居廣東的外國人創作玻璃畫，但隨著清式傢俱出口數量日增，玻璃畫的本土化勢在必行。

在這一領域取得創造性突破的，是同文行老闆潘有度的同時代人，史貝霖。與潘有度的父親潘振承一樣，史貝霖既能畫玻璃畫，也發表如《喬治．華盛頓總統》這類的布面油畫，因作品主題豐富且質優價廉，十分受到當時來華的外國人士喜愛，紛紛購買帶回本國。西元一七八九年，美國商人約翰．米雷斯寫下的《從中國到美國西北岸航行記》中，就讚揚史貝霖是一位優秀的中國畫家，且或許是這個龐大帝國在這一領域上，僅有的一位。從此，史貝霖的中式油畫取代了紙本繪畫及彩色木板畫，成為清朝中期最暢銷的外銷藝術品。

受此風潮影響，廣東十三行的商人們紛紛委託史貝霖畫個人肖像或風景畫，用來贈送外國友人。而一些廣東仕紳也開始以收藏油畫作品為榮。

仿效的力量是無窮的。史貝霖的成功帶動了一大批中國油畫師，如雨後春筍般出現在珠三角地區，他們或模仿名家作品（史貝霖也在被仿作的對象之列），或是融合東西方藝術風格而自成一體。

英國商人巴羅評論這些中國畫師說：「我發現他們確實是一絲不苟的複製家，不僅畫出一朵花的花瓣、雄蕊和雌蕊的準確數目，也畫出葉片的數目，以及花枝上的刺和櫛枷。他們甚至數出魚身上鱗片的數目，在畫中如數呈現。他們模擬自然界豔麗色彩的本領也是無人能及的。我帶回家的幾幅花草魚蟲畫，人人見了都為其形態和色彩之逼真而驚嘆。」

一時間，廣東畫界呈現出百家爭鳴的繁榮局面，令史貝霖等油畫界的佼佼者名利雙收。和廣東十三行的商人一樣，這些藝術家們有了錢以後，也都願意買個官職風光風光，於是就湧現出了一大批自稱「庭官」、「新官」、「煌官」、「冒官」、「祥官」、「鐘官」等外銷畫家。由於粵語稱「官」為「呱」，於是就出現了「庭呱」、「新呱」、「煌呱」、「冒呱」、「祥呱」、「鐘呱」等諸多「呱」字型大小藝術家了。

在清朝中期廣東的諸多「呱」之中，「啉呱」無疑是最突出的，因為其藝術成就最高，具有世界性的影響。巧的是，與多家廣東十三行商人一樣，歷史上也有父、子、孫相承的三位「啉呱」，即「啉呱一世」「啉呱二世」和「啉呱三世」。

「啉呱一世」本名關作霖，大概是史貝霖的養子或親戚，所以音譯的「啉呱」其實可能應該寫作「霖官」才對。

據清末的《南海縣誌》記載：「關作霖，字蒼松，江浦司竹徑鄉人。少家貧，思托業謀生，又不欲執藝居人下，因附海舶，遍歷歐美各國，喜其油畫傳神，從而學習，學成而歸，設肆羊城。為人寫真，栩栩欲活，見者無不詫嘆。」也就是說，關作霖的油畫技藝源於在歐美的遊歷，他之所以違反禁令私自出國留學的原因，是經濟壓力產生的創業念頭，其次是無法忍受中國傳統的師傅對徒弟的壓迫剝削。

不過，從署名「啉呱」的這時期油畫來看，對他影響最大的無疑還是中國油畫鼻祖史貝霖，《南海縣誌》的作者可能把他與史貝霖弄混了，才把他的油畫技藝歸結於出國遊學，其實出國遊學的是史貝霖。

關作霖的藝術創作時間並不長，但他的兩個兒子：長子「啉呱二世」關喬昌，商名「庭呱」的次子關聯昌，將中國油畫推向了第一個巔峰，尤以關喬昌最為著名。

關喬昌、關聯昌兄弟從小時候跟隨父親關作霖學習繪畫，不過在二十多歲的時候，他們就頗具眼光地投入另一位水準更高的大師門下。

西元一八二五年，五十歲的英國畫家錢納利抵達澳門定居。錢納利是一位在英國本土享有盛名的大藝術家，因為家庭糾紛在盛年離開祖國、遠赴亞洲，在印度和東南亞生活了一段時間以後，來到珠三角地區。南粵獨特的風土人情和更為舒適的生活條件，令他傾心，便決定在此安度晚年。

關喬昌（啉呱二世）自畫像

關喬昌原是英國畫家錢納利的助手，後因生意上的競爭，彼此交惡。

他的到來，是廣東藝術界轟動性的事件。錢納利擅長古典寫實畫法與速寫，其人像畫尤其受市場歡迎，在廣東引起了許多人的注意，其中便有年輕的關喬昌、關聯昌兄弟。在此後的十幾年內，兩兄弟追隨錢納利，來往於澳門和廣州之間，創作了大量繪畫。

相較而言，關喬昌更有商業頭腦，他率先離開錢納利，在廣州毗鄰十三行的同文街上，開設了自己的畫室，其畫作水準與錢納利相近，以至於被英國人譽為「廣東的勞倫斯」，但收費卻比錢納利低得多，還大量複製錢納利的最新作品，從而透過價格戰搶走了錢納利的許多生意，讓那位英國老畫家生動地體會到了中國諺語「教會徒弟，餓死師傅」的涵義。後來，錢納利咬牙切齒地說，啉呱和賊沒什麼區別。相對哥哥關喬昌，弟弟關聯昌則要謹慎得多，他與錢納利維持了更長時間的合作關係。❶

錢納利自畫像

傳統學院派畫家，在早年到中國的畫家當中享負盛名，被視為十九世紀東方最有影響力的西方畫家，其作品深受印度、香港以及澳門人喜愛。錢納利擅於街頭速寫，每逢路過觸發靈感的好地方時都會就地描畫，且又快又好。

其實，在中國人看來，錢納利應該為自己的作品被廣泛盜版感到光榮才對。如果嫌自己的生意被徒弟搶走了，那也應該怪自己沒多長個心眼，對徒弟傾囊相授。

以關喬昌為代表的清朝中期廣東油畫家，普遍具備靈活的商業嗅覺，他們並非「為藝術而藝術」，而是「為金錢而藝術」，因此能敏銳地把握住國際藝術潮流的變化。他們稱油畫為「英國畫」，因為當時他們的外國客戶大多是英國人，傾向於倫敦最流行的藝術風格。

為了迎合市場，他們普遍把畫室設在廣東十三行附近，因為十三行商人、外國商人與管理外貿的廣東官員，是他們最主要的顧客群。作為他們最大的客戶之一，怡和行老闆伍秉鑑曾委託關喬昌繪製了多幅自己的肖像油畫，送給亞、歐、美三大洲的十幾國商人，甚至在自己的別墅「浩官花園」裡建了一條畫廊，陳列了數百幅油畫以供鑑賞，並在合適的時機贈送給來訪的友人。

長年從事西方藝術創作，使清朝中期廣東油畫家們的生活，有了許多不同於普通中國人的特徵。其實，這些對西方文化有高度理解，也因此獲得豐厚收入的藝術家思想和行為依然高度中國化。

鴉片戰爭前夕，造訪啉呱畫室的英國商人驚訝地發現，這位「中等身材，體格健壯，渾圓的臉，眼神深邃犀利……友善外表下隱藏著適度的辛辣與狡獪」的大油畫家，拿畫筆的姿勢居然是中國式的「毛筆範」，忍不住予以糾正。

在這尷尬時刻，關喬昌總是一臉謙遜地表示，鄙人只是個普通的中國佬，懂得不多，承蒙各位外賓賞光指點……不過，請您也像我這樣拿畫筆試試，怎麼樣？運筆的感覺是不是更舒適便捷？❷

英國商人心想，我還是先學會用筷子吧……不僅拿畫筆的姿勢是中國式，清朝中期廣東油畫家們，也用中國式的方法經營畫室。與許多成功的國畫家一樣，他們也收徒弟，但極少傳授他們最精妙的技巧——不是每個畫家都像錢納利那樣頭腦簡單，對非親非故的徒弟傾囊相授。

實際上，許多著名國畫家的署名畫作大部分都出自其徒弟們之手，大畫家本人僅僅負責畫中最精巧的部分，例如人物面部和動物肢體。這樣，畫室能夠用驚人的速度完成顧客的訂單，以達到最快奪取市場份額、收益最大化的目的。

廣東油畫從誕生之日起，就一直受到廣東十三行商人的支持和影響。受廣東十三行影響而發展起來的「廣東歐式藝術」，不僅只有廣東油畫，還有前文中曾經提到過的廣彩、廣鐘、廣式外銷傢俱等很多種。

不過，這些藝術的影響力在一種藝術面前都要黯然失色，那就是不可或缺的飲食文化。中國的飲食文化豐富多彩，譽滿世界。同英國相比，這種優越感愈發強烈，廣東十三行商人有十足的信心，讓各國外賓在餐桌上滿意。

不過，用傳統的中餐招待外賓，也會遇到幾個難題，其中外賓不會用筷子，還是比較容易解決的。眾所周知，廣東人幾乎什麼都吃，這很容易給有忌諱的外賓造成不良印象，十三行商人早就認識到了這點，經常提醒廚師注意挑選食材，但也難免百密一疏。

某日，一位初次來華的英國商人在中和行老闆潘文濤（潘銘官）的歡迎宴會上，吃到一種味道奇特的肉，他猜想可能是鴨肉，因為不懂漢語，就指著裝肉的餐盤，對中國僕人學鴨叫：「嘎嘎嘎？」見多識廣的中國僕人微笑著回答：「NO，汪汪汪！」原來自己剛才吃的是狗肉？一下子大受打擊的英國人臉色慘白，嘔吐了一整晚。❸

想要避免和解決這類尷尬的問題，十三行商人們需要具備豐富的生活經驗、細緻耐心的性格以及必不可少的幽默感。

十三行商人經常請外國商人吃飯，外國商人也免不了要請十三行商人吃飯。吃來吃去，十三行商人發現，相對於中餐，西餐有自己的優勢：擺盤漂亮、賣相好、乾淨衛生，尤其是甜點，色味俱佳，最為十三行商人欣賞。於是，在十三行商人的私家廚房裡，一種新型中餐「廣式點心」誕生了。

人們如今對廣式點心習以為常，但在清朝中葉，融會東西飲食藝術的廣式點心卻是罕見的美食。在各種廣式點心中，有一種和十三行商人的關係最為密切，那就是伍秉鑑家族發明的「雞仔餅」。

顧名思義，雞仔餅的外觀酷似小雞，與許多廣式點心類似，它的主要原料是麵粉、糖、鹽和油。有些民間傳說將雞仔餅的發明，歸功於伍秉鑑之子伍紹榮的婢女小鳳的偶然創作，因此又名「小鳳餅」。不過，如果我們對伍秉鑑家族和廣東十三行商人有足夠的瞭解，就應該明白，雞仔餅的發明完全不是偶然，而是伍秉鑑家族長期苦心研究的結果。

〈廣式點心〉

廣州特產的雞仔餅又稱做小鳳餅，源於廣州海珠區，傳說是成珠樓主伍紫垣的婢女小鳳創製而得名。因人們美稱「雞」為「鳳」，而它的商標是以「小雞」為記，而「小雞」廣州人俗稱「雞仔」。

作為廣東十三行的翹楚，伍秉鑑家族需要經常接待各國外賓，宴會幾乎天天都有。有些外賓不吃豬肉，有些不吃狗肉，有些不吃牛肉，經過長期海上漂泊才抵達廣東的他們，又早已對魚肉和其他海鮮喪失了興趣，真是眾口難調。結果，除了素食者以外人人都可以吃的雞肉，就成為伍秉鑑家族涉外宴席上的首要葷菜選擇，看到雞肉的形狀，就足以令餐桌上的外國客人安心。

在廣式點心的第一波熱潮中，發明一種外觀像小雞的點心，無疑是明智的選擇。雞仔餅正是這樣一種完全符合時代要求的廣式點心，它凝聚了伍秉鑑家族長期從事外貿活動所積累下來的智慧和經驗，堪稱頂級的飲食文化瑰寶。

說到藝術，還有一類不能不提——詩歌。雖然東西方文化迥異，清代也嚴重缺乏優秀的外語翻譯人才，但這並不能阻止有外貿經驗的中國人，創作異國情調的中式詩歌。

這方面的集大成者，當數同文行老闆潘有度，他在十九世紀初寫過二十篇《西洋雜詠》，內容豐富、文學水準也較高。現抄錄如下：

一、忠信論文第一關，萬緡千鎰盡奢慳。聊知然諾如山重，太古純風羨百蠻。

讚揚西方商人守誠信，再大的生意只要握手便不反悔，有「太古純風」，與缺乏誠信概念的野蠻人不同。

二、客來親手酌葡萄，響徹琉璃興倍豪。寒夜偎爐傾冷酒，不知門外雪花高。

描繪西方人與來客碰杯飲葡萄酒祝福的習俗。

三、繾綣閨闈只一妻，猶知舉案與齊眉。婚姻自擇無媒妁，同懺天堂佛國西。
描繪西方人一夫一妻制和自由戀愛習俗。

四、生死全交事罕聞，堪誇誠慤質於文。素衣減食悲三月，易簀遺囊贈一分。
描繪西方人的喪禮，以及將部分遺產送給友人的風俗。

五、金藤一丈繞銀壺，爐熱熏煙錦上鋪。更有管城分黑白，無人知是淡巴姑。
描繪西方人的煙管、雪茄和捲煙。

六、頭纏白布是摩盧，黑肉文身喚鬼奴；供役駛船無別事，傾囊都為買三蘇。
描述西方商人的印度奴隸，指出他們生活困苦，經常借酒澆愁。

七、拌將性命賭輸贏，兩怒由來大禍成。對面一聲槍併發，深仇消釋大輕生。
描繪西方人的決鬥風俗。

八、養尊和尚亦稱王，婦女填門謁上方。齋戒有期名彼是，只供魚蟹厭羔羊。
描繪澳門天主教會及齋戒風俗。

九、恫瘝胞與最憐貧，撫恤周流四序均，歲給洋錢過百萬，途無踝丐忍饑人。
描繪西方各國的慈善組織。

十、戎王匹馬閱齊民，摘帽同呼千載春。簡略儀文無拜跪，逢人把手道相親。
描繪西方君主的出巡儀式，讚揚其親民。

十一、一槍一劍渡重關，萬里浮航久不還，積有盈餘歸娶婦，問年五十須絲斑。
描繪西方商人來華的艱辛，讚揚其勇氣和堅韌。

十二、萬頃琉璃玉宇寬，鏡澄千里幻中看，朦朧夜半炊煙起，可是人家住廣寒。
描繪西方的望遠鏡，詩人親自用望遠鏡觀測月球，好像看見嫦娥在烹飪。

十三、起居飲食定時辰，人事天工善保身。見說紅輪有遲速，一陽來複影初均。
讚揚西方人的守時風俗。

十四、弟恭兄友最深情，出入相偎握手行。海外尚饒天性樂，可憐難弟與難兄。
讚揚西方人兄弟情深，似乎還借此抱怨詩人自己與兄弟存在矛盾。

十五、紅燈白燭漫珠江，萬顆摩尼護海幢。日暮層樓走千步，呢喃私語影雙雙。

描繪大批外國人在海幢寺遊覽的景象。

十六、十字門中十字開，花王廟裡證西來。祈風日日鐘聲急，千里梯航瞬息回。

描繪澳門的天主教堂及其祈禱儀式。

十七、百尺檣帆夜款關，重洋歷盡貿遷艱。孩童不識風波險，笑指天南老萬山。

描繪西方兒童自幼就隨家長乘船渡海的情況。

十八、數曆三年無閏月，陽回三日是新年。頭施白粉家家醉，亂擲杯盤樂舞筵。

描繪西方曆法及過年習俗。

十九、術傳星學管中窺，風定銀河月滿地。忽吐光芒生兩乳，圭形三尺最稱奇。

描繪詩人用西方望遠鏡觀測到的各種天文現象。

二十、廿年角勝日論兵，望斷遐方結好盟。海水不揚依化日，玉門春到自輸平。

描繪法國大革命與拿破崙戰爭持續二十年後停戰的情況，盼望和平帶來商機[4]。

從這些詩篇來看，潘有度對西方文化和政局的瞭解已經達到相當高的水平，可謂「胸懷世界」。不過，拿破崙戰爭並沒有像他期盼得那樣，在西元一八一三年就徹底結束。

僅僅一年後，拿破崙便捲土重來，但被英國和普魯士聯軍在滑鐵盧擊敗，被迫再度退位，並被流放到南大西洋上的聖赫勒拿島上，六年後在那裡病逝。

抵達聖赫勒拿島以後，拿破崙本想在這座安靜的孤島上專心寫作回憶錄，但在西元一八一七年六月二十九日，島上固有的寧靜被一群吵鬧的英國來客打斷了。一年之前，這群英國人帶著世界新霸主的傲慢，在廣東十三行的安排下，繼馬戛爾尼之後再度造訪北京，結果又因為拒絕對嘉慶皇帝磕頭，被清朝當局羞辱並驅逐回國。二十年前，拿破崙的東方夢曾經被英國人粉碎，現在，是時候對英國的這次外交失敗來一次狠狠的嘲弄了。

為了狠狠嘲弄英國人，拿破崙提前三個月做了精心的準備，還閱讀了馬戛爾尼勳爵的中國遊記。如今，在未能完成訪華任務的英國大使阿美士德等人面前，拿破崙的說話口吻與其說是像法國皇帝，不如說像大清外交部新聞發言人：

「貴國大臣預見到在禮節問題上會遇到困難，所以在派阿美士德去那裡前，就同意他尊重當地的做法。似乎他自己也認為應該按當地的習慣做。他是聽從了不正確的意見，而拒絕這樣做的……不管一國的習俗如何怪誕，只要該國政府的主要人物都遵守它，外國人入鄉隨俗就不算丟臉。義大利人吻教皇的騾子，您跟著做並不算卑躬屈膝。」

「阿美士德如果和中國最高官員行同樣的覲見皇帝禮儀，絲毫也不會有損於自己的名譽……如果我要派使者去中國，我就命令他先向中國最高官員打聽在皇帝面前應施的禮，如果中國人提出，就應該服從。」

「你們英國人可能因為幹這種蠢事而失去中國的友誼和許多商業利益……把使臣等同於該國君主的想法是完全錯誤的！由使臣簽署的協議如果沒有派遣他們當局的批准，就不能生效。任何君主都不會把外國使臣當作與自己地位平等的人……外交官拒絕磕頭，就是對中國皇帝不敬！馬戛爾尼與阿美士德居然提出，如果中國使者訪問英國，也要對英國國王磕頭！中國人拒絕得對。」

「中國使者在英國國王面前，應該行與英國內閣大臣或嘉德騎士勳章得主一樣的禮。貴國使者的要求完全是荒謬的……一切有理智的英國人，應該把本國使臣拒絕向中國皇帝磕頭，看作是不可原諒的事……如果當時付給中國最高官員一百萬法郎，一切就可以解決了，這並不是影響國家聲譽的賄賂，應該把它當作一筆很合算的商業交易……你們說可以用艦隊來嚇唬中國人，然後強迫中國官員遵守歐洲的禮節？真是瘋了！」

「如果你們想刺激一個兩億多人口的民族拿起武器，那可真是考慮不周！……要同這個幅員廣大、物產豐富的國家作戰將是世界上最大的蠢事。可能你們一開始會成功，能夠奪取他們的一些船隻，破壞他們的商業。但你們也會讓他們意識到自己的力量，他們會思考，然後說：讓我們也來建造同敵人一樣強大的船隻，並用火炮裝備起來。」

「他們還會把炮手從法國、美國，甚至倫敦雇來，建造一支艦隊，把你們擊敗……當中國覺醒時，世界也將為之震撼！[5]」

拿破崙在西元一八一七年發表的有關中國的這些談話，後來在中國也產生了很大影響。此前拿破崙雖然與埃及、印度等國有密切關係，算是半個東方學家，但是與中國極少來往，也沒有發表過類似的言論，何以在被廢黜並流放孤島以後，突然以這種口吻大放厥詞？

原來，拿破崙在歐洲確實沒怎麼接觸過中國人和中國文化，所以也很少發表有關中國的言論；不過，在到了聖赫勒拿島以後，情況發生了變化。在這座看似遠離大陸的孤島上，他其實每天都能接觸到中國人和中國文化。

聖赫勒拿島是地球上距離大陸最遙遠的海島之一，島上資源匱乏，既無值得開採的礦產，也無茂密的森林。

由於存在這些缺陷，直到西元一五〇二年被葡萄牙商船發現之前，聖赫勒拿島從未有過人類居住的記錄，無論美洲印第安人還是非洲黑人，都對這座偏僻荒涼的海島一無所知，偶爾路過的葡萄牙人、荷蘭人和其他歐洲殖民者也沒有經營過它。

西元一六五九年，英國佔領了聖赫勒拿島，並將其交給英國東印度公司管理，從此聖赫勒拿島

聖赫勒拿島上的拿破崙故居

島上的半數居民是從非洲綁架來的奴隸。在蘇伊士運河開通前，聖赫勒拿島是大西洋上一個非常重要的船舶停靠基地。

就成為英國東印度公司最西方的領地。英國東印度公司試圖在島上建一座避風港，為此從非洲運來不少黑奴，但是建設效果並不理想，一個半世紀以後，這座島嶼依然滿目荒涼。

直到法國大革命爆發以後，出於戰略需要，英國政府決定加速建設聖赫勒拿島，經過反復論證，他們決定向這座荒島輸入地球上最勤奮的勞動力——中國人。在廣東十三行的配合下，從十八世紀末開始，陸續有數百名華工搭乘英國東印度公司的商船抵達聖赫勒拿島，在當地修建房屋和道路，種植小麥、馬鈴薯、地瓜、水果、蔬菜，逐漸改善當地土壤，使其變得草木茂盛，以至於可以養殖牛、羊、豬、雞等家畜。

截至拿破崙抵達聖赫勒拿島的西元一八一五年，這座擁有三千五百零七名居民的小島，已經有一百五十名華工，此後島上華人的數量，更應拿破崙一行人的要求急速增長。

西元一八一七年，島上六千一百五十名居民中竟然有多達六百一十八名華人，他們的辛勤勞動，使這座原本毫無經濟價值的荒島在十幾年內，變成了一個繁榮的小經濟體，足以養活由法國皇帝及其隨從組成的，一個不事生產的大型外來群體，且有餘。

拿破崙死後，英國便停止向聖赫勒拿島輸入華工，否則這座海島有可能變成大西洋上的新加坡。儘管如此，時至今日，聖赫勒拿島上還有約四分之一的居民擁有華人血統——也就是將近兩千人。❻

在生命中的最後六年，拿破崙幾乎每天都能在聖赫勒拿島上，看到中國勞工忙碌的身影，並多次透過翻譯與他們交談。他親眼看到，中國人是多麼勤勞和聰明，自己之所以能夠在這座偏僻海島上安度晚年，主要感謝對象不是英國人，而是中國人。

沒有中國勞工的努力，他恐怕早好幾年就會死於饑餓和疾病，他對華人既感激又佩服，所以才會對中國識破英國的侵略野心和擊敗英軍的可能入侵，充滿信心。而華工之所以會大批出現在聖赫勒拿島上，服侍拿破崙安度晚年，又要拜廣東十三行所賜。

有鑑於此，當我們重讀潘有度描繪法國大革命與拿破崙戰爭的詩作「廿年角勝日論兵，望斷遐方結好盟。海水不揚依化日，玉門春到自輪平」時，恐怕將有更深的感觸：不可一世的法國皇帝最終還是沒能逃脫廣東十三行的手心，這正是清代中國民族商業的力量，全球最大經濟體的影響力的確無遠弗屆。

廣東十三行既然有能力，把數百名華工送到地球上最荒涼的海島上去，當然也能把華工送到地球上的其餘大部分地區。西元十九世紀初，在廣東十三行的策動下，新一輪華人民族大遷徙轟轟烈烈地展開了。自以為透過地理大發現控制了大半個地球的歐洲列強驚恐地發現，腦後留著長辮子的中國人，正在和平地奪走自己用血和鐵征服的廣大殖民地。

在整個地理大發現時代，令歐洲列強扼腕痛惜的是，征服殖民地這一過程中獲得的經濟收益大半都流入了中國和印度。據各類不完全統計，在地理大發現時代，地球上約一半的白銀流入中國，三分之一流入印度，辣椒、玉米、地瓜、馬鈴薯、煙草、花生、番茄、向日葵、鳳梨、南瓜、橡膠等美洲的農作物更是全被引種到中國和印度，並在這兩個東方的農業文明古國取得了遠比在歐洲和美洲更高的產量。

結果，地理大發現的先驅和主力軍西班牙和葡萄牙，不僅未能富強起來，反而淪為歐洲積貧積弱的兩個國家，受盡後起之秀荷蘭、法國和英國的欺凌。由此可見，不僅蒸汽機開啟的工業革命不足以使國家富強，而且地理發現和軍事征服，也不足以使國家富強。

要想理解這些怪事，我們就得來到各類怪事開始的地方：東南亞。這裡也是歐洲、中國和印度三大勢力的交匯處。與在地球上其他地區不同，歐洲殖民者剛來到東南亞，立即就面臨著一個強大的競爭者：中國移民。明末清初，由於中國遭受一連串天災人禍，幾十萬中國移民湧入東南亞，他們不僅在人數上大大超過歐洲殖民者，而且更適應當地環境，更吃苦耐勞，在科技上也並不遜色。海外華人與歐洲殖民者既有衝突也有合作，但以合作為主。

例如西元一八一九年一月二十八日英軍佔領新加坡時，第一個把英國米字旗插上新加坡土地的，就是華人曹亞志，他因此被英國殖民當局賞賜了大片新加坡土地。曹亞志是義興公司（天地會的一個機構）成員，從此，新加坡成為天地會在東南亞的大本營[7]。

結果，幾乎所有歐洲殖民者在東南亞建立的殖民政府，政府雇員都是以華人為主的！儘管這些殖民政府的中高層官吏很少由華人出任，但華人獲得了大部分低層崗位，並且承包礦山和種植園，壟斷了市場上的各個行業。

當時，歐洲殖民者極少離開沿海深入內陸，所以有很多東南亞土著甚至從未見過白人，卻每天都能看見華人。華人愈來愈多，無處不在，以各種手段佔據他們的土地，在上面建築道路、房屋，向他們徵稅，兜售和收購各種商品，提供和搶走各種就業崗位……於是，許多東南亞土著都認為自己的家鄉，並不是歐洲人的殖民地，而是中國人的殖民地！這就為華人在東南亞頻繁遭遇災禍埋下了伏筆。

把歐洲殖民者吸引到東南亞的，主要是當地的特產：胡椒、甘蔗、錫礦等……偏偏無論種植胡椒、甘蔗，還是開採錫礦，都是勞動密集型產業，歐洲殖民者受人數的限制，無法也不屑於親自種植和開採，而當地土著大多還處於原始社會，不善於種植和開採，生產效率極低。

於是，雇用聰明能幹的海外華人種地、開礦，甚至把這些產業直接承包給海外華人領袖和富商，自己僅坐在海濱城堡裡向華人抽稅，就成為歐洲殖民者無可奈何的選擇。

以印尼為例，這裡在被荷蘭人殖民以後，幾乎全部的胡椒、蔗糖和罌粟種植園都由華人承包，並由華工種植，辣椒、地瓜、煙草、橡膠等從美洲引進的農作物種植園也大多由華人經營。

二十世紀初，英屬馬來亞政府曾經在報告中寫道：「從開始到現在，開採馬來亞錫礦的全是中國人。經他們的努力，全世界的錫一大半是馬來亞供給的[8]。」

既然東南亞的歐洲殖民政權高度依賴華人生產、建設，以至於東南亞的財富，大部分都以利潤、稅收和薪酬等形式流入了華人的腰包。由於當時的多數東南亞華人都是壯年男子，並不打算在當地永久定居，而是計畫掙夠錢以後返國，買地、建房、娶妻、生子、養老，所以他們源源不斷地離開東南亞，帶走的不僅有以

荷屬印度尼西亞的種植園

在十九世紀，很多亞美尼亞的貿易商從阿姆斯特丹到東南亞做生意，他們建立工廠和種植園，他們多在荷屬東印度的爪哇落腳。

白銀為主的硬通貨，還有自己喜歡的許多當地特產，例如歐洲殖民者委託他們在東南亞種植園裡種植的辣椒、玉米、地瓜、馬鈴薯、煙草、花生、番茄、向日葵、鳳梨、橡膠等美洲農作物，日後在家鄉廣泛種植，而歐洲殖民者對此根本防不勝防。

就這樣，地理大發現榨乾了美洲，養肥了中國和印度，並使本想借此大發橫財的歐洲列強落入「為中國和印度打工」的窘境。

地理大發現時代的東南亞，既是歐洲殖民者激烈爭奪的戰場，也是中國冒險家的樂園。在這裡，他們依靠自己的辛勤和汗水，掙得了比歐洲殖民者多得多的財富，並把它們帶回祖國，使中國躍居世界第一大經濟體，這便是廣東十三行崛起的重要外部因素。

廣東十三行的元老潘振承，就是在菲律賓呂宋島上掙得了人生中的第一桶金，並積累了豐富的外貿經驗，由此奠定了同文行在廣東十三行獨領風騷半個多世紀的雄厚基礎。這種對海外華人特別是海外華商極為有利的「東南亞模式」，隨著歐洲地理大發現的進一步發展，這種模式很快走出東南亞，蔓延到全球許多地區，其中就包括拿破崙被軟禁的聖赫勒拿島。

不過，世界萬事有利必有弊，有入必有出。海外華人橫掃地球，不僅給中國帶來了財富和外國特產，也將中國的特產帶到了國外。海外華人不僅將東南亞種植園的農產品帶回中國，也將中國農產品帶到東南亞，主要是蔬菜，例如白菜、韭菜、蘿蔔和茼蒿等，還有柑橘和荔枝等水果，以至於在當地語言和有關的歐洲語言裡，這些蔬菜、水果往往借用粵語或閩南話的名稱。白菜換馬鈴薯，韭菜換辣椒，荔枝換煙草，這是一場公平的交易。不過，某些中國作物在國外的引種，卻會給中國帶來大麻煩。

清代中外貿易以茶葉為主，歐美各國每年都要花費鉅資從中國進口茶葉。因此，自從林奈開始，歐洲人試種茶樹的熱情就從未消退過，但是都以失敗告終。茶樹首次在海外成功產業化種植，出現在最令人意想不到的地方：南美洲的巴西。

巴西是地球上與中國距離最遠的國度，中國的茶樹被歐美各國學者和農藝師潛心研究多年，卻無法實現產業化種植，反而被成功引種到巴西，必然有一段傳奇故事。

與地球上諸多歐洲殖民地相比，巴西顯得獨一無二，因為它有著與眾不同的歷史。西元一八〇七年，拿破崙的軍隊佔領葡萄牙，攝政王唐胡安為首的葡萄牙王室，在英國海軍的庇護下輾轉來到殖民地巴西，並於一八〇八年年初，在那裡建立了流亡政府。

與其他流亡政府不同，葡萄牙王室自知實力薄弱，所以從一開始就沒奢望能擊敗拿破崙，殺回葡萄牙復國，而是集中力量發展巴西，特別是首府里約熱內盧和聖保羅等東南沿海城市，打算永久遷都於此。所以，葡萄牙在巴西執行的，並不是其他歐洲列強在殖民地執行的掠奪性政策，而是建設性政策。

然而，這些政策一開始收效甚微，巴西經濟在各方面還是都很落後。唐胡安政府每天最擔心的事，就是拿破崙的法軍渡過大西洋來襲擊巴西，這種擔心並不是沒有理由：拿破崙一直認為，擁有了歐洲宗主國，就同時擁有了附屬於宗主國的各海外殖民地主權，而且他也付諸行動，其中一個主要的征服目標，便是有眾多華人居住的印尼。

在佔領荷蘭以後，拿破崙逐步鯨吞荷蘭的東方殖民地，西元一八〇七年，他的弟弟、新任荷蘭國王路易．波拿巴，任命丹德爾斯元帥接管印尼，這一行動刺激了英國東印度公司，因為法國人可能以同樣的方式接管荷蘭、葡萄牙和西班牙的其他海外殖民地，威脅英國東印度公司的地位。

次年，英軍便藉口防禦法軍威脅而攻佔澳門，給清政府和廣東十三行造成了大麻煩。英軍撤離澳門以後，集中兵力攻擊荷蘭本土，路易·波拿巴向拿破崙求援，拿破崙於是派軍隊進入荷蘭。但拿破崙發現路易·波拿巴擔任荷蘭國王以後，不甘心當法國的傀儡，反而維護荷蘭權益（荷蘭百姓因此親切地稱他為「好人路易」），不願配合拿破崙的大陸封鎖計畫，還勸阻拿破崙放棄遠征俄國的軍事行動。

拿破崙對這個弟弟十分不滿，於是命令駐荷的法軍發動兵變，路

葡萄牙攝政王唐胡安（約翰六世）

授命接管印尼的丹德爾元帥

以唐胡安為首的葡萄牙皇室流亡巴西後，丹德爾代之而起，接管了印尼。

易・波拿巴猝不及防，戰敗被俘，拿破崙隨即宣佈法國吞併荷蘭，並將丹德爾斯元帥從印尼召回，由詹森將軍接任。

英國東印度公司乘機調集大軍，進攻法國的東方殖民地：西元一八一〇年攻佔模里西斯；一八一一年攻佔印尼，俘虜詹森將軍。印尼這個最富庶海外殖民地的丟失，逼迫拿破崙於一八一二年遠征俄羅斯，自取滅亡。

印尼特別是爪哇島，一直都有很多海外華人，隨著拿破崙戰爭在東方的進展，他們在短短五年內從荷蘭臣民變成法國臣民，繼而又變為英國臣民，飽受「城頭變幻大王旗」之苦。與東南亞華人有千絲萬縷聯繫的廣東十三行，自然也會受到很大影響，再說十三行商人也可能有親友住在印尼，怎能對拿破崙戰爭漠不關心呢？

當十三行商人們忙著關心日新月異的印尼局勢時，卻忽略了另一件可能給廣東十三行帶來大麻煩的事。

廣東十三行的商業核心是茶葉出口，因為中國以外的地區當時無法生產出高品質茶葉，廣東十三行才得以長期興旺。法國佔領葡萄牙，葡萄牙王室流亡巴西，淪為英國的附庸國，使澳門葡萄牙人十分關心中國的命運。

〈詹森將軍〉被英軍俘虜的印尼總督

英軍撤離澳門以後，轉而佔領印尼，南洋的交通安全也得到很大改善。唐胡安國王迫切渴望透過澳門發展對華貿易，以獲得發展巴西經濟急需的資金，但當時巴西並沒有很多商品可以賣給廣東十三行。

正在此時，一位叫阿爾梅達的澳門參議員向唐胡安國王獻計，巴西面積大、氣候多樣，或許能夠找到適合中國茶樹生長的地區。如果試種茶樹成功，那麼巴西將成為除中國以外，地球上第二個茶葉出口國，財富自然會滾滾而來。唐胡安大喜，立即批准，阿爾梅達便背著廣東十三行，招募了一批擁有種植茶樹和生產茶葉經驗的華人，帶著茶樹種子和茶苗，乘船前往巴西。

西元一八一二年，數百名中國茶農乘船抵達巴西，唐胡安國王親自接見，命農業部長利尼雷亞斯伯爵，在里約熱內盧和聖保羅等城市郊區，劃出幾片最肥沃的土地，免費租借給中國茶農。經過中國茶農的努力和巴西當局的積極配合，種植當年就取得巨大成功，茶樹長勢良好。

西元一八一二年年底，中國茶農亞騰從巴西寫信給澳門的南兄：「吾三人開得茶園地一座，連界上下十餘里，落得細茶種，條條可生，國王甚至歡喜。」據一八一七年訪問巴西的德國人斯皮克斯和馬修斯記載，里約熱內盧的一座茶園種了「六千多株茶樹……採摘和烘焙茶葉的方法與中國完全一樣……前部長利尼雷亞斯伯爵，命人從中國募來數百名茶農，據說他們來自中國內地，種茶經驗豐富」。後來，巴西茶葉年產量數萬磅，品質雖不能與中國的上等茶葉相比，卻足以滿足南美洲的需求，還遠銷英國，成為巴西的支柱性產業。

直到西元一八八八年巴西解放黑奴，社會治安惡化，華人經營的多家商鋪和種植園遭到打砸搶，巴西茶業才衰落。受巴西華人影響，戊戌變法時，康有為還建議清政府向巴西大舉移民，在亞馬遜河流域再造一個新中國。

這一建議沒有得到清政府批准，中國移民在巴西留下的空缺，特別是荒廢的茶園被，後來者日本移民佔據。❾

中國茶農在巴西取得的成功，首次證明中國以外的地區，同樣可以生產出不錯的茶葉。對高度依賴茶葉出口的廣東十三行來說，這等於是在頭頂上懸了一把利劍，或是腰上捆了個定時炸彈；同時這也大大刺激了歐洲的冒險家們，深入亞洲內地，尋求茶葉生產的奧秘。

由潘有度和伍秉鑑執掌的廣東十三行，並沒有對巴西茶業取得的進展做出什麼反應，因為後者尚處於襁褓之中，生產出的茶葉無論是品質還是產量，都還威脅不到廣東十三行。廣東十三行商人們日理萬機，有許多看上去更緊要的大事，需要他們處理。

西元一八〇五年九月十六日，一個西班牙人來到澳門，此君看似精神失常，手持鋼針、逢人就扎，當地幾十人都成為受害者。奇怪的是，這些受害者並不生氣，反倒像是自願被扎的。

〈由華人經營的巴西茶園〉想像圖

十九世紀葡萄牙王室遷往巴西之後，為了發展殖民地的農業和商業，曾於西元一八一〇到一八一二年從中國引進茶樹，同時從澳門招一批中國技工去里約熱內盧近郊建立的植物園中傳授種植茶樹的技術。

四十天後，這個西班牙瘋子總算坐船離開澳門，居然還有許多受害者到碼頭去歡送他。包括廣東十三行商人們在內，大部分中國人都對此甚感迷惑，把那個西班牙瘋子視為巫師。

但是很快地，會隆行商人鄭崇謙就在與東印度公司醫生皮爾遜的交流中得知，被那根鋼針扎過的人終身都不會再感染天花。鄭崇謙進一步瞭解，才知道那個在澳門扎人的「瘋子」其實是西班牙御醫巴密士，奉旨到全球各個西班牙殖民地種牛痘，因為西班牙轄屬下的拉丁美洲天花氾濫，奪走了幾千萬人的生命。英國醫生詹納於西元一七九六年發明了針扎種牛痘法，巴密士醫生學會這種新式醫療技術以後，便周遊拉丁美洲種牛痘，控制住了當地的天花疫情，繼而橫渡太平洋，來到另一個西班牙殖民地菲律賓繼續種痘，隨即被澳門葡萄牙當局請來。鄭崇謙詳細研究了針扎種牛痘法的用途和技巧，撰寫成一本《種痘奇書》刊印出版。

這下，包括全體十三行商人在內，廣州士紳全都知道了種牛痘的好處，紛紛要求推廣。但是，此時澳門接種過牛痘的外國人已經全部回國，幾名接種過牛痘的中國人也不知去向，廣東十三行只好派人到菲律賓，找到十位接種過牛痘的兒童，帶到廣州來。

西元一八一〇年，伍秉鑑、潘有度、盧觀恒、鄭崇謙等十三行商人，合資在十三行會館開設了種牛痘局，委託皮爾遜醫生的中國助手邱熹、譚國給廣東百姓種牛痘。為了儘快推廣這種全新的醫學技術，他們不僅免費種牛痘，甚至給願意種牛痘的人發放補貼。截至鴉片戰爭前夕，先後有一百多萬人在這裡種牛痘。由於成效顯著，潘有度的堂侄孫潘仕成，又於一八二八年在北京宣武門開設了華北種牛痘局，針扎種牛痘法從此傳遍全中國，據說「活嬰無算」，參與此事的廣東十三行商人們，也被譽為「輕財好義」。[10]

廣東十三行對西方醫學技術引進中國的貢獻，遠不止於推廣種牛痘。西元一八二〇年，英國人馬禮遜和利文斯頓，在澳門開設中國首家西式醫院；一八二七年，英國東印度公司醫生郭雷樞，在澳門開設了一座規模更大的眼科醫局，雖然都沒有持續很久，卻治好了不少病人，為西醫在廣東贏得了聲譽。

西元一八三四年十月二十六日，美國醫學博士伯駕抵達廣州，在周遊澳門、新加坡各地，並掌握了初步的中文知識以後，受郭雷樞等人的影響，決定在廣州開設一所醫院。從各個方面來講，伯駕的這一行為都是違法的，當時清朝法律明確規定，外國人在中國大陸上不得連續居住超過九個月，不得從事除經商外的一切活動，更何況伯駕其實打算以行醫為幌子，在中國傳教，而自從康熙晚年開始，清朝法律就嚴禁傳播和信仰「天主教」，即基督教各教派，其中也包括伯駕所屬的美國長老會。

不過，伯駕的眼科醫局「博愛醫院」還是於西元一八三五年十一月四日，在廣州租金最高的地段，十三行新豆欄街七號成立了。這裡雖然地處繁華之所，但是自身十分幽靜，而且相當寬敞；三

中國患者畫像（關喬昌 繪）

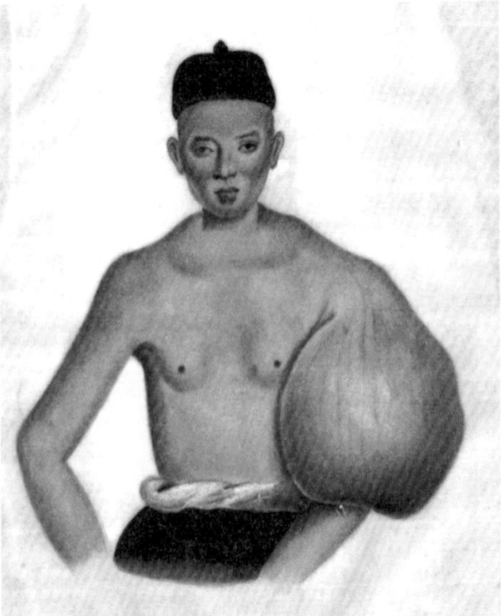

啉呱替伯駕畫了許多患者畫像，既是出色的藝術品及宣傳工具。

層聯排別墅，僅客廳就可以容納兩百人，很適合開設大型醫院，每年的租金卻僅有區區五百銀圓。

伯駕獲得的如許特殊待遇，要托一位廣州的大人物之福，他就是伯駕的房東：世界首富伍秉鑑。伍秉鑑與西醫淵源頗深，最晚，也可以追溯到他開設種牛痘局的西元一八一〇年。西元一八二七年，郭雷樞在澳門開設眼科醫局後，每年都接受伍秉鑑五百銀圓的捐款。作為當時全中國最為開放的家庭，伍家很多人都接受過西醫的治療，其中很可能也包括伍秉鑑本人，所以他才會對伯駕在廣州開設醫院這件事如此熱情。

伯駕之所以在廣州開設眼科醫局，是做過市場調查後的選擇。與西醫相比，中醫不乏優勢，但也有大缺陷，其中最明顯的劣勢就是眼科，因為眼科需要精密的器械，這正是中醫之所短、西醫之所長。早在南北朝、隋唐時期，來華的多名佛教、景教僧侶就以治療眼病知名，這種情況直到清朝也依然如故。按照清政府的不完全統計，在伯駕開設廣州眼科醫局之前，僅廣州城內和近郊就有四千七百五十名盲人，其餘雖未雙目失明但患有嚴重眼疾的患者達數萬之眾。

也就是說，清朝中葉的廣州差不多每一百人就有一個瞎子。美國長老會之所以派伯駕來廣州，或許有部分考量正是因為他出身眼科專業。

萬事開頭難。伯駕的廣州眼科醫局開張第一天，一個病人都沒等來，廣東百姓全都持觀望態度。第二天，總算來了一位患有青光眼的貧困老婦人，伯駕手到病除。第三天就來了六位病人，第六天已達二十一人，此後一個季度共治療了九百二十五名患者。

伯駕的醫術得到了廣州社會的很高評價，身為房東的伍秉鑑也感到很有面子。一天，伍秉鑑帶了位病人到「博愛醫院」就診，伯駕見這位病人中等身材、體格健壯、臉龐渾圓，感到有些面熟，一問伍秉鑑才知道，這便是廣州無人不知、無人不曉的大畫家「啉呱二世」關喬昌。

關喬昌告訴伯駕，作為畫家，自己長年過度用眼，因此患上了多種眼病，嚴重影響工作和生活，他同樣從事繪畫的許多親友也患有眼病。經過伯駕悉心治療，他及其親友們的眼疾完全康復。

關喬昌非常高興，給伯駕送來一大筆酬金，但是伯駕拒絕了，因為「博愛醫院」是公益性的基督教醫院，從不收診療費，免費給病人治療，也是伍秉鑑大力贊助伯駕行醫的先決條件。

一生都在追逐名利的關喬昌，被深深打動了，一天，他向伯駕提出，想把畫室交給子侄管理，自己來跟伯駕學醫。伯駕以其年紀過大且在本專業成績卓著為由，婉言拒絕，不料關喬昌幾天後又帶來兩名年輕人，伯駕欣然收下他們為弟子。

這兩名年輕人，一名是關喬昌的弟弟，另一名是其侄子，他們在伯駕的教育下，成為中國最早的西醫師，其侄子關亞杜成就最大，後來接替伯駕主持廣州眼科醫局，獲得清政府的多次嘉獎，被賜予五品頂戴。

關亞杜天性聰穎，學習一年後，年僅二十歲的他，便能獨立切除腫瘤並實施白內障手術，令其家族甚為自豪。關喬昌十分頻繁地拜訪廣州眼科醫局，為伯駕師徒及患者繪畫，前後就這一題材創作的油畫達一百一十幅之多，它們既是優秀的藝術品和醫學資料，也是出色的宣傳工具，在世界各地，為廣州眼科醫局籌得了大筆善款。僅在當時，這些油畫就價值數千銀圓，反映了雙方情同手足的友誼。

與此同時，還有幾名中國年輕人慕名而來，自願跟隨伯駕學習西醫。可伯駕萬萬沒有想到，其中一人居然是清政府派來監視自己的特務。清政府從來都對外國人不放心，也從來對廣東十三行商人不放心，很擔心伍秉鑑和伯駕以行醫為名做壞事。

結果，這位特務經過長期觀察，對伯駕心悅誠服，當面承認了自己的身分，伯駕諒解了他，並留他繼續在身邊行醫。後來，諸多廣東官員也慕名前來求醫成了伯駕的患者，還寫了許多讚揚伯駕的詩詞和對聯。

廣州知府的一位馬姓師爺，患白內障七年，多方求醫治療無效，伯駕給他做過手術後，不到一個月就復明了。馬師爺給伯駕送去重禮，遭到婉拒，他竟然請啉呱畫了一幅伯駕的畫像，每日對畫像焚香跪拜。廣州眼科醫局長年門庭若市，患者來自五湖四海，甚至有來自山西的，醫院人手不足，患者排的隊伍，也經常使狹窄的街道陷入混亂。

伯駕見狀心生一計，給患者發放寫有數字的竹片，叫號接診。如今，伯駕發明的「排號」（排隊掛號）制度已經遍佈中國，從醫院到銀行，從售樓處到火車站隨處可見。最終，所有人都對伯駕長年累月留在廣州行醫傳教本屬違法這一基本事實，視而不見了。

伯駕前後在中國行醫十八年，累計親手治癒患者五萬三千餘人，即便最為排外的保守人士也對他讚譽有加。包括房東伍秉鑑在內，廣東十三行商人們踴躍為廣州眼科醫局捐款，使這家免費醫院得以長期維持。

廣東十三行對伯駕行醫的意義，也可以從伯駕的經歷中看出：離開十三行新豆欄街的伯駕，並不像他本人宣傳的那樣受歡迎。他曾經去澳門和新加坡開過診所，結果澳門診所只接待了七百名病人便草草關閉，新加坡診所也只接待了一千多名病人。與此同時，關亞杜主持的廣州眼科醫局依然門庭若市。所以，廣東十三行對西醫的支持比伯駕的醫術、醫德更為重要。

事實上，伯駕確實創造了中國醫學史的很多紀錄，如第一例白內障手術、第一例扁桃腺摘除手術、第一例結石摘除手術、第一例乙醚麻醉手術、第一例氯仿麻醉手術等，但他的有些西方傳統治療方法，如放血療法、用水蛭吸血治療沙眼和無麻醉手術等，以現代醫學觀點來看駭人聽聞。據文獻記載，伯駕還曾經多次為患者把脈，但水準如何不得而知。

很多中國人之所以找伯駕看病，恐怕不是因為他醫術高明，而是因為在他這裡看病不要錢。更糟糕的是，伯駕希望用行醫達到的傳教目的，實際上遭受了嚴重的失敗。雖然他不辭辛苦地傳教，但由於語言和文化能力的限制，導致很多中國人根本搞不明白他的意思。最可笑的是，部分患者竟然認為伯駕向他們「傳」的不是基督教，而是佛教，有詩為證：

「我居重樓越兼居，所聞療治皆新奇。治法向與中國異，三分藥石七分針。求醫之人滿庭宇，肩摩膝促猶魚鱗……治癒奚啻百十計，奇巧神妙難具陳。得效忻然無得色，不治泫然悲前因。嗚呼先生心何苦，噫嘻先生術何神。神術不嫌狠毒手，毒手乃出菩提心……我疑西方佛弟子，遣來東土救痌民。不然萬里航海來，耘人捨己將何徇？非醫一藥不受報，且出己資周孤貧。勞心博愛日不懈，嗚呼先生如其仁。其道自是如來教，其術確傳元化真！」

即便是在伯駕最引以為傲的手術領域，他自己一開始也略信心不足，因為他在來華之前並無臨床手術經驗。故此，他設計了一份格式化的醫療責任協議書，每位要求做手術的患者必須簽署這份協議書，聲明自己自願接受手術，一旦手術失敗，醫生並無責任，才可以進行手術。如今，醫療責任協議書已成為全世界醫院的通行做法，這也是伯駕對世界醫學的重要貢獻⓫。

概括來說，伯駕及其開創的廣州眼科醫局雖然存在著諸多問題，還是對中國乃至世界醫學做出了傑出的貢獻，而這一切，都與廣東十三行特別是總商伍秉鑑的大力支持分不開。從另一方面講，也只有中國能夠為伯駕提供這麼多病例，讓他毫無負擔地治療這麼多病人，從而積累豐富的醫療經驗，最終成為全球首屈一指的手術專家。

除此之外，廣東十三行做的公益事業還很多，例如開設文瀾書院，創立中國最早的獎學金，至於如修橋築壩、扶貧濟困、搶救文物之類，更是不勝枚舉。由於當時中國其他的商幫也從事類似的公益事業，就不再多做介紹了。

廣東十三行對中國社會的整體影響，遠在清朝的其他商幫之上，這既是因為它負責外貿，有條件「睜眼看世界」，也因為它的綜合實力超過其他商幫。空前龐大的資產，既是它的榮耀，也是它的負擔，最終將成為無數災難的源頭。

第三章

火燒十三行，越燒越排場

作為舉世聞名的富商集團，廣東十三行從創立之初，就面臨著無數天災人禍的威脅。其中令其最為恐懼的，既不是清朝官場的壓榨，也不是外國資本的剝削，而是在瞬間就能夠吞噬無數財富的商場火災。

中國傳統的土木建築主要用易燃物建造，給火災提供了完美的肆虐環境。十三行所在的廣州西關雖然不在廣州城牆內，但由於靠近碼頭交通便利，建築密度高，而且常年堆放大量貨物，更加重了爆發火災的隱患。偏偏廣東人自恃氣候潮濕，普遍缺乏消防意識，因此一旦著火，火勢往往立刻就擴散成毀滅性的大型火災。

早在西元一七四三年，潘振承剛剛創建同文行之際，廣東十三行就遭遇了第一次的大型火災。當時名列「惠門八子」之一的廣東順德詩人羅天尺，目睹了這場災難，有感而發，寫下代表作《冬夜珠江舟中觀火燒洋貨十三行因成長歌》：

廣州城郭天下雄，島夷鱗次居其中；香珠銀錢堆滿市，火布羽緞哆哪絨。
碧眼蕃官佔樓住，紅毛鬼子經年寓；濠畔街連西角樓，洋貨如山紛雜處。
我來珠海駕孤舟，看月夜出琵琶洲；素馨船散花香歇，下弦海月纖如鉤。
探幽覓句一杆冷，萬丈鴻光忽橫亙；赤烏飛集雁翅城，蜃樓遙從電光隱。
高如炎官出巡火傘張，旱魃餘威不可當；雄如烏林赤壁夜鏖戰，萬道金光射波面。
上疑堯天卿雲五色擁三台，離火朱鳥相喧豗。
下疑仲父富國新煮海，千年霸氣今猶在。

笑我窮酸一腐儒，百寶灰燼懷區區；東方三劫曾知否？

楚人一炬胡為乎？舊觀劉向陳封事，火災紀之凡十四；又觀漢史鳶焚巢，黑祥亦列五行態。

只今太和致祥戾氣消，反風滅火多大燎；況雲火災之禦惟珠玉，江名珠江寶光燭。撲之不滅豈無因，因祿爾是趨炎人；太息江皋理舟楫，破突飲煙冷如雪。

西元一七四三年的這場火災，焚毀了許多參天大樹，所幸並未給當時的十三行造成致命打擊，只削弱了一些早期大洋行的優勢，卻間接為像同文行這樣的後起之秀提供了難得的際遇。後來的事實也證明，火災後成長起來的新一代洋行，也確實全方位地超越了老一代洋行。不過，他們仍然像老一代洋商那樣，忽視了消防安全的重要性。

時光荏苒。西元一七九六年，廣東十三行面臨著危險的局面。安南皇帝阮光纘在這一年派遣海軍大舉侵華、封鎖珠江口並洗劫往來商船！廣東十三行的外貿幾近崩潰。

尤其是號稱「穀蘭堂」的譚氏家族。譚家長期經營十三行中的隆興行，主營業務是出口景德鎮瓷器。到了清朝中葉，由於歐洲多國已經掌握了瓷器生產技術，東方瓷器出口長期不景氣，常被西方商人當作壓艙貨處理，因此，行外商人也被允許參與瓷器外貿。但盈順行的生意一直做不大，遠遜於主營茶葉的各大洋行，只能勉強維持。這一年，又面對咄咄逼人的安南侵華艦隊，久經考驗的譚家慌了手腳，四處求神拜佛、祈禱平安。

後來，一位名氣很大的算命先生告訴譚家，穀蘭堂別的不怕，就怕魚上了二樓屋樑。譚家人一想，自己的住宅地勢很高，即便珠江發洪水也很少能漫進房門，何況淹到二樓的屋樑？於是自以為可以安枕無憂了。

哪想到過了些年，譚家養的一隻貓因在廚房偷魚被廚師追打，貓就叼著魚，一路跑上二樓，最後爬到屋樑上靜靜享用。譚家人一看到這情景，全都拍著大腿哀嘆：「完了、完了，毅蘭堂合該敗了！」❶

其實，與其投機取巧地求神占卜不如平日未雨綢繆。毅蘭堂確實來日無多，但毀滅它的並不是大洪水，而是西元一七四三年就曾經上演過的大火災。一七四三年以後，由於歐美對中國產品的需求量大增，廣東十三行的貿易量增長了好幾倍，清政府卻沒有批劃更多的經營用地，導致大部分的進出口貨物，都堆放在西關至黃埔一帶的沿江地區，原有場所長年存放著大量物資，加上從事外貿的人口也相應增長了好幾倍，西關至黃埔一帶變得擁擠不堪，建築密度甚至超過了廣州城內。

潘有度去世次年，也就是西元一八二二年十一月一日晚上九點半，位於十三行街北側、離行商公所不遠處的一家餅店著火了！時值秋冬之交，廣東北風盛行，火勢順風向南蔓延很快進入十三行夷館內，偏偏當時新英國館邊的豬巷裡堆放了很多木柴，一被點燃後火勢瞬間加強。

夷館的外國商人原本在商館內備有幾台滅火機，但這種老式滅火機，需要先拉到珠江去吸水再拉回來救火，到了這時候已經緩不濟急，眼見情況緊急，十三行商人提議立即拆掉部分房屋，製造出一條隔火帶，但時任兩廣總督的阮元，卻出於迷信思想拒絕了，只祈禱神佛而已。

阮元是當時名氣很大的學究，當他透過廣東十三行接觸到哥白尼的理論，聽說大地是個球且圍著太陽轉時，便曾經怒斥日心說離經叛道、不足為訓。

由於他的不作為，到了次日中午整個西關烈焰沖天，火勢持續了七個晝夜之久，共計焚燒一萬五千餘戶、洋行十一家，以及各洋夷館與夷人貨物，約計值銀四千餘萬兩，只有丹麥、英國東印度公司和荷蘭公司的商館保存下來。

據當時流傳的描述形容「洋銀融入水溝，長至一、二里」，將李白魔幻現實主義詩句「疑是銀河落九天」變為現實，當時被波及的各種奇珍異寶，在超高溫中劇烈燃燒，形成五彩斑斕的火焰，場面之震撼可想而知。

四千餘萬兩白銀，相當於清朝一年的國庫收入，足夠修建三座圓明園（總造價約一千五百萬兩白銀）或兩座頤和園（總造價兩千餘萬兩白銀），對廣東十三行的打擊之大可想而知。❷

空前的大火災既是禍亂，也是機遇。對於債台高築的商人來說，他們可以將搶救出來的財物轉移到他處存放，而向債主聲稱自己的財物已被大火焚毀。新創建的天寶行洋商梁經國，就因此被外國商人騙去一大筆錢，自嘲說「吃得虧亦是好處」。不過，也有相反的例子。

由於外貿牌照在清朝異常昂貴，很多廣東商人都私自與外國商人進行貿易，這些十三行之外的洋商，被稱為「行外商人」。行外商人參與外貿本是非法，其行為自然不受法律約束，但他們普遍遵守十三行和東印度公司制訂的外貿行規。西元一八二二年火災前，美國帕金森洋行的合夥人約翰·顧盛，將價值約五萬銀圓的五千匹紗布，托放到行外商人「義盛」的店內準備染色。

火災發生的二天後，義盛來找約翰·顧盛表示：「我的房子、我的店鋪全沒有了，都完了、太糟了。」約翰·顧盛以為自己的五千匹紗布一定也化為灰燼了，不料義盛接下來說：「我只搬出了你的紗布，損失了八十四匹（搶救出四千九百一十六匹），我盡了力，損失不算太大吧？」

義盛在火災時首先搶救生意夥伴的財產，不顧自己的私人財產的行為，令約翰·顧盛大為感動，他在這場災難中的損失還不到百分之二。[3]

可惜世界上有見義勇為的人，也有恩將仇報者，更不乏隔岸觀火的人。西元一八二二年，十三行火災期間，珠江對岸的河南島上，一瘦一胖的兩位中年人，正在若有所思地駐足觀望。他們就是廣東十三行總商、怡和行老闆伍秉鑑和他的摯友，「啉呱二世」關喬昌。靠著關喬昌的畫筆，這場無比壯觀的大火被臨摹了下來，流傳至今。由於火災巨大的影響，該畫更多次被複製和翻印。

不過，身為廣東十三行總商，伍秉鑑何以在這毀滅性的大火面前如此淡定？原來，他的大部分財產都在河南島上，與西關相隔珠江，大火無法波及。西關的怡和行館也有幸避免了火災，只被燒了一些貨棧倉庫，損失不大。

同樣因定居河南島而避免被火災吞噬大部分財產的，還有伍秉鑑的鄰居，同孚行老闆潘正煒一家。除了這兩家福建籍富商外，大部分行商都因為集中在西關居住和辦公，遭到火災重創。

根據伍秉鑑事後給兩廣總督阮元的報告，西元一八二二年火災前，十三行實際上只有十一家在經營，受災較小的不過五家，其餘嚴重受災的六家，從此一蹶不振，其中就包括盈順行老闆、號稱「穀蘭堂」的譚家。人們為此編了童謠說：「火燒十三行，裡海穀蘭堂，一夜方清光（按：裡海，位於廣東佛山市順德區，是「穀蘭堂」家族宗祠所在地）」[4]

十三行商人們已經「一夜方清光」了，按理說清政府應該加以撫恤、發錢賑災，投入組織重建並減免稅收。可是時任兩廣總督兼粵海關監督的阮元，雖然在哲學、藝術方面具有過人的才華，也曾經在政治、軍事方面展現相當的能力，但作為儒家「重農抑商」思想的忠實信奉者，他對十三行商人們沒有半點好感。

面對中外商人請求減免稅收的申請書，他考慮再三，才給新登基的道光皇帝上奏說今年粵海關應收稅款為一百四十八萬餘兩白銀，比嘉慶皇帝定的稅額多六十三萬餘兩白銀，其中出口稅五十一萬零五十五兩、各海口收費十二萬八千五百九十三兩、船鈔費十八萬二千零九十一兩都不能因火災豁免或推遲繳納，只有進口稅六十六萬四千四百兩可以酌情豁免或推遲繳納。

他建議，外國商人應繳的十四萬零二百四十三兩白銀進口稅可以全部免除，十三行商人們應繳的五十萬四千一百五十六兩白銀進口稅，不能免除，應視各商行受災輕重，讓他們在以後的幾年內分期補齊。道光皇帝當即准奏。[5]

按照阮元的方案，十三行商人們不僅要自己解決店鋪、倉庫、貨物被焚毀造成的一切虧損，而且要為已經不存在的大批出口商品，繳納全額出口稅和相應費用，並為同樣已經不復存在的、由自己承保的大批外國商品分期繳納全額進口稅，而外國商人則不用再繳納這筆稅款。

乍看起來，阮元這簡直是乘人之危，要把廣東十三行往死裡整。其實，他顧及的，多半只是自己的官運而已。在廣東十三行幾乎被火災完全摧毀、經濟損失相當於清朝全年國庫收入的這一年，阮元為道光朝廷從廣東十三行弄到了八十二萬餘兩白銀，只比嘉慶皇帝定的正常稅額少了三萬多兩白銀，而且還會在接下來的幾年內再分期攫取五十二萬餘兩白銀，道光皇帝怎能不對他讚賞有加？

作為回報，道光皇帝很快讓他兼任廣東巡撫，他罕見地集兩廣總督、粵海關監督和廣東巡撫三大要職於一身，而且一做就是九年，儼然新的「平南王」。對廣東十三行來說，這真是「道光道光，賠個精光」。

西元一八二二年的大火，還產生一個看似不大卻深遠的影響。作為外國商人旅館、辦公場所的十三行夷館前，有個寬敞的廣場，是升各國國旗的地方，種植著鬱鬱蔥蔥的花草樹木。為維護秩序，廣場周圍原先立有柵欄，只許粵海關官員、十三行職員及外國商人進入，普通人未經許可不得入內。（其模擬圖見本書 P8 彩圖）

然而柵欄在大火中被焚毀，此後，由於阮元和他之後的廣東官員反對，也再未重建，導致任何人都可以進入這個廣場，此地很快就變成小販叫賣的新市場。不熟悉外國人的中國平民與外國人，在這個廣場上頻繁零距離接觸，不可避免引起了諸多衝突。鴉片戰爭以後，外國商人在各個租界大規模重建舊柵欄隔離華人，最終發展為「華人與狗不得入內」的國恥。

彷彿是覺得廣東十三行衰敗得還不夠快，西元一八二七年西關再次發生火災，規模雖不及一八二二年的那場大火，卻摧毀了幾家十三行商號的最後一點希望。到一八二九年為止，除了盈順行以外又有五家洋行老闆宣告破產，他們是西成行老闆黎光遠、麗泉行老闆潘長耀、同泰行老闆麥覲廷、福隆行老闆關成發、東生行老闆劉德章。其中，潘長耀可能在火災中被燒傷或受了刺激，一八二三年即去世；劉德章病死於一八二五年，其子劉承澎自感無力回天，放棄商號潛逃回安徽老家，卻還是被清軍逮捕，押回廣州審判後發配伊犁，死在新疆，從此廣東十三行裡再也沒有了安徽籍商人。

由於連續發生天災人禍，西元一八三〇年，廣東十三行能夠清償外國商人債務的，只有怡和行、同孚行和東裕行這三家，其餘四家像是廣利行、天寶行、萬源行、茂生行，都在破產邊緣掙扎。其中天寶行的老闆梁經國，本和同泰行老闆麥覲廷一起被判定破產，但他在開庭前夕驚險地從英國東印度公司借到了三萬銀圓貸款，這才轉危為安。

曾經富甲天下的廣東十三行，竟然陷入這樣困頓的局面，不僅是天災的原因，更是以道光皇帝和阮元總督為代表的清朝當局不重視，甚至為一己私利，蓄意壓榨民間商業造成的惡果。❻

不過，清政府雖然沒有在火災後給予廣東十三行必要的支援，但火災本身的責任，倒不能全歸罪到清政府頭上，還有另一個非人力能控制的重要責任方。

如今，人人都知道環境能夠發生劇變，而且這些劇變，會對人力社會產生重大影響。十八世紀末至十九世紀初，正是這樣一個環境劇變的時代。西元一七八三年六月，冰島的拉基火山大噴發，時間長達八個月，導致冰島百分之八十的羊、百分之五十的牛和馬以及百分之二十五的人口死亡。

拉基火山噴發出的二氧化硫等有毒氣體，在西元一七八三到一七八四年間，導致數萬歐洲人（其中包括兩萬多名英國人和更多法國人）死亡。但，更大的災難接踵而至！由於灰塵遮天蔽日，導致全球日照量下降、氣候變冷，二氧化硫又與空氣中的水蒸氣結合為硫酸，造成酸雨，使得糧食大幅度減產，法國農民的處境因此變得異常艱難，連帶著讓收不上稅的法國政府債台高築，催化了一七八九年法國大革命的爆發。❼

「法國大革命」與「拿破崙戰爭」始於火山噴發，也終於火山噴發。西元一八一五年四月十日，比拉基火山大噴發還要強烈十二倍的災難再度降臨，具體位置，則是在印尼的松巴哇島上。

坦博拉火山，海拔約四千三百公尺，高度甚至超越珠穆朗瑪峰（珠穆朗瑪峰的相對高度約四千一百一十四公尺），曾經是東南亞第一高峰，同時也是世界上唯一位於熱帶的海中雪山。

西元一八一五年四月五日，坦博拉火山大爆發，最高峰驟然降低成海拔兩千八百五十公尺，造成九萬一千人死亡。這是一萬年來，人類經歷過的最強烈火山爆發，火山灰籠罩著滑鐵盧戰場上的法軍和英軍，此後，更環繞地球達三年之久。

受火山灰和火山氣體影響，西元一八一六年的全球平均地表溫度，降低攝氏零點七度，酸雨連綿、暗無天日沒有夏天，史稱「無夏之年」。無夏之年在全球各地都引發了嚴重後果，美國五月霜凍、六月飛雪；歐洲全面饑荒，僅愛爾蘭就餓死了十萬人；中國也經歷了農業大減產，水牛在夏天凍死，全國糧價飛漲。

然而這次火山爆發固然規模龐大，但僅僅是東南亞火山群爆發的一幕。西元一八一二年，印尼阿烏火山爆發；一八一三年，日本諏訪之瀨島火山爆發；一八一四年，菲律賓馬泳火山爆發，再加上一八一五年的坦博拉火山爆發，讓十九世紀初的東南亞國境，常年處於暗無天日的狀態並不時發生地震和海嘯，對高度依賴南海和麻六甲海峽運送商品的廣東十三行，造成沉重的打擊。

加速法國大革命發生的冰島拉基火山

此外，大量吸入火山灰和火山氣體，會給人體帶來一系列嚴重後果，特別是呼吸系統，可能遭到永久性損傷。西元一八二〇年前後，多位十三行商人相繼去世，或許也與東南亞火山群接連

坦博拉火山大爆發

爆發有關。

而根據研究，人類的心理會因大量吸入火山灰及氣體變得乖戾。西元一八一三年十月八日，以往不為人知的天理教徒大膽地在北京舉事，竟一舉攻入紫禁城，險些顛覆清朝統治！嘉慶皇帝哀嘆為「漢唐宋明未有之事」，更糟糕的是這一連串火山爆發噴出的火山灰，吸收了大氣層中的海量水蒸氣，繼無夏之年後又造成全球乾旱，多年旱災連綿、天乾物燥，間接也造成廣東十三被大火焚毀，看似偶然也可以說是天意[8]。不過兩場西關大火，雖讓十三行在十九世紀二〇年代損失慘重，但在火災之後，畢竟還是有三家企業經營良好。其中，東裕行老闆謝嘉梧出身通事，行事一向謹慎，雖然因此得以長期保持收支平衡，但企業規模一直做不大，對市場的影響有限。到了西元一八三〇年，廣東十三行其實已成了怡和行、同孚行兩家的天下。

光是這兩家商行的市場份額，就佔了清政府對外貿易的一半以上，而這兩個家族偏偏都祖籍福建，都住在河南島拱衛著海幢寺，且與主張反清復明的天地會，有著千絲萬縷的聯繫。全國外貿竟被兩個政治光譜十分可疑的家族高度壟斷，這當然不是清政府樂見的，因此，粵海關監督延隆於是上奏道光皇帝，提出「數年以來，夷船日多，稅課日旺，而行戶反日少……十餘年來，止有閉歇之行，並無一行添設……其弊百出」。

出於反壟斷的目的，他建議對有意參與外貿的商人放寬申請限制，不必「總、散各商出具聯名保結，方准承充」，「嗣後如有身家殷實呈請願充行商，經臣查訪得實，准其暫行試辦一二年……仍照舊例一二商取保得充。」

延隆的這個建議，很順利就得到了道光皇帝的批准。從此以後，有意從事外貿的商人，無須獲得全部行商的聯名保證書，就可以從粵海關處獲得為期兩年的洋貨行臨時許可證，開始試營業，執照期滿時如經營良好，即可轉正。

於是在短短一年內，就有四家新的洋貨行開張營業，即中和行（老闆潘文濤）、仁和行（老闆潘文海）、興泰行（老闆嚴啟祥）、順泰行（老闆馬佐良），此後陸續增長，至西元一八三七年就恢復了十三行的數目。

不過無論在人力、財力還是物力上，這些新開設的商行都完全不能與怡和行、同孚行相提並論，其中，中和行老闆潘文濤、仁和行老闆潘文海兄弟，還都是同孚行老闆潘正煒的親戚，剩下的行商，也大多出身於怡和行、同孚行這兩家老牌商行內部。

換句話說，他們開設的其實只是作為這兩家商場巨鱷的子公司，根本無法達到打破壟斷的目的。幾家行商中也只有興泰行有大幹一場的雄心。這家商行由嚴啟祥、嚴啟文兄弟開設，從六萬銀圓的原始資本起家，依靠向外商融資，在五年內便佔有廣州貿易總額四分之一。

不過，這樣大規模、瘋狂擴張的後果早已有前車之鑑。西元一八三七年，興泰行欠下外國商人兩百二十六萬銀圓巨額債務，無力償還，宣告企業破產，嚴氏兄弟依法被抄家並發配伊犁。至此，延隆的計畫完全失敗了。9

清政府希望透過增加競爭對手，打破怡和行、同孚行壟斷外貿格局，但十九世紀三〇年代，怡和行、同孚行儼然已成為令一切天災人禍無可奈何的外貿巨頭，在商場上立於不敗之地。

單就伍家來說，上至官府、下至海盜，伍家的勢力在廣東盤根錯節，幾乎無處不在，甚至還遍及到全國各地，經常是北京朝廷有什麼動向，廣東官員還不曉得，伍秉鑑就先知道了，也事先做好相應的準備。

至於其他行商，潘家與伍家本來就是鄰居兼同鄉，過從甚密，而和伍秉鑑並列為十三行總商的廣利行老闆盧觀恒，和伍家的淵源也是密不可分。

盧觀恒祖籍廣東新會縣（今江門市），本是萬和行老闆蔡世文手下，後來自起爐灶，十八世紀末，廣利行的營銷甚至一度躍居十三行第二位。伍秉鑑執掌怡和行以後，見廣利行形勢大好，毅然把侄女嫁給盧觀恒的次子盧文錦，伍、盧兩家從此結為姻親，也破除了福建幫與廣東幫由來已久的地域偏見。

就這樣，在保證怡和行優越市場地位的前提下，伍秉鑑經常將一些外國商人的大訂單，分給長期拿不到訂單的其他行商，並且向外商學習，自己開設信貸業務，以百分之十至百分之十二的年利率（略低於外商索要的利息）把資金借給經營困難的其他行商，巧妙地使用債務手段控制了自己的競爭對手。

這是伍秉鑑比潘家高明之處。潘家雖然富有經營才能，但地域籍貫觀念太重，與廣東本地的商人關係太僵，經常公開相互拆台，這些矛盾容易被官府和外國商人利用，給潘家帶來負面影響。伍秉鑑則真正做到了「和氣生財」，用溫文爾雅的方式實現了對市場的壟斷，全世界的財富，也由此源源不絕地流向他的腰包，每年僅出口茶葉一項，就有上百萬銀圓的收入。

而作為廣東十三行的領袖，伍秉鑑的慷慨豪爽更是舉世聞名。西元一八二三年，由怡和行作保的一艘美國商船抵達廣州，不料，船上的一名買辦私自挪用公款投機，虧損了五萬餘銀圓，還導致貿易無法正常進行。

伍秉鑑得知後，當夜就把五萬多銀圓現金送到美國商船上，保證貿易繼續進行，後來未要求任何賠償。另一次，美國的旗昌洋行在貿易過程中未按照伍秉鑑的建議，賣出生絲獲利後，在加爾各答換成英國東印度公司的期票，直接匯回廣州，而是貪圖回扣，購買了當時在中國市場嚴重滯銷的英國毛織品。伍秉鑑得知後，自己承擔了約一萬銀圓的損失，只是告訴旗昌洋行經紀人，以後多加小心。

最著名的一次，是美國商人威爾考克斯欠了伍秉鑑七萬兩千銀圓，由於生活奢靡無法歸還，竟因此拿不到離開廣州的許可證、無法回國。一次，伍秉鑑遇到他，得知他滯留廣州多日不回家的原委後感嘆道：「不就是七萬多銀圓嗎？對我來說無非是個數字，卻害得人家和妻子、兒女無法團聚，真是造孽！」

當下伍秉鑑就讓帳房取來欠條，用廣東英語對威爾考克斯告訴：「你是我的頭號老友，只不過運氣不好。現在帳都清了，你走吧！」說著，就把七萬兩千銀圓的欠條撕掉了。

這三次，伍秉鑑在談笑風生之中失去了約十四萬銀圓[10]。而這位錢眼通天的富商之所以這麼慷慨，主要有兩方面原因：一是他確實太有錢，幾萬銀圓在他眼裡，和普通人眼裡的幾個銅板差不多；二是他打算借此幫助某個特定人群。

從上述幾個案例來看，伍秉鑑「慷慨」的對象全都是美國商人，這絕對不是偶然。事實上，伍秉鑑終其一生都與美國保持著密切關係，甚至培植了帕金斯洋行、旗昌洋行（羅素洋行）等美國大企業。他的交易夥伴，還包括當時的美國首富約翰·阿斯特，另外像是顧盛家族、帕金斯家族，甚至是出過兩任美國總統的羅斯福等美國大家族，或是伯駕、亨特等美國名人保持往來。另外，美國鐵路大王約翰·福布斯，不但是伍秉鑑的乾兒子，還是他主要的海外投資代理人。

晚年的伍秉鑑甚至表示有意移民美國。種種跡象表明，伍秉鑑對美國商人特別照顧（他似乎特別喜歡叫「約翰」的人）。那時美國還是遍地黑奴，除了毛皮、西洋參和棉花以外，沒有多少能夠賣給十三行的產品，但伍秉鑑卻不遺餘力，透過各種優惠貿易投資美國。

相形之下，潘振承當年對瑞典的大力扶持就顯得黯然失色了[11]。事實上，伍秉鑑也不是對每個人都慷慨。再仔細一推敲上述幾個案例，伍秉鑑個人並沒有太大的損失。以前兩個例子來說，按照清朝法規，外國買辦挪用公款投機造成虧損，為其擔保的中國行商應當負主要責任，一但調查起來，伍秉鑑還可能會被粵海關以管理不當為名，加倍罰款，所以還不如他自費賠償。

以第三個例子來說，威爾考克斯明顯已經資不抵債，伍秉鑑肯定瞭解西方的破產法，他撕毀欠條，只不過是宣佈威爾考克斯獲得破產保護而已，錢反正收不回來了，不如做個順水人情。

不過，伍秉鑑對美國商人如此慷慨，還是惹怒了怡和行的最大貿易夥伴，英國東印度公司。在當時東印度公司流傳的內部文件中，高層管理人多次表達失望之情。要知道，當年怡和行破產，伍國瑩父子攜款潛逃出境時，是英國東印度公司派馬戛爾尼勳爵來圓場，讓怡和行破天荒地鹹魚翻身、重新開張。英國東印度公司對伍家和怡和行有再造之恩，伍秉鑑卻扶持美國商人、它的主要競爭對手，這真是恩將仇報。

不過，英方卻對伍秉鑑敢怒而不敢言。因為當時，伍秉鑑還是英國東印度公司的最大債權人。拿破崙戰爭期間，英國東印度公司就向廣東十三行前後借貸近兩百萬銀圓，此後，英國東印度公司既要統治整個南亞，還要在東南亞和中亞發動一系列戰爭，而「英國皇冠上的明珠」印度，卻日漸凋敝，導致英國東印度公司連年虧損，不得不向其最大交易夥伴廣東十三行繼

〈約翰·福布斯〉美國鐵路大亨

約翰·福布斯是建設美國鐵路系統的重要人物，不但推動了美國中西部的開發，同時一直透過伍秉鑑成立的旗昌洋行出售鴉片，投入對華貿易。

續借貸。

西元一八二四年，英國東印度公司已經欠下了伍秉鑑八十七萬七千三百三十兩白銀，如果伍秉鑑此時選擇「債轉股」，有可能當上英國東印度公司的董事長。不過，八十七萬兩白銀這點錢，與伍秉鑑的全部資產比起來依然是九牛一毛，當時，他可是全球商界公認的世界首富。

至於伍秉鑑到底有多少錢？這在當時就已是人們經常討論的話題了。西元一八三四年，伍秉鑑決定解決這個「世界性難題」，公佈個人財產。在計算了農田、房產、店鋪、錢莊和在外國的投資以後，他宣佈自己的總資產約為兩千六百六十萬銀圓⓬。這足以讓他超越當時的歐洲首富羅斯柴爾德（猶太銀行家）和美國首富阿斯特，成為世界首富（未計算各國君主）。

不過，商人心中都至少有兩本帳，一本對公、一本對私，伍秉鑑也不例外。同時代、熟悉他的很多中國商人，都相信他的財產遠不止於此。與伍家過從甚密的富商潘仕成，後來對美國商人亨特說，他自己從父親那裡繼承的遺產，略多於二千萬銀圓，不到伍浩官財產的三分之一。⓭

也就是說潘仕成估計，伍秉鑑的財產不是兩千六百萬銀圓，而是六千兩百萬銀圓以上，約合近五千萬兩白銀，這比歐洲首富羅斯柴爾德和美國首富阿斯特的財產總和還要多，也超過清政府一年的國庫收入，堪稱「富可敵國」。阿斯特在一八四八年去世時，留下的遺產略微超過兩千萬銀圓，美國媒體認為，這相當於西元二〇〇六年的一千一百億美元，或二〇一一年的一千兩百七十二億美元。

以此推算，伍秉鑑的財產起碼相當於西元二〇一一年的一千六百五十四億美元（以兩千六百萬銀圓計算），甚至有可能超過了二〇一一年的三千九百四十三億美元（以六千兩百萬銀圓計算）。按照《富比士二〇一一年富豪榜》，二〇一一年的世界首富卡洛斯．埃盧擁有的財產不過七百四十億美元，榜眼比爾．蓋茲擁有五百六十億美元。

由此推算，伍秉鑑的財富相當於卡洛斯．埃盧的二到六倍，相當於比爾．蓋茲的三到七倍，實在驚人。奇怪的是，擁有如此多財產的伍秉鑑，自己生活卻相當儉樸，每天吃得很少，穿著也不太講究，從肖像畫來看，一副尖嘴猴腮的窮樣。不過，他的子孫卻個個妻妾成群，女眷們也終日身著綾羅綢緞。

十九世紀上半葉，伍家不斷在廣州購置田地，修建豪宅，包括萬松園、聽濤山館、聽濤樓、遠愛樓、仁信樓等，聽起來挺典雅。實際上，這些宅邸極為豪華，以至於清末的廣東官員經常在這些地方宴請外賓。至於金銀餐具、象牙煙斗之類，不過是伍家的平常物件罷了。

西元一八二二年的大火，不僅沒有使廣東十三行一蹶不振，伍、潘二家反而在火災後更為興旺，竟至富可敵國。難怪當時的廣東民謠說：「火燒十三行，越燒越排場！」⑭

身為世界首富的伍秉鑑，其實早就沒有必要再親自料理生意，應付官府了，他完全可以退休回家，頤養天年。不過，為了達到這個目的，他還需要考慮清楚一個重大問題：誰來接班？

第四章
青年富二代之煩惱

富二代，也被稱為「含著金湯匙出生的孩子」，因為父母擁有龐大的財產，使他們無須努力工作便能享盡富貴榮華，是令無數世人羨慕嫉妒恨的一個群體。而奢侈、攀比、驕橫和放蕩等形象，則是這個群體在世人心目中的主要標籤。

要說起中國歷史上的富二代，其中最典型的，莫過於世界首富伍秉鑑的兒子們。而最符合條件的，應該是伍秉鑑的第五個兒子伍元薇。此人後來以「伍崇曜」、「伍紹榮」或「伍紫垣」之名廣為人知。

西元一八〇一年，伍秉鑑接管怡和行。和清朝的許多富人一樣，伍秉鑑也擁有一個中國傳統社會司空見慣的大家庭。他的妻子陳氏和小妾魯氏，前後共生了十一個兒子。作為獎勵，伍秉鑑為她們兩人都弄到了「一品夫人」的榮譽頭銜。

這十一個兒子，依次是長子伍元芝、次子伍元蘭、三子伍元莪、四子伍元華（伍受昌）、五子伍元薇（伍崇曜、伍紹榮、伍紫垣）、六子伍元芳、七子伍元菘、八子伍元茅（伍崇暉）、九子伍元蕙、十子伍元葵、十一子伍元藻。其中，前四個兒子，是伍秉鑑接管怡和行之前出生的。所以嚴格說來，在西元一八〇一年以前出生的伍秉鑑諸子，也不能算是典型的「富二代」。

接管怡和行以後，已經有了四個兒子的伍秉鑑可能是由於工作壓力大，一連九年沒有生育記錄，直到西元一八一〇年伍元薇意外出生。（廣東十三行商人的工作壓力，是常人難以想像的。大概也是這個原因，伍秉鑑的二哥伍秉鈞至死都沒有兒子）。

這一年，已經四十一歲的伍秉鑑在伍元薇出生後，彷彿煥發了第二春，此後，又接連生了六個兒子。此前一年，他剛剛登上廣州頭號行商的寶座，如果還不是世界首富的話，也必定已經名列前十。為使哥哥不至於絕後，多子多福的伍秉鑑，按照中國傳統的儒家宗法，將次子伍元蘭過繼到伍秉鈞名下。

不料沒過多久，伍元蘭、伍元莪又相繼去世，伍秉鑑只得又把長子伍元芝的次子伍長綿，過繼給已故的伍元蘭，給伍秉鈞延續香火。這樣一來，伍秉鑑身邊的成年兒子，此時就只剩下了長子伍元芝一人。❶

作為世界首富的長子，伍元芝與父親伍秉鑑的關係是特殊的。和大部分行商子弟一樣，他並沒有被當作商人來培養，而是從小接受嚴格的儒家教育，後來考中進士，然後在京城做官。

伍元芝的官職是從五品的刑部員外郎，伍秉鑑也因此被授予「刑部員外郎」的榮譽官銜，這比花錢買來的「候補」官銜可要好看得多。伍元芝透過勤奮學習和工作光宗耀祖，可是西元一八二六年，伍秉鑑要分家產時，除了早卒而沒有後代的伍元莪（伍元芝次子）都有份額，卻獨獨少算了伍元芝父子。這自然不是精明無比的伍元鑑一時疏忽。其實原因很簡單，也可以從一些事件中看出端倪。

伍元芝在道光初年（西元一八二二年左右）辭職返回廣東，一八二四年，潘長耀生前經營的麗泉行破產倒閉，清政府拍賣麗泉行資產，買家正是伍元芝。就這樣，伍元芝透過「買殼」併購的方式，成為擁有外貿執照的獨立行商。

刑部員外郎並不是油水很多的工作，伍元芝返回廣東後，立刻就能並購麗泉行，所需的資金肯定主要來自父親伍秉鑑。也可以這麼說，為了獲得這筆資金，伍元芝主動放棄了伍秉鑑的其餘遺的產繼承權。長子分家、次子出繼兄長並已經過世，三子夭折，伍秉鑑只能提拔在世兒子中最年長的四子伍元華，為自己第一順位的繼承人，即怡和行的少東家。

不過，仕途順利、年富力強的伍元芝為什麼要辭職？根據史料，嘉慶末年，在刑部做官的伍家成員，並不止伍元芝一人。他的二弟伍元蘭也考中了進士，而且官至正五品的刑部郎中（相當於司法部正司長兼最高法院和最高檢察院局長），比大哥伍元芝還高一級。嘉慶皇帝似乎相當欣賞伍元蘭。西元一八二〇年夏天，嘉慶皇帝去承德木蘭圍場避暑就帶上了伍元蘭。有傳狩獵時，身為文官的伍元蘭表現出色，被嘉慶皇帝特別賞戴花翎。❷

然而，嘉慶皇帝突然死了！而且，伍元蘭也沒能活著回家。關於嘉慶皇帝的死因，清朝官方說法是自然病死，而滿族內部流行的說法，是被雷劈死的❸。皇帝之死撲朔迷離，而且更奇怪的事情還在後頭。

眾所周知，自雍正皇帝起，為了避免皇儲之爭造成內訌，清朝皇帝都會寫下立儲御書，藏在紫禁城乾清宮「正大光明」匾後面，但是在嘉慶皇帝死後，卻沒有人去乾清宮找立儲御書，而是按照皇后鈕鈷祿氏的命令，在承德避暑山莊裡翻個不停，最後，從一個此前無人知曉的小盒子裡面取出詔書，宣佈二皇子綿寧繼位，也就是道光皇帝。

整個過程，可說極其匆忙慌亂而且完全不符合定例❹。鈕鈷祿氏是道光皇帝的繼母，比道光皇帝大六歲，二人的關係一直極其親密，甚至導致了道光皇帝的正妻孝全成皇后（咸豐皇帝的生母）上吊自殺。太后病逝時，身為繼子的道光皇帝異乎尋常地悲痛，絕食多日，結果自己也一命嗚呼❺。可見，不能排除嘉慶皇帝被皇后鈕鈷祿氏和二皇子綿寧聯手謀害的可能性。滿族所謂的「雷劈」，也許是槍響聲。

而伍元蘭作為嘉慶皇帝臨終前不久見過並嘉獎的人，極有可能因瞭解事實真相而被滅口。可想見道光皇帝登基後，伍元芝作為伍元蘭的哥哥在仕途官場上受到的打壓，只得辭職回家。

家庭多難，加上政府盤剝、工作繁忙，但所有這些煩心事，恐怕都不如一樣令世界首富伍秉鑑煩惱，西元一八一六年，清軍在廣西天地會成員姚大羔家裡，搜獲了天地會《會簿》，裡面多次提及天地會的重要聯絡點和後勤基地「廣東十三行、義合店第三間洪盛店」。

明擺著，「義合店」就是伍秉鑑家族的怡和行！伍秉鑑家族天地會成員的祕密身分暴露了！清政府無論多麼昏庸，到西元一八一六年之後，也應該明白伍秉鑑家族並不是可以放心差遣的忠實奴才，而是暗中策劃「反清復明」的死對頭！

家族和企業面臨生死存亡關頭，伍秉鑑的選擇並不多。當年正值英國派阿美士德使團訪華，結果又以失敗告終，因為拒絕磕頭，他們甚至沒能覲見嘉慶皇帝。這次外交衝突，令清政府對廣東十三行分外留心，光靠花錢打點糊弄，伍秉鑑多半過不了關。

好在，他的兩個兒子當時都在刑部官居要職，這才能把案情引向他處。可是，伍元蘭暴死、伍元芝辭職，斷了伍家本來一片光明的仕途，也使伍秉鑑與道光皇帝結下了私仇。

飽受喪子之痛，又失去了政府的信任，伍秉鑑決心仿效潘有度，儘早退休。其實，早在西元一八〇八年，伍秉鑑就曾經與潘有度共同遞交退休申請，但清政府只批准潘有度退休，伍秉鑑被迫領導廣東十三行，熬過整個拿破崙戰爭和東南亞火山群爆發等災難。

西元一八二二年的十三行大火後，由於清政府恤災不力，又一輪行商破產浪潮爆發，將伍秉鑑拖得實在身心疲敝，再三提出退休，但一直未獲許可。就在這時，中國出了一件非同尋常的大事。

平定準噶爾回部得勝圖（一）

平定準噶爾回部得勝圖（二）

收錄於《平定回疆戰圖冊》，描繪清軍在渾巴什河（阿克蘇附近）擊敗張格爾叛軍之情形。畫冊有道光帝御書「綏邊」二字，是對此次平版戰爭的總結，道光帝還專門為此圖冊作序。

就在西元一八二〇年，道光皇帝登基時，長期流亡中亞的白山派首領，曾經在喀布爾向英國軍官學習西方軍事的張格爾和卓潛回新疆，藉口清朝官員欺壓維吾爾人，煽動反清暴動，一舉攻下了半個新疆並殺死參贊大臣慶祥，領隊大臣奕湄、蘇倫保、烏淩阿、穆克登布，辦事大臣音登額，幫辦大臣桂斌、多隆武、舒爾哈善等多名清朝駐新疆大吏，自稱蘇丹。

道光皇帝聞訊震駭，下詔由各省徵調精銳軍隊西征，儘快從張格爾手中奪回新疆。戰爭突如其來，清朝政府急需籌集巨額軍餉。清朝學者魏源特別指出，清朝用兵與古代歷朝都不同，主要特點是「兵數少、餉數多」❻。同樣的軍事行動，清朝用兵規模通常只有明朝的十分之一，但消耗的軍費更多。魏源分析說，這是因為「前代興師，率皆加賦，故兵多而餉少；本朝全發內帑，不加派一賦，故兵少而餉多」。

也就是說，古代中國軍隊出征都要經過戶部、兵部等許多部門的反復商議，才能籌措軍費，而且往往因為國庫空虛，要臨時向各地民眾攤派稅費，等到這筆錢收上來，又要過很長時間，所以資金利用效率特別低，結果就是雖然名義上花了很多錢，調動了很多軍隊，但是真正能夠及時趕到前線戰場的將士，並不多。

清朝與古代不同，擁有一個財力強大的皇帝私人基金內務府。在戰爭等緊急事件發生時，皇帝可以無須經過各部門商議，就透過軍機處和內務府調用「內帑」，以最快的速度從全國各地調集最有戰鬥力的部隊，直接派往前線，戰後再找戶部和地方政府報銷這筆資金。所以清朝無須像古代那樣調動那麼多部隊，能夠及時趕到前線戰場的將士也不少。

然而真正打起仗來，軍情如火、花錢如水，尤其是張格爾之亂的規模，新疆與首都北京的距離都超出一般的邊境戰爭，內務府的資金很快枯竭，道光皇帝只得重拾古代的老辦法，向各省攤派，特別是向富人、政治地位較低的商人募捐。為了西元一八二六年征討張格爾的軍事行動，僅廣東一省，就被攤派了一百三十萬兩白銀軍費。

可想而知，位列首富的伍秉鑑在當時面臨的龐大經濟壓力。但作為廣東十三行總商的他，很清楚這也是難得的退休機遇。

幾經討價還價，伍秉鑑和廣東官員總算達成協議，允許伍秉鑑在當年年底退休，但怡和行不能像當年的同文行那樣解散，應由伍秉鑑的子侄接手繼續經營，伍秉鑑要為此繳納五十萬銀圓（十八年前，潘有度也為退休花了同樣多的公關經費），此外，在廣東攤派的一百三十萬兩白銀的新疆軍費中，廣東十三行認捐六十萬兩，其中怡和行必須負責十萬兩。

而作為回報，清政府授予伍秉鑑的長子伍元芝「候選道鹽運使銜」和「刑部員外郎」的官職，加三品頂戴。7

就這樣，伍秉鑑總算達到退休目的，可以把怡和行的所有權轉移給下一代了。不過在正式交接之前，伍秉鑑還需要清晰地分割自己數目龐大、種類繁多的財產。

世界首富分家產，若按現在必定會一筆大生意，讓各大會計師、律師事務所趨之若鶩，可能要花掉好幾年的時間才能理清頭緒。不過，伍秉鑑那猶如超級電腦的大腦，素來以能迅速、精準地計算複雜帳目聞名商界，所以，他只需要一位法律專家的協助。

恰好，自幼與伍秉鑑相識的潘家成員潘健行，長年擔任地方官幕僚，具備豐富的法律知識和經驗。

伍國瑩有四個兒子，長子伍秉鏞（東坪）、次子伍秉鈞（衡坡）、三子伍秉鑑（平湖）、四子伍秉鈐（南洲）。如今，伍秉鏞、伍秉鈞兩人已先後去世了，所以由伍秉鏞的子孫及伍秉鈞的孫子（也就是伍元芝的次子伍長綿，被伍秉鑑過繼給伍秉鈞）繼承其財產，與伍秉鑑、伍秉鈐共同參與家產分割。

伍家的產業以怡和行為主，本是伍國瑩給伍秉鈞、伍秉鑑兄弟一萬兩白銀創立的，伍秉鈞去世後由伍秉鑑獨立經營。伍秉鑑退休前，在族中徵求意見，大家一致推薦伍秉鑑的第四子伍元華，接手怡和行的經營管理。

怡和行的外貿生意雖然近年來發展順利，但以後難免遭遇波折，再加上伍家不斷添丁進口，如果疏於管理、奢侈揮霍，難免會重新陷於貧困的深淵。為此，各家代表經過討論，同意分割家產。為公平起見，伍家請來潘有度家族的潘健行，以中立人身分制訂了以下的具體分割細則：

1. 伍國瑩在怡和行建立以前經營所得的資產，一向獨立存儲，並沒有歸入怡和行的資本，這些資產應當連本帶息全部撥入家族祠堂的基金帳戶，優先用於祭祀先祖，以後子孫不得對其拆分。伍家眾人議定，用該項資金購置生息財產並設立帳簿登記，由各房輪流管理；每年收到的租息，除用於祭祖及子孫喜慶活動的開支外，有盈餘的，就平均分配給四房。永遠不能議論將該筆資產劃入洋行內使用。

2. 由伍秉鑑親手創造的那部分財富，包括現金、房屋商鋪、田地等平均搭配分為四份，由四房代表以抓鬮的方式認領有關財物和契約證券，當眾簽字交割完畢，以後各歸各管。

3.上述財產分割後剩餘的部分，以及怡和行的辦理日常業務的房館倉棧，歸三房（伍秉鑑一家）作為怡和行資本，以維持行務運作及應付課稅之用。大家充分協商，均無異議。

4.伍秉鑑計畫在道光六年（西元一八二六年）十月份之前向清政府申請退休，由伍元華（商名「伍受昌」）接替掌管怡和行事務。

5.分家以後，怡和行與外商的一切交易、應納稅餉和客戶帳目欠貸等項費用，將永遠由三房獨自承擔。日後，怡和行無論盈利或虧損，都與長、二、四房子孫無關，三房不得藉口怡和行繳納稅餉而牽連累及長、二、四房。

6.各房分到的財產，都歸各房自行管理，將來如果出現盈虧，與三房及怡和行無關。不得因覬覦怡和行內的財產而節外生枝，產生怨言。

7.全部有關資產和各房分得部分清單列帳如下（略）。❽

縱觀家產分割細則，表面上伍秉鑑十分慷慨厚道，將自己多年苦心經營積累的巨額財產，平均分給三兄弟及其子孫，其實這裡面處處透著他的精明。

首先，伍秉鑑把大筆資產撥入伍氏家族祠堂基金帳戶，優先用於祭祀先祖，以後子孫不得對其拆分，看上去十分浪費，有悖於視資本流動性為生命的現代金融理論。

事實上，清代富人之所以這樣做，多數是為了盡可能多地保全自身財產而做出的最佳決策。每個經常旅遊的人可能都知道，中國清代遺留到現代的建築之中，數量最多的不是宮殿、寺廟，甚至不是住宅，而是祠堂。這些祠堂的建築規格，往往高於所屬家族的住宅，建造時必定花銷了相當可觀的人力和物力，看上去好像並無必要，更不實用，僅僅是對中國傳統文化習俗不假思索的尊重和繼承而已。

關於這一問題，曹雪芹的《紅樓夢》解釋得相當明晰。在第十三回《秦可卿死封龍禁尉，王熙鳳協理寧國府》中，主管寧國府經濟事務的王熙鳳、秦可卿二人在夢中對話，討論投資問題。秦可卿這樣建議王熙鳳：

「否極泰來，榮辱自古周而復始，豈人力能可保常的。但如今能於榮時籌劃下將來衰時的事業，亦可謂常保永全了。即如今日諸事都妥，只有兩件未妥，若把此事如此一行，則日後可保永全了……目今祖塋雖四時祭祀，只是無一定的錢糧；第二，家塾雖立，無一定的供給。依我想來，如今盛時固不缺祭祀、供給，但將來敗落之時，此二項有何出處？」

「莫若依我定見，趁今日富貴，將祖塋附近多置田莊、房舍、地畝，以備祭祀供給之費皆出自此處，將家塾亦設於此。合同族中長幼，大家定了則例，日後按房掌管這一年的地畝、錢糧、祭祀、供給之事。」

「如此周流，又無爭競，亦不有典賣諸弊。便是有了罪，凡物可入官，這祭祀產業，連官也不入的。便敗落下來，子孫回家讀書務農，也有個退步，祭祀又可永繼。若目今以為榮華不絕，不思後日，終非長策。」

秦可卿告訴我們，在清朝一旦獲罪抄家，「凡物可入官，這祭祀產業連官也不入的。便敗落下來，子孫回家讀書務農也有個退步，祭祀又可永繼」。也就是說，按照清朝法律，祖墳、祠堂及其附屬的周邊田地、房舍，均屬於神聖不可侵犯的「祭祀產業」，即便奉旨抄家，官府也不能沒收；即便想要出售，官府也不許過戶，是真正的永久性私有財產。

既然，清朝富人被抄家的概率非常高，那麼所有富人不免預期即便自己不被抄家，自己的子孫遲早也會被抄家。為了預防被抄家之後家族淪為赤貧，或不肖子孫變賣祖業揮霍，以至於祖先得不到祭品，孩子交不起學費的窘境，最好的方法，莫過於購置一筆盡可能龐大的「祭祀產業」，其核心，就是祖墳和祠堂以及家族祠堂基金。

也因此祠堂愈大，家族祠堂基金愈雄厚，家族的未來就愈有保障。所以，以伍秉鑑為代表的清朝富人，花費鉅資建造祠堂和祖墳，並將鉅款劃入流動性很差的家族祠堂基金，絕非他們不懂經濟的荒謬之舉，而恰恰說明他們非常懂經濟，而且懂法律，未雨綢繆，也就是秦可卿所說「於榮時籌劃下將來衰時的世業，亦可謂常保永全了」。

其次，伍秉鑑慷慨地把自己經營所得的財產，除怡和行外的商鋪、酒店、倉庫和船隻等，都移交給下任怡和行的管理者伍元華以外，其餘全部平均分為四份，由四房代表抓鬮認領，如此超乎尋常的慷慨也隱藏著伍秉鑑的如意算盤。

怡和行的原始資本全部來自伍國瑩，又由伍秉鈞和伍秉鑑兄弟共同管理，在伍秉鈞死後，四弟伍秉鈐也加入了怡和行管理層。

所以，伍秉鑑本來就不佔有怡和行的全部股份，而只佔有一小半。但是透過這次看似平均的分家，伍秉鑑讓自己的四子伍元華，佔有了怡和行的全部商鋪、倉庫和船隻，其餘財產自己佔四分之一，自己出繼給伍秉鈞的次孫伍長綿，佔有了伍秉鈞的那四分之一。

於是，伍秉鑑及其子孫名下的財產就從佔整個伍氏家族的一小部分，上升為整個伍氏家族的大半，同時獲取了怡和行的全部股份。究其根本奧妙，是由於伍秉鑑身處怡和行老闆的有利位置，伍秉鈞又沒有兒子，名下資產只能全部劃歸給過繼來的伍秉鑑孫子，中國古人篤信「多子多福」，多餘的子孫可以被過繼，過繼者有資格繼承親戚的遺產，若像伍秉鈞這樣後繼無人，到頭來，都是為他人作嫁衣裳！

透過這次分家，伍秉鑑實際控制的財產反而有了進一步增長，難怪他要在家產分割細則中，再三強調：「今後，怡和行無論盈利或虧損，都與長、二、四房子孫無關……各房分到的財產，都歸各房自行管理，將來如果出現盈虧，與第三房及怡和行無關。不得因覬覦怡和行內的財產，而節外生枝，產生怨言。……大家充分協商，各無異議。」

次年，伍秉鑑甚至還專門給英國東印度公司寫信，要求對方以後不要再在文件中提自己的另一個商名「沛官」，因為這個商名是他從伍秉鈞那裡繼承下來的，可能導致伍秉鑑的子侄「在他死去時，如果行號依然保留『沛官』的稱呼，會要求分成」。但在法律層面上，伍秉鑑名下的財產已經大大縮水，許多都劃到了伍元華、伍長綿等子孫和其他親戚名下。

名義上所持有的財產，和實際控制財產間的巨大差距，也許可以解釋伍秉鑑為什麼在西元一八三四年，分家八年後，聲稱自己名下財產約兩千六百萬銀圓，潘仕成卻說他起碼有六千多萬銀圓了。

而伍秉鑑減少名義上持有財產，尚有許多好處。其中之一，便是大幅降低了加在自己頭上的苛捐雜稅，他急於退休的主要目的也正是在此。西元一八二六年，退休後的伍秉鑑本應「無官一身輕」，事實上，人們依舊經常在怡和行內看到他忙碌的身影，只是不再三天兩頭往官府跑了。

伍秉鑑確實退休了。他不再是清朝的三品大員，而是變成一個純粹的商人，擺脫官場的繁雜瑣事，開始為怡和行籌劃拓展更廣闊的業務。他的事業才剛剛開始。

就這樣，伍元華在父親伍秉鑑的提攜下，以「伍受昌」或「伍浩官三世」的商名，成為怡和行的老闆。這個身分使他更像一位官員而不是商人。因此，他每天要做的第一件事，就是打聽新疆前線傳來的戰報，並據此籌畫相應的物資和經費。

從西元一八二六到一八三〇年，伍元華每年都認捐軍費，其中一八二六年和一八三〇年各十萬兩白銀，同時，以總商身分組織廣東十三行其他商人踴躍捐款。

他們欣慰地看到，這些軍費沒有被浪費，由於

平定準噶爾回部得勝圖（三）

平定準噶爾回部得勝圖（四）

平定準噶爾回部得勝圖（五）

著名的《平定準噶爾回部得勝圖》，是圖冊葉裝一函、計三十四幅，圖版十六幅銅版刷印，文字十八幅為木版印刷，縱五十二厘米，橫九十厘米，由當時供奉清宮廷的西洋傳教士繪圖，送往歐洲雕刻銅版。

後勤補給充足，清軍長驅萬里，節節勝利，殲滅了全部叛軍並活捉了張格爾。

按照道光朝的戶部檔案記載，清朝為平定張格爾暴動，前後花費了約一千一百萬兩白銀，其中約四分之一來自廣東，廣東十三行又獨佔廣東捐款的一半左右，餘下的費用也多由廣東鹽商和其他商人承攬。

就這樣，清朝漂亮地打贏了一場大型戰爭，百姓卻無須承受歷朝歷代因用兵導致的攤派苛捐雜稅之苦。資助政府突發事件開支，減少民眾經濟壓力，是清朝大力發展商人的重要目的，也是其軍事和經濟政策的一大優點。

當時，商人替政府報銷突發事件開支，被稱為「報效朝廷」，在很大程度上，「報效」與「報銷」是一回事。據不完全統計，伍秉鑑、伍元華父子，前後向政府和社會捐款不下一千六百萬兩白銀，而清朝最富有

平定準噶爾回部得勝圖（六）

清軍一路勢如破竹，接連在洋阿爾巴特、沙布都爾回莊以及阿瓦巴特等地擊敗張格爾大軍。

平定回部獻俘圖

凱宴成功諸將士圖

的安徽鹽商江春，終生捐款不過一千一百萬兩白銀而已，與其他清朝商人的捐款數目則相差更遠。在張格爾戰爭期間，伍元華表現得相當活躍，振興外貿、報銷軍費，忙得不可開交。

這些行動減輕了廣東以至於全國民眾的負擔，不但獲得了清政府的嘉獎，也因此受到了社會各界的好評，詩人譚瑩就曾經寫詩讚揚伍元華「蠻貨遙通慰南顧，軍儲獨辦任西征」。[9]

然而，所有這些功勳和光環，都沒能保住伍元華的安全和名譽，甚至保不住他的性命。自康熙時代起，清政府就一直嚴禁外國婦女進入中國大陸，中俄邊境的恰克圖如此，廣州也如此。

但是在西元一八三〇年十月四日，英國東印度公司新任駐廣州大班名叫盼師，帶妻子從澳門來到廣州，向東裕行的司事謝治安（謝五爺）雇了一頂轎子，前往英國商館下榻。這嚴重違反了清朝有關禁令，兩廣總督李鴻賓立即派人阻止，並將謝治安逮捕（此人很快因嚴刑拷打死於獄中）。

英國商人大怒，在商館外貼出告示，宣稱「現奉憲諭，不許我們坐轎。如洋商入我們館門，亦不得乘轎入內……今後各級人等，一律不得乘轎進入公司商館大門，違者將強行驅逐」。英國商館本是怡和行的產業，出租給英國商人的，現在，身為房主的伍秉鑑父子，卻被租戶禁止乘轎進入自家房屋大門，實為奇恥大辱。

不僅如此，盼師夫婦事發時，正在辦理最後一筆張格爾戰爭軍費報銷的伍元華，也為此被清朝官員逮捕，扒光上衣鞭笞，並被迫繳納罰金，因為作為十三行總商，他對東裕行的不法行為負有連帶責任。

然而，這起外國婦女進廣州的偶發事件，僅僅是伍元華一連串惡夢的開始。自西元一八二二年的十三行大火以後，伍秉鑑父子就多了一個心病，那就是作為外國商人旅館和辦公場所的十三行夷館前，那片因大火而沒了柵欄的廣場。

這片立有柵欄的廣場，原本只許粵海關官員、十三行職員和外國商人進入，普通人未經許可不得入內，在大火後，因兩廣總督阮元反對重建被焚毀的柵欄，任何人都可以進入這個開放的廣場，很快就變成小攤販叫賣的農貿市場，導致了一系列安全和衛生問題。

外國商人對此多有怨言。伍秉鑑父子也很清楚在當時的環境下，這種混亂狀況，隨時可能引發惡性衝突。於是，在阮元離職、較為開明的兩廣總督李鴻賓接任後，伍元華便雇人重建了廣場柵欄。此後，在廣東巡撫盧坤任職期間，還造了一座堅固的石門。秩序恢復、廣場也清淨了，但伍元華沒料到這一行為，卻給自己帶來了滅頂之災。

西元一八三一年年初，道光皇帝將政績卓著的盧坤升任湖廣總督，調漕運總督朱桂楨為廣東巡撫。朱桂楨剛到廣州，正逢兩廣總督李鴻賓去海南鎮壓黎族暴動，朱桂楨於是又代理兩廣總督，成為廣東的最高領導人。

新官上任三把火。朱桂楨的這頭一把火就燒到了廣東十三行總商，伍元華的頭上。一日，朱桂楨到西關巡視，看到十三行夷館前的廣場周圍，立著新建的柵欄和石門，認為這侵犯了中國主權，於是立即把伍元華叫來問道：「這是做什麼的？」伍元華回答：「這是鬼子碼頭。」朱桂楨聞言大喝：「內地哪裡容得下鬼子碼頭？我知道是你們這些人貪圖鬼子的銀錢偷偷做的，我將要你們的頭顱才算完！」伍元華不敢爭辯，任由朱桂楨命人將石門和柵欄拆毀。

朱桂楨又進入英國商館，命人「將（英國）前國王（喬治四世）畫像的遮布拿開，並坐在它的前面」。在當時，這種行為被認為是嚴重侮辱英國，引起英國人的強烈抗議，幾乎要釀成流血衝突。

為了平息事態，伍元華下跪並連續磕頭長達一個小時，粵海關監督也在旁幫他開脫，這才得到豁免。但死罪已免、活罪難饒。伍元華隨後又被關入監獄，遭受長期毆打和侮辱，經過伍秉鑑多方奔走，最終才得以釋放。

幸好伍元華當時才三十歲，身強體壯，如果是六十二歲的伍秉鑑，恐怕不可能熬到重見天日的那天。很快，道光皇帝也下發諭旨，肯定了朱桂楨拆毀商館廣場柵欄和石門的舉動，並且譴責伍元華和怡和行勾結外國人，從事不法行為。10道光皇帝對伍秉鑑父子的印象愈來愈壞，他們在討伐張格爾戰爭中立下的功勳，已經被全然淡忘。與此同時，地球對面的另一位大人物則青雲直上，成為時代的寵兒。

西元一八三一年十二月十日，英國博物學家查理斯・達爾文，登上雙桅帆船「小獵犬」號，開始了他即將震盪世界的環球旅程。在未來的五年內，他會造訪南美洲、大洋洲、東南亞和非洲，但這張旅行單上沒有中國，帶給許多中國人「孔子西行不到秦」的遺憾。

其實，「小獵犬」號不僅是一艘科學考察船，更是一艘英國皇家海軍的間諜船，負責為英國軍隊搜集世界各地的資料，為大英帝國的進一步擴張做準備。它不來中國，是因為收集中國資料的工作交給了另一艘間諜船，該船上也有一位博物學家。和達爾文一樣，此人同樣接受過系統的基督神學教育。

「小獵犬」號啟程兩個多月後，也就是西元一八三二年二月初，商船「阿美士德」號從廣州黃埔港出發，離開珠江口後，並未像其他英國商船那樣南下，前往馬六甲海峽，而是轉向東北，前往東海和黃海。

「阿美士德」號船主叫琳賽，中文名「胡夏米」，本是英國東印度公司廣州商館的職員，與伍秉鑑父子也是多年的故交，他身邊的博物學家名叫郭士立（甲立），護照上寫著「普魯士籍」，其實此人本是波蘭貴族，但故鄉已經被普魯士、俄羅斯和奧匈帝國瓜分（俄羅斯於西元一八三一年吞併波蘭）。

郭士立不甘成為普魯士的亡國奴，於是流亡英國並投奔東印度公司，後來被派到中國，在華南生活多年，熟練掌握了幾個省的方言。

雖然道光皇帝覺察來者不善，小獵犬號與阿美士德號並非商船，多次嚴令沿海各地官吏將其驅逐，但其依然在中國沿海逗留了半年多，且繪製了詳細的地圖，採集了大量資料回報英國東印度公司。同時，琳賽和郭士立更發現以往默默無聞的上海，是個潛力比廣州更大的港口，而清朝沿海軍備普遍不堪一擊。

失望的道光皇帝，再次遷怒於廣東十三行，認為他們對外國船隻疏於管理，身為十三行總商的

裝扮成漢人的郭士立

西元一八二六年被派到南洋爪哇傳教的郭士立，是普魯士新教傳教士、醫生，同時也是探險家和翻譯家，拜華人為師後精通中文和閩語、粵語，潮州話和客家話。他以音譯「郭」為姓氏，不但曾在南洋加入福建同安郭氏宗親會，還為自己取筆名叫「愛漢者」。

伍元華，於是又被抓到衙門，長期下跪並遭到鞭笞。伍秉鑑又花了十萬兩銀子，把兒子從獄中贖出來，可是他們的惡夢依然沒有到盡頭。⓫

自從朱桂楨拆毀商館廣場柵欄和石門以後，十三行夷館附近的涉外衝突愈演愈烈，並漸漸波及清政府。西元一八三三年四月，發生了真正駭人聽聞的事件。一名叫「因義士」（因斯）的英國商人向伍元華投訴，說是英國商館窗外，有人總在半夜砍木頭，噪音令他無法入睡，伍元華於是張貼佈告禁止，又向廣東知府衙門和粵海關申訴，都沒有效果。

脾氣暴躁的因義士，次日一早自己跑到粵海關投訴，結果在門口被一人用菜刀砍傷胳膊。因義士大怒，當天中午買了一箱煙花、爆竹、火箭，堆放到粵海關門口，聲稱如果清政府日落之前不將砍傷自己的罪犯繩之以法，就火燒粵海關。清朝官民都嘲笑他的言詞，根本不當一回事。

當天傍晚八點，因義士見罪犯未被抓獲，清朝官吏都要下班回家，於是點燃引信，將煙花、爆竹、火箭，一股腦地發射進粵海關衙門大堂，登時火光熊熊。火勢很快得到控制，但兩廣總督盧坤、廣東巡撫朱桂楨等廣東大吏，並不逮捕縱火的因義士，反而向其道歉（據因義士給英國東印度公司的信件所述，「給了我很誠懇的答覆」），並派兵連夜去抓捕砍傷因義士的人，次日將其戴上枷鎖遊街示眾。

結果，因義士名聲大振，而身為十三行總商的伍元華，則再次因管理不力而成為替罪羊，被逮捕入獄。伍秉鑑只得以重修粵海關和「報效」鎮壓瑤族暴動的名義，前後捐了五十萬兩銀子，才使伍元華重獲自由。更加悲慘的是，這錢白花了：多次遭到拘禁、鞭笞和毆打，徹底摧毀了伍元華的身體，他出獄後一病不起，很快就撒手人寰。

也許，伍元華之所以屢次受到廣東官府的虐待，與道光皇帝的直接授意有關：如上文所述，道光皇帝肯定認識伍元芝、伍元蘭兄弟，甚至可能要為伍元蘭之死負責，這就決定了他不會善待伍秉鑑家族，而是一有機會，就授意廣東官員羞辱、迫害他們。[12]

作為世界首富，年屆六十四歲的伍秉鑑再一次白髮人送黑髮人。唯一的慰藉是，欺軟怕硬、媚洋戕華的朱桂楨遭到萬眾唾罵，只得託病辭職，從此在官場上消失了。

伍元華身為當時中國最大企業的前台老闆，和法律意義上的世界首富，竟然在沒有觸犯任何刑法的情況下，像一隻螞蟻一樣被清朝的地方官踩死了，他和他的家族為國防、賑災和眾多的公益事業，累計捐獻約一千六百萬兩白銀被漠視了。在中國的傳統制度之下，商人的地位和命運就是如此卑賤。

他們可以富可敵國，但在專制皇權和官員的眼裡，他們的財富隨時都可能被剝奪，而且像羊毛一樣經常被修剪；他們可以捐得一官半職，但依然必須向通過科舉考試「正途」獲得職位的官員搖尾乞憐，後者壓榨起商人來則毫無顧忌。商人的財富愈多，負擔的責任就愈大，人身安全愈沒有保障，富豪榜其實就是「殺豬榜」。

在給伍元華送葬的路上，伍秉鑑也許想起了童年好友、潘有度的長子潘正亨說過的名言：「寧為一條狗，不為行商首！」

伍元華之死，給予伍秉鑑異常沉重的打擊。伍元華不僅是他的一個兒子，更是他苦心培養了十幾年的接班人。如今，誰來接班？他只有一個人選：第五子伍元薇，儘管這個人選並不理想。更麻煩的是，這位繼承人將面臨中國五千年來前所未有的複雜變局，承擔難以想像的重大責任。

孟子說：「天將降大任於斯人也，必先苦其心志，勞其筋骨，餓其體膚，空乏其身，行拂亂其所為，所以動心忍性，曾益其所不能。」可是，伍秉鑑接班人伍元薇的人生軌跡，與此完全相反。

和其他富二代一樣，伍元薇含著金湯匙出生。身為世界首富的第五個兒子，比四哥伍元華小十歲，從來沒有人期待他會成為中國最大企業的接班人，所以，他並沒有系統學習過商業知識，整日錦衣玉食，浪蕩之餘也埋頭科舉考試，似乎無須為餘生操心。

可是大哥自立門戶、二哥出繼，三哥和四哥接連去世，西元一八三三年年底時，二十三歲的伍元薇居然成了伍秉鑑最年長的在世繼承人。伍秉鑑沒有別的選擇，伍元薇正式接管怡和行。一切進展得很快，此後，人們將會稱他為伍紹榮、伍崇曜、伍紫垣或是伍浩官四世。

由於沒有系統地學過商業知識又不太懂外語，伍紹榮明顯缺乏十三行商人必要的資質。據說他驗貨的時候，往往只在碼頭上瞟一眼外國商船的大小，就對外商說：「這船上的貨，我出若干萬兩銀子。」[13]

如此做生意，不虧本才奇怪。花甲之年的伍秉鑑對這個兒子實在不放心，只得像年輕時一樣，事必躬親地照看買賣。

然而福無雙至、禍不單行。伍紹榮繼任怡和行老闆半年後，也就是西元一八三四年年初春，一個突如其來的消息傳到廣州，令全體廣東十三行商人都為之無比驚駭和恐懼：有史以來全球規模最大的企業、廣東十三行的主要交易夥伴，英國東印度公司，宣布停止貿易經營，並進入破產清算程序！

這怎麼可能？英國東印度公司難道不是大英帝國最主要的經濟支柱嗎？難道不是壟斷著世界上利潤最豐厚的對華貿易嗎？難道不是「大得不能倒」嗎？怎麼會就這樣突然垮了？伍秉鑑、伍紹榮父子及其他廣東十三行商人，都百思不得其解。

第五章

染血的紅茶

西元一八三三年十二月九日，是世界經濟史上最值得大書特書（記錄）的日子之一。這天，英國下議院通過《中印貿易管理法》，宣佈取消英國東印度公司的對華貿易壟斷權與對印度管轄權，改組英國東印度公司管理層。幾乎英國東印度公司的所有業務，特別是對華茶葉貿易，都將在一八三四年四月二十一日之前停止，並開始清算其在亞洲的一切商業和工業資產，公司債務，交由印度屬地的賦稅來支付，和負責償還。換句話說，英國東印度公司將在一八三四年初春，破產倒閉。

從此，它不再是一家公司。隨即，英國國王威廉四世又連續下發三道內容奇特的敕令，宣稱應「中國政府的合理要求」，並「為維持前往廣州的英王陛下臣民的良好秩序」之目的，設立駐華貿易監督一職，並自西元一八三四年四月二十一日起，接管以往由英國東印度公司大班們行使的各種權力，同時，在廣州的英國船舶上，設立一個具有刑事及海上法權的法庭，由駐華貿易監督兼任裁判長。

熟悉中國近代史的讀者不難看出，此後的鴉片戰爭和因此導致的治外法權，都與威廉四世這三道敕令息息相關。[1]

但威廉四世所謂的「中國政府的合理要求」，確實有據可查。早在西元一八三三年一月，風聞英國東印度公司可能將解散的兩廣總督盧坤，就曾經讓時任廣東十三行總商的伍元華轉告英國東印度公司董事會：「若果公司散局，仍酌派曉事大班來粵，總理貿易。」

鴉片戰爭之後，魏源痛批盧坤為鴉片戰爭的禍首，因為「凡與中國官吏抗衡桀驁，皆領事之所為」，英國東印度公司解散，「粵中已無領事」，乃是「洋務第一轉機」，「而總督盧坤初至廣東，未悉利害、聽洋商言，反行文英吉利國，令仍派領事來粵」。

這裡說的「洋商」，指的無疑是伍秉鑑、伍元華父子等十三行商人，魏源認為他們誤導了盧坤總督。❷

其實，魏源怪錯了對象。伍秉鑑、伍元華父子等十三行商人，一聽說英國東印度公司可能將解散，就首先報告了粵海關監督中祥，中祥不相信，他們只好又去報告兩廣總督盧坤。盧坤很重視，上奏道光皇帝說：

「洋商伍受昌（伍元華）、盧文錦、潘紹光稟稱：『向來各國夷船來粵貿易，皆系各備資本，自行買賣，惟英吉利國向設有公班衙（『Company』的音譯）發船來粵貿易，名為公司船，設立大、二、三班等，在粵管理貿易事務。該國來粵夷商、水梢均由大班管束，是以事有專責，日久相安。』

「茲該大班等忽稱，本國設立公班衙定有年期，計至道光十三年以後即以期滿散局，嗣後無公司船來粵貿易。將來本國有船來粵，亦系散商，與港腳船（印度巴斯人的商船）無異。」查該國專以貿易為務，公司既散，則事不相統攝，該夷梢等素性不馴，若無管束之人，萬一有違犯功令之人，雖斥責究辦，究於公事無裨。應請諭飭大班馬治平及早寄信回國，轉知該國王，倘若將來公班散局，仍否設立大班，至粵管理該國及港腳各夷商來粵貿易；船隻既多，人數不少，倘有違犯天朝功令，究竟責令何人，轉盼該公司即屆散局之期，務令該國預為籌協等語。

經（粵海關）監督文祥批斥：「該夷來粵貿易，自雍正十二年其該國設立公班衙及公司大班名目，已見於乾隆十五年該夷稟牘，距今八十年之久，中間並未聞公班衙散局之說，是否該夷商貿易居奇，故為聳聽，殊難憑信！」

對這份奏摺，道光皇帝回覆了這樣的朱批：「如果公司散局，仍應另派曉事大班來粵，總理貿易。」盧坤、文祥接旨後，「即飭洋商令該夷商（英國東印度公司大班馬治平）寄信回國，另派曉事大班來管理貿易事宜，以符舊制。」❸

從上述史料看來，要求英國政府在東印度公司解散後，另派官員來廣東管理英國商人貿易事務，是清朝統治集團的一致決定，在當時，根本無人對此提出過異議。

得知英國東印度公司可能解散的消息時，清朝政府首先的反應是不相信，認為該公司在華貿易八十年之久，從未聽說過「定有年期」、「期滿散局」的規定；其次，清朝政府很不願意接受英國東印度公司解散的事實，懷疑這是聳人聽聞的謠言；第三，清朝政府立即發現，自己需要英國在廣州有「大班來管理貿易事宜」，因為英國在華貿易份額大，貿易糾紛多且水手又桀驁不馴，近年來頻繁鬧出人命案件，如果沒有英方的管理和負責者，清朝官員便無從「斥責究辦」，不知道「責令何人」。

究其根本原因，清政府一直忠實執行著中國自秦朝以來的「保甲連坐」制度，在這個法律體系中，英國東印度公司大班就相當於古代的「三老」「保長」和少數民族地區的「伯克」「土司」，要對其下屬的違紀犯法行為負責，從而協助中央政權進行高效的間接統治。

外國商人對此也心知肚明，美國學者馬士就指出：「廣州負責辦理涉英事務官員的工作，向來比較輕鬆，因為整個英國貿易，包括英國和印度兩方面的貿易在內，一向都處於一個有組織的公司管轄之下，而這公司又在一個頭目主持下，在廣州展開工作，因此他們可以對這個頭目施加壓力，直至停止貿易。但如果商館裡住滿一群不受任何上司管轄的商人，那就無法再責成某一個人來對違法事件負責。」

總之，在廣州維持一位英國商人領袖的存在，是最符合清朝政府「恪守祖訓」的利益，在這個方案中，身為英國商人領袖的大班與廣東十三行總商（當時就是伍元華）平等交涉，他們兩人對與中英貿易有關的一切事務負責，極大減輕了清朝涉外官員的工作負擔和責任。

反過來看，這樣的安排最不符合廣東十三行商人，尤其是總商伍元華的利益，上百年來，十三行商人已經為強加在自己頭上的保商制度，付出了無數的白銀、珍寶和血淚，很多商人都因為其實與自己沒什麼關係的涉外事件，遭到清政府的問責，最終家破人亡，以至於發出「寧為一條狗，不為行商首」的感慨。

所以，魏源實在太不瞭解廣東十三行了。伍秉鑑、伍元華等十三行商人，絕無可能主動建議清政府，要求英國政府派遣一位官員來廣東，管理英國對華貿易。正如前文所述，伍秉鑑多年來一直在扶植沒有統一管理、各自為政的美國商人，向他們發放優惠貸款，手把手教他們做國際貿易，多次減免他們的債務，同時逐步降低與英國東印度公司的貿易額，因此惹得後者大怒。

這樣反對統一管理外商的商人，斷然不可能建議盧坤總督引狼入室，傷害自己的利益。事實上，威廉四世所謂應「中國政府的合理要求」，正是道光朝廷的一致要求，因為這樣才能「符舊制」，在英國東印度公司倒閉的過程中，最大程度保證道光朝廷的利益。

當然，如果英國東印度公司不倒閉就更好了，這也符合廣東十三行的基本利益，因為英國東印度公司是它們的最大交易夥伴和主要財源。

按照英國東印度公司的檔案記載，伍元華臨終前，曾經帶著其他十三行商人拜訪公司「大班」，馬治平，說他們非常不願意看到東印度公司倒閉，如果公司經營上出現什麼緊急困難，他們很願意解囊相助。

出乎意料的是，他們的慷慨建議遭到了拒絕。如果救助性注資都不能挽救一家企業的破產命運，那麼這家企業破產的原因，似乎就並非資不抵債那麼簡單。事實上，英國東印度公司的破產是人類歷史上規模最大、也最為複雜的破產案，僅其清算就長達三十多年。

關於英國東印度公司破產的原因，歷史學家和經濟學家提出了幾十種說法，幾乎與探討羅馬帝國衰亡的原因一樣繁雜。其中最簡明、也最滑稽（但並非沒有市場）的一種說法，認為英國東印度公司是在西元一八三一年，被廣東巡撫朱桂楨強拆而崩潰的。

不過最正統也最謹慎的一種說法，其實是認為英國東印度公司是因為運營成本高，難以與美國等國散商競爭而被解散，以利英國散商發展。按照該說法，英國東印度公司，其實是被長期大力扶植美國散商的伍秉鑑父子拖垮的，所以，如果伍元華等十三行商人真的提出救助東印度公司，那簡直是貓哭耗子，黃鼠狼給雞拜年。

事實勝於雄辯。英國東印度公司自身的經營歷史，有力地駁斥了迄今為止所有的該公司破產原因的解說。

由於拿破崙戰爭和幾次經濟危機，公司在十九世紀初的經營確實不樂觀：內部貪腐橫行，利潤下降，負債增加。但是，在破產前的幾年，公司經營有了很大改善，西元一八二五到一八三三年間，公司對華年貿易額，從三千零三十三萬銀圓增長到四千零十一萬銀圓，扣除鴉片等走私貨物後的合法商品年貿易額，也從兩千五百四十八萬銀圓增長到兩千七百九十三萬銀圓，欠款卻下降了約一半，例如欠伍秉鑑的錢從一八二四年的八十五萬七千三百三十兩白銀，下降為一八三三年的二十六萬五千五百三十六兩白銀。4

此外，公司在亞洲各地擁有天文數字的固定資產，僅在亞洲的佔地，就多達六百萬平方千公尺，金銀珠寶堆積如山，古玩字畫數以噸計，更不用說遍佈全球的種植園、船舶、工廠以及債券、股票等產業。可以說，光是英國東印度公司在西元一八三三年的資產清單，就足夠堆滿一座巨型圖書館。

而直到西元一八三四年，該公司還一如既往地為股東們發放紅利。從財務報表上來看，英國東印度公司在一七九二到一八三七年間，共有三十二年盈利、十四年虧損，淨盈利共計三千兩百萬英鎊，折合白銀九千六百萬兩，或銀圓一兆三千三百億。5

顯然，當時英國東印度公司絕沒有陷入資不抵債的泥潭，反倒是運轉良好，正在迎來偉大復興。如果這樣一家利潤豐厚的企業，都需要破產清算，那資本主義早就滅亡了。

那麼，英國東印度公司是因為運營成本高，難以與美國等國散商競爭而被解散的嗎？從英國檔案分析，很容易得出這樣的結論，因為當時的確有不少人以此為藉口，提出取締英國東印度公司對華貿易特許經營權的要求。由於英國東印度公司需要確保對印度的獨佔管理權，和對華貿易特許經營權，運營成本必然比一般自由競爭市場上的企業高。

可是別忘了，西元一六〇〇到一八三三年，英國東印度公司在這二百三十四年一直把持著在亞洲的獨佔管理權和貿易特許經營權，所以其運營成本一直都比較高，卻從未因此出過問題。兩百多年來，英國社會上，一直不乏要求取締英國東印度公司對華貿易特許經營權的聲音，但全都失敗。

也曾經有人想要以實際行動，打破英國東印度公司的對華貿易特許經營權，例如，扶持庫爾滕集團來華開展貿易的英國國王查理一世。結果，英國東印度公司暗中破壞庫爾滕集團的對華貿易，隨即資助克倫威爾等貴族發動武裝暴動，擊敗並殺死了查理一世，史稱「英國資產階級革命」。

對於試圖挑戰英國東印度公司對華貿易特許經營權的人來說，查理一世被砍下來的人頭，正是最好的警告。

當時，英國東印度公司雇員不過幾千人，在亞洲只有四座城堡，就敢為了維護其對華貿易特許經營權弒君；而在西元一八三三年，公司僅在南亞和東南亞，就有六百萬平方千公尺的領地，在印度就有二十八萬人的軍隊，還有隨時可以動員的六十萬附庸國盟軍，何以沒有用武力維護對華貿易特許經營權的勇氣，而是束手就擒，坐以待斃？

東印度公司為何不像從前多次做過的那樣，召集一支大軍殺進白金漢宮，砍掉膽敢在太歲頭上動土的威廉四世的腦袋？

美國與英國散商的低成本競爭，同樣難以證明是英國東印度公司破產的原因。早在西元一八三四年之前，英國散商就被禁止到廣州購買任何中國商品，也被禁止出售任何外國商品給中國人，只能靠高風險的走私勉強度日，與財大氣粗的英國東印度公司相比，其佔有的市場份額低得可以忽略不計。

至於經常被當作英國東印度公司勁敵的美國散商，對華貿易額在西元一八二九年時，僅有七百七十九萬銀圓；一八三〇年時僅有八百五十二萬銀圓；一八三一年是八百五十六萬銀圓；一八三二年時是九百零五萬銀圓；一八三三年也僅有一千兩百九十六萬銀圓，遠遜於同期英國東印度公司，每年對華約三千萬至四千萬銀圓左右的貿易額，根本無法威脅後者的市場地位。

而且，美國商人賣給廣東十三行的一些商品，還是他們從倫敦和利物浦等地買來的英國貨。❻顯然，運營成本較高，壟斷對華貿易特許經營權受到輿論批判，以及面臨美國與英國散商的低成本競爭，都不是英國東印度公司破產的真相，至少不是根本原因。

英國東印度公司在西元一八三四年破產解散，吊詭得難以理解。幾百年來，全世界上千萬仁人志士，為了推翻英國東印度公司拋頭顱、灑熱血，包括最後一位擁有絕對權力的英國國王查理一世、太陽王路易十四，及其後代路易十五和路易十六，戰神拿破崙一世、英勇機智的提普蘇丹、老練博學的美國總統麥迪森等，著名國家領袖，以及他們麾下的賢臣良將等，可惜，他們全都不是英國東印度公司的對手。

查理一世戰敗後被砍掉了腦袋；路易十四多次反抗，都沒能威脅到英國東印度公司的地位，卻給法國留下了一個爛攤子，路易十五丟掉了大部分海外殖民地，路易十六和查理一世一樣被砍了腦袋；提普蘇丹壯烈殉國；麥迪森總統被英國東印度公司的一哨偏師，打得慘敗，白宮被一把火燒成了小黑屋，至今美國白宮那潔白的牆皮後面，還藏著被那場大火熏成灰黑色的磚石；拿破崙一世被囚禁在英國東印度公司的領地，聖赫勒納島，直至生命的盡頭。

西元一八二一年去世的拿破崙，絕想不到自己和其他人傾盡半個地球的力量，都未能戰勝的英國東印度公司，會在十三年後平靜地宣告破產！這簡直是對兩百多年來，為反抗英國東印度公司獻身的各先烈的莫大嘲弄！

正如柯南道爾爵士筆下的英國大偵探福爾摩斯的名言所說：「把所有的不可能都剔除後，剩下的雖然讓人難以置信，但那就是真相！」❼當所有其他選項都被排除之後，剩下的唯一一個選項無論看上去有多麼不可能，都必須被視為正確答案英國東印度公司是自殺的！

可是究竟是什麼力量，能夠比查理一世、路易十四、拿破崙一世、提普蘇丹、麥迪森總統加起來還要強大，迫使英國東印度公司解散？肯定不是朱桂楨，雖然他有權；也肯定不是伍秉鑑父子，雖然他們有錢，英國散商們的主要訴求，也僅僅是和「尊貴的東印度公司」分一杯羹，獲准參與利潤豐厚的對華貿易，絕沒有也絕不敢要求解散英國東印度公司。

因此，迫使英國東印度公司「自殺的」，必定是一股長期被正統史書忽略的勢力。而要想解開這個謎，首先就應當弄清楚在十九世紀初，什麼是英國東印度公司的命脈，而這一命脈，是否在西元一八三四年前不久發生過重大變化。

十九世紀，英國東印度公司早期的主要財富來源：印度經濟已經江河日下。按照麥迪森教授的統計，西元一七〇〇年，印度的GDP比清政府高出百分之十，高居世界首位。而到了一八二〇年，印度的GDP僅有中國的一半。❽將歐洲商人大批吸引到印度來的主要商品，以胡椒為代表的香料，由於被歐洲殖民者廣泛引種到世界各地，價格大幅下降。

類似的情況，也發生在清朝初年的中國。一開始，西方商人從中國主要購買絲綢、陶瓷和茶葉這「三大件」，但隨著歐洲絲綢工藝的改良，法國和義大利絲綢已經足以與上等的中國絲綢媲美，清末的著名紅頂商人胡雪岩，就因為他囤積的中國絲綢在市場上敗給了義大利絲綢，而破產的；歐洲陶瓷工藝也突飛猛進，在馬戛爾尼訪華前夕，英國人已經發明出中國人不會生產的高檔瓷器品種——骨瓷。

結果，西方市場對中國絲綢和陶瓷的需求暴跌，導致廣東十三行的一大批老行商破產。唯有茶葉，特別是高檔的紅茶和烏龍茶，因為無法在中國以外的國家生產，使得以潘、伍等家族為代表的福建籍行商迅速崛起，借助其來自紅茶和烏龍茶主產地的優勢，幾乎完全把持了廣東十三行。

十九世紀初，茶葉始終佔中國對英國出口商品的百分之六十左右，個別年份甚至佔到百分之八十到百分之九十五，可以說，當時的中英貿易幾乎就是茶葉貿易，十八世紀末至十九世紀初的英國東印度公司，在很大程度上就是一個倒賣中國茶葉的企業，所以北美殖民地，破壞英國東印度公司運茶船的「波士頓傾茶事件」，會引發美國獨立戰爭。[9]

既然十九世紀初英國東印度公司的命脈是茶葉，那麼茶葉市場是否在西元一八三四年前不久，發生過重大變化呢？

如今，在國際茶葉市場上佔據主導地位的不是中國茶，而是印度茶，包括阿薩姆茶、大吉嶺茶、錫蘭茶等。自從西元一八八八年起，英國從印度進口的茶葉，就已經超過了從中國進口的茶葉，此後，印度茶葉就一直壓得中國茶葉抬不起頭來。

西元一九二八到一九三二年間，印度茶已佔全球輸出量的百分之三十八點七，錫蘭茶佔百分之二十五點八，兩者合計佔百分之六十四點五，荷屬東印度（今印尼）佔百分之十九點六，中國只佔可憐的百分之十一，而且中國茶已經被公認為低檔貨，只能低價拋售。[10]

可想而知，十九世紀末至二十世紀初的中國外貿，甚至整個中國經濟必定極為疲弱。按照麥迪森教授的統計，西元一九五〇年，中國的ＧＤＰ只比一八二〇年時增長了百分之四點九，等於連續一百三十年零增長，而人口卻從一八二〇年的三億八千萬增長到了一九五〇年的五億五千萬！[11]

這樣一來，中國如何能不淪落到一窮二白、積貧積弱的窘境，如何能不忍受百年國恥的折磨？

為了發現這一切怪事的根源，我們就要前往中國邊境一個鮮為人知的地區，那裡雖然位置偏僻，卻是中國百年國恥開始的地方，也是英國東印度公司的葬身之所。

打開如今的印度地圖，許多人都會注意到一個不同尋常的現象，在印度龐大的三角形國土之東，還有一塊較小的三角形土地，位於孟加拉的東北側，僅有一條狹窄的大吉嶺隧道與印度本土相連。一百多來，中國、英國和印度為了這塊小三角形土地爭吵不斷，還引發過多次戰爭。在英國東印度公司征服印度之前，這塊土地從未歸屬過印度，它的原住民大部分都是黃種人，來自早已湮滅在中國歷史長河中的大理國。

許多讀者都對大理國有所耳聞，因為在金庸的武俠小說裡，這是一個經常被提到的國度，也是好幾位大俠的故鄉。現實中，這個位於雲貴高原上的小國，並沒有出過什麼大俠，它的主要特點是篤信佛教，並不是因為它毗鄰佛教起源地印度，而是受唐宋中國、吐蕃、佔婆等周邊崇尚佛教的國家影響所致。

正如漢唐時期，繁榮的絲綢之路使許多中亞國家欣欣向榮一樣，大理國的經濟基礎，是唐宋時期繁榮的茶馬古道，對茶葉的依賴使大理國在許多方面效法中原，佛教即是其中之一。

大理國曾多次發生內戰，佛教在平亂過程中起過很大作用，因此佛教的地位愈來愈高，最終達到用舉國財富供養佛寺的程度。然而，大理是一個多民族國家，並非所有居民都篤信佛教，政府對佛教的極力推崇令非佛教徒心生不滿。西元一二二〇年左右，今雲南西部一批信仰印度教的傣族居民，因為不願意皈依佛門，離開大理國西遷。經過茶馬古道上的幾年跋涉，他們在雅魯藏布江中游河谷裡，找到了一塊土地肥沃卻又人煙稀少的世外桃源，於是建國於此，國號「阿含」，近代華人稱之為「阿三」、「阿山」、「阿薩密」等，如今統一稱其為「阿薩姆」。

阿薩姆夾在中國與印度兩個人口大國之間卻人煙稀少，古代很少出現國家政權。這自有其原因：它的自然環境看似富饒，卻和沙漠一樣不適合人類居住。這條河谷，夾在世界上最高的喜馬拉雅山脈和蒸發量最高的印度洋之間，一年到頭雲霧籠罩，是地球上降雨最多的地方，終日大雨瓢潑（對這些傣族居民而言，倒是一個好消息：在阿薩姆，天天都是潑水節！），導致山洪頻繁爆發，水土流失嚴重，農牧業都難以發展。

大理移民用中國的梯田技術解決了這個難題，在雅魯藏布江中游河谷裡，開墾出大片稻田，進而建設起一個繁榮的國度。

事實證明，阿薩姆的建國者頗有先

歷經明清戰火洗禮後的崇聖寺

位於古大理境內的崇聖寺三塔，建於南詔時期。

見之明，因為他們離開故鄉不久，就傳來蒙古帝國南征大理的消息。在吃羊肉、喝馬奶的蒙古大軍面前，終日吃齋念佛的大理軍隊不堪一擊，蒙古親王忽必烈只花了三個月時間，就征服了整個雲貴高原。正如金庸在《天龍八部》等書中描寫的那樣，懾於蒙古軍隊的淫威，眾多大理居民逃離故土，向南方和西方流亡，其中不少人輾轉抵達雅魯藏布江中游河谷，加強了阿薩姆王國的實力。

由於元朝軍隊沒有找到進入雅魯藏布江中游河谷的道路，這個襁褓中的國家，得以在安定的環境中穩定發展。到了明朝末期，阿薩姆王國已經頗具實力，國土面積也增加了數倍，這使它與當時世界上最大的經濟體：印度蒙兀兒帝國接壤。阿薩姆王國的富庶，令蒙兀兒帝國垂涎三尺，先後十七次發動軍事入侵，卻全部被英勇的阿薩姆人擊敗。

到了十八世紀中葉，當蒙兀兒帝國已經分崩離析之際，阿薩姆王國卻依舊巍然屹立。在長達六個世紀的漫長時間內，小小的阿薩姆王國，能夠避免被蒙古帝國和蒙兀兒帝國等世界強權吞併的命運，靠的主要是自然環境優勢。

阿薩姆王國所在的雅魯藏布江中游河谷，雖然極為平坦，但南北兩側都是高不可攀的山巒，而且森林覆蓋率極高、沼澤密佈，外人只能由西側和東北側的兩個山口，進入河谷，如果扼守住這兩個山口，阿薩姆王國真的是「一夫當關，萬夫莫敵」。

此外，阿薩姆氣候極度潮濕、終日大雨，這會摧毀所有弓箭和早期火器，因為它們普遍容易因受潮而喪失功能。

阿薩姆王室徽章

在這塊土地上，獵人的柴刀、匕首、套索比正規軍的火器和弓箭更實用，大炮等重裝備，在濕滑狹窄的道路上寸步難行。在這裡異常濕熱的環境下，普通的金屬盔甲，都足以把軍人悶暈。

作為蒙兀兒帝國的征服者，英國東印度公司最早在西元一八一五年開始關注阿薩姆。當年，公司派駐尼泊爾首都加德滿都的領事萊特爾上校，到當地貴族家中作客時，品嚐到一種風味獨特的茶葉。正對西藏事務感興趣的他以為這些茶葉是尼泊爾人從西藏買來的，由此可以獲知從尼泊爾去西藏的道路資訊，但一問之下才知道，它們來自尼泊爾以東幾百英里一個叫阿薩姆的王國，那裡不屬於清朝。

（按：事實上，阿薩姆王國曾經向清朝派遣過

曾活躍於十九世紀、信仰印度教的傣族居民所建利的雲中之國

曾存在於雅魯藏布江中上游的阿薩姆王國，是地球上自然環境保護得最好的地區之一。

貢使，但清朝官員看他們長得像傣族，風俗像傣族，說話也像傣族，於是大筆一揮，把他們寫成了泰國貢使！）

萊特爾上校找來幾個去過阿薩姆的尼泊爾人詢問後，得知阿薩姆的新浦山中，生長著野生茶樹，當地人不僅像中國人那樣用開水沖泡其葉片，也將葉片兌油、拌大蒜食用。

和英國東印度公司的所有優秀員工一樣，萊特爾上校極為重視有關茶葉的各種資訊。他立即委託尼泊爾人再去阿薩姆，幫他採集茶樹的枝葉、種子和樹苗。次年（西元一八一六年），他終於如願以償，連忙把這些植物標本，送到英國東印度公司設在加爾各答的皇家植物園鑑定。

源自傣族的阿薩姆原住民

由於各部族之間的通婚、在當地社會地位的下降等多種原因，大多數傣族阿洪姆人後裔已融合進其他民族中，只剩下不到六十萬的傣族，多信仰印度教，主要以從事農業生產為主。

但令萊特爾上校失望的是，皇家植物園主管瓦利奇博士後來答覆說，經過他與倫敦皇家學會的專家討論，鑑定標本為一種山茶科植物，但並不是能夠出產高品質茶葉的中國茶樹。

同年，尼泊爾南部也發現了一棵疑似野生茶樹的植物，瓦利奇博士鑑定後給出了同樣的答覆。[12]

儘管專家給出了否定的答案，但阿薩姆出產茶樹的消息，依然在大英帝國盛傳，雅魯藏布江中游的新浦山，於是成為英國探險家人人嚮往的黃金城。這些野心勃勃的英國探險家中，就有對植物學頗有研究的羅伯特．布魯斯上校。可是，命運似乎和他開了個大玩笑。

正當羅伯特．布魯斯上校越過半個地球抵達印度，申請辦理前往阿薩姆王國的手續時，卻在報紙上看到一條令他瞠目結舌的新聞，阿薩姆王國滅亡了！

西元一八一五年，在萊特爾上校發現茶樹的阿薩姆王國，其實正籠罩在內戰的陰影中。十九世紀初，在首相蒲納南達及其姻親巴丹旃陀羅的領導下，阿薩姆王國內部的諸多割據政權被逐一削平，殘餘的反政府武裝無法在國內立足，紛紛逃往境外。

可是，這兩位阿薩姆王國的棟樑之臣卻都是可與共患難，不可共安樂之徒，一旦共同的敵人被消滅，他們便在嫉妒與野心的驅使下展開惡鬥。

蒲納南達試圖將巴丹旃陀羅免職，巴丹旃陀羅聞訊後派刺客去行刺蒲納南達，結果失敗。蒲納南達下令逮捕巴丹旃陀羅，但他的兒媳卻搶先一步，將消息透露給了父親。巴丹旃陀羅匆忙逃出國，前往英屬孟加拉首都加爾各答請求庇護。蒲納南達的特種兵窮追不捨，在半路上抓住了巴丹旃陀羅，但這裡已經位於孟加拉境內。

結果，英國員警逮捕了蒲納南達的特種兵，並把巴丹旃陀羅送往加爾各答，覲見印度總督哈斯廷斯。哈斯廷斯總督並未認識到阿薩姆的重要性，身旁的印度顧問告訴他，阿薩姆既貧窮，居民又桀驁不馴，沒有得罪的必要。於是，哈斯廷斯總督大手一揮，宣佈把巴丹旃陀羅驅逐出境，並釋放了蒲納南達的特種兵。

被從總督府趕出來的巴丹旃陀羅，如同一條喪家之犬，在加爾各答的街道上流浪，躲避著英國員警的搜捕。正在這時，他身邊忽然鼓樂喧天，一個衣著華麗的使團，出現在加爾各答的街道上。巴丹旃陀羅湊上去打聽，得知這是緬甸國王波道帕耶（孟雲王）在訪問友好鄰邦。

絕境中的巴丹旃陀羅知道，這是自己最後的機會。他一頭衝入緬甸使團的隊伍，向孟雲王求助。

孟雲王心中納悶，自己身在國外，居然還有人攔轎鳴冤。在得知此人是阿薩姆王國的大貴族巴丹旃陀羅後，他敏銳地發現了其中的機會。

十九世紀初的緬甸，是當時東南亞最強大的政權而且野心勃勃。明朝末年，緬甸迅速崛起，一度征服了包括泰國、老撾在內的東南亞大部分地區，孟雲王的祖父孟駁王，還擊退了乾隆皇帝的四次入侵。雖然泰國在華人鄭信的領導下，重新贏得了獨立，但其大片國土依然被緬甸佔據。

作為佛教徒，孟駁王宣稱自己是未來佛，孟雲王更是在吞併了曼尼普爾和阿拉干等小王國以後，給自己加上了「宇宙之主」的尊號。

為了使自己名實相符，孟雲王制訂了龐大的征服計畫，要將東南亞、印度和中國都納入緬甸帝國的版圖。

他的野心，與兩百多年前豐臣秀吉的狂想如出一轍，後人稱之為「佛教帝國主義」。

可是，孟雲王很快就碰了釘子。在歷經三次入侵泰國無功而返後，他迫切需要新的擴張目標，正在此時，巴丹旃陀羅主動把阿薩姆王國送上門來，這位宇宙之主，自然迫不及待地笑納了。

經過與哈斯廷斯總督協商，孟雲王獲准將巴丹旃陀羅帶回緬甸，後者立即為他制訂了詳細的入侵阿薩姆軍事計畫。

西元一八一七年一月，巴丹旃陀羅帶領緬甸軍隊從一條罕為人知的雪山小徑，潛入阿薩姆河谷，打破了這塊世外桃源五百多年的寧靜。

大敵當前，蒲納南達首相連忙組織抵抗，雙方相持三個月不分勝負。偏偏蒲納南達由於過度氣憤，突發心臟病而死。群龍無首的阿薩姆將領提出和談，最後同意恢復巴丹旃陀羅的政治地位，並賠付孟雲王軍費，緬甸人才撤走。

鼎盛時期的緬甸帝國

英國為了英屬印度的東邊界，與緬甸貢榜王朝爆發第一次英緬戰爭。並且在西元一八二四年成立英屬緬甸，管理攻佔的土地。當時英屬緬甸是英屬印度之下的一省。

十九世紀初的緬甸軍人

野心勃勃的孟雲王，一度征服泰國的精銳部隊。

可是他們剛離開阿薩姆國境，廣受憎惡的巴丹旃陀羅就被刺殺了。孟雲王以此為藉口，發兵三萬人再次入侵阿薩姆。阿薩姆軍隊雖在首戰獲勝，卻因疏於防備，在凱旋路上被緬甸伏兵襲擊而戰敗。

緬甸軍乘勝追擊，一舉攻陷阿薩姆首都高哈提，並俘虜了阿薩姆國王蘇鼎法。正在此時，傳來孟雲王駕崩的消息，部分緬甸軍隊匆忙撤離阿薩姆，蘇鼎法國王也恢復了自由。阿薩姆人試圖抓住這一機會，驅逐緬甸勢力，結果卻給自己帶來了滅頂之災。

孟雲王的繼承者巴基道，是個與祖父同樣野心勃勃的君主，而且更加殘忍。他很快出兵阿薩姆，趕走蘇鼎法並另立了一個傀儡國王。蘇鼎法四處組織游擊戰，巴基道則以「三光政策」作為回應。

西元一八二二年，蘇鼎法被迫逃往印度，巴基道便廢黜傀儡國王，正式宣佈將阿薩姆併入緬甸版圖。此時，阿薩姆的一半成年男子都已在戰爭中喪命，眾多貴族都慘遭淩遲、剝皮、點天燈等酷刑，而稍有姿色的年輕婦女，幾乎都被擄去了緬甸。

作為一個民族，阿薩姆人已經處於滅絕的邊緣。這便是羅伯特．布魯斯上校抵達印度時的阿薩姆局勢。但在茶葉的巨大利益誘惑下，他不顧個人安危，仍繼續堅持前往阿薩姆。⓭

經過長途跋涉，偽裝成商人的羅伯特．布魯斯上校終於在西元一八二三年，攜帶大批歐洲和印度商品，抵達他朝思暮想的茶樹聖地——上阿薩姆的新浦山。他高興地發現由於交通不便，這一帶並未受到戰亂的太多波及，當地酋長古穆，依然效忠於蘇鼎法國王，而且為了趕走緬甸侵略者，既樂意與英國通商，也願意在其他方面與英國人合作。

征得古穆酋長的同意，羅伯特．布魯斯上校周遊新浦山，發現了不少野生茶樹。離開前，他與古穆酋長約定，來年還會再來，屆時，古穆酋長會準備一些成熟的茶籽，以供貿易。

沒想到，羅伯特．布魯斯上校在回程時染上熱帶病，臥床不起，幸而這時，他的哥哥查理斯．布魯斯以炮艦船長的身分從爪哇來到印度，病榻上的羅伯特．布魯斯，便把再訪新浦山的任務轉交給哥哥。

正在查理斯．布魯斯準備出發之際，卻傳來了英國對緬甸宣戰的消息。阿薩姆國王蘇鼎法，在西元一八二二年逃往英屬印度，他的許多臣民相繼步其後塵，流亡到英屬印度。

在同樣被緬甸吞併的阿拉干王國，也出現了難民潮。緬甸向英國東印度公司索要阿薩姆與阿拉干難民，遭到拒絕，而這些難民又在孟加拉參加軍事訓練，不時潛回故國打遊擊戰，令緬甸人十分頭疼。

與英方多次談判卻未能取得進展後，緬甸將領悍然調兵進入孟加拉，襲擊阿薩姆和阿拉干難民營，一直打到吉大港。英國政府和東印度公司自然將這視為極端惡劣的挑釁，西元一八二四年三月五日，英國對緬甸宣戰，第一次英緬戰爭爆發。

身為海軍軍官，查理斯・布魯斯被徵召入伍。他自告奮勇，率領一支先遣隊突入雅魯藏布江河谷，抵達新浦山。

古穆酋長按照與羅伯特・布魯斯的約定，將一批新鮮的茶樹種子和樹苗交給他，奠定了彼此間的友誼。兩人於是合兵一處，向阿薩姆首都高哈提進軍。在阿薩姆民眾的支持下，他們在三月二十八日佔領了高哈提。

查理斯・布魯斯由於軍務繁忙，將茶樹種子和樹苗託付給阿薩姆行政專員斯考特上尉，後者立即在高哈提的官邸花園裡種植茶樹，並取得了成功。隨著英軍在阿薩姆戰場的節節勝利，愈來愈多的野生茶樹被發現，斯考特上尉收集了許多樣本，並把它們寄回加爾各答。

但令布魯斯兄弟和斯考特上尉失望的，是皇家植物園主管瓦利奇博士鑑定它們全部是山茶，不能加工成可以沖飲的茶葉。⑭

西元一八二五年，羅伯特・布魯斯上校抱著很深的失望病逝。他信心十足的阿薩姆茶葉事業，並未獲得預期的成功，而第一次英緬戰爭的進程，也遠不如英方預想得那麼順利。

在阿薩姆以外的地區，緬甸軍隊表現出當時亞洲軍隊的最高水準，捍衛了「佛教帝國主義」

的榮譽，在阿拉干和克車等地多次擊敗英軍。

英國東印度公司被迫大舉增兵，在軍艦掩護下水陸並進，從緬甸南部沿海開辟第二戰場。這招果然奏效，西元一八二四年年底至一八二五年年初，英軍相繼在仰光和德努漂殲滅四萬緬甸軍主力，隨即沿伊洛瓦底江長驅北上。

緬甸王巴基道被迫求和，雙方在西元一八二六年年初簽訂了《楊達波條約》，主要內容如下：

1. 緬甸不得再干涉阿薩姆和曼尼普爾等國的事務。
2. 緬甸將阿拉干和一些沿海島嶼割讓給英國東印度公司。
3. 英國在緬甸首都常駐一名大使。

德努漂之戰

四千名英軍在炮艇艦隊的掩護下進攻德努漂。此戰為以爭奪印度東北部的控制權開始，由緬甸主動開戰，以英國的決定性勝利告終。

4.緬甸分四年向英國東印度公司支付一百萬英鎊（約合三百萬銀圓）的戰爭賠款。
5.英軍佔有緬甸部分領土，直至賠款付清為止。
6.緬甸的全部港口向英國東印度公司的商船開放。

《楊達波條約》的內容，明顯與十六年後的《南京條約》或更晚的《北京條約》非常相似，無不反映了大英帝國一脈相承的亞洲殖民政策。從此，緬甸帝國的脊樑被打斷，驕傲的佛教帝國主義，終於敗給了擁有堅船利炮的基督教帝國主義。即便如此，第一次英緬戰爭對英國東印度公司依舊得不償失。

這是英國東印度公司有史以來最昂貴的一次戰爭。由於緬甸環境惡劣，緬甸軍隊又頑強抵抗，五萬名侵緬英軍中共有一萬五千人陣亡，近三年的戰爭，耗費了英國東印度公司一萬三千英鎊（約合四千萬銀圓或兩千八百多萬兩紋銀，相當於當時清朝國庫所存白銀的三倍），而只從緬方收回區區一百萬英鎊賠款，淨虧一千兩百萬英鎊。

結果，第一次英緬戰爭成了英國東印度公司發動的最後一次戰爭。西元一八三三年，公司大批債務到期，現金流一時間捉襟見肘，龐大的印度固定資產，由於法律限制無法在短期內變現。對於包括一些東印度公司董事在內的許多英國權貴來說，結束這場由第一次英緬戰爭引發的經濟危機的最好方法，就是對第一次英緬戰爭的主要戰果阿薩姆，善加利用。

本來，按照《楊達波條約》，阿薩姆王國的主權應當得到恢復，蘇鼎法國王應該復位，可是，雖然蘇鼎法國王在戰後積極地多方申請，英國東印度公司卻總是磨磨蹭蹭，不給他復辟的機會。

當時，東印度公司只是每個月發給他五百盧比的安置費，並劃給他和其他阿薩姆貴族一些房地產，以供居住。

西元一八三三年四月，手頭拮据的英國東印度公司召來蘇鼎法，和緬甸擁立的傀儡國王普蘭達，告知二人，上阿薩姆必須被併入印度，但是公司可以允許下阿薩姆獨立建國，前提是放棄安置費，而且每年向公司進貢五萬盧比。

蘇鼎法提出異議，普蘭達則滿口答應。於是，普蘭達重登阿薩姆王位，蘇鼎法則繼續隱居生活。就這樣，英國東印度公司成為歷史上阿薩姆傳說中，野生茶樹的主產區的主宰。[15]

英國東印度公司逐步蠶食阿薩姆時，由於查理斯・布魯斯的四處活動，很多英國人都得知了布魯斯兄弟在阿薩姆尋找茶葉的傳奇故事，不斷有探險家步其後塵，進入英國東印度公司控制下的阿薩姆地區，希望找到能與中國茶媲美的優良茶樹。但無論他們送來多少標本，瓦利奇博士都斷言它們是山茶，而非真正的茶樹。

直到西元一八三三年印度經濟危機爆發，印度總督班廷克爵士急於開拓財源，一些植物學家乘機向他進言，瓦利奇博士身為英國東印度公司下屬的皇家植物園主管，有可能受到公司管理層的影響，一直在隱瞞阿薩姆茶葉的真相。

班廷克爵士於是力排眾議，由印度政府牽頭，於西元一八三四年一月二十四日，在加爾各答組建了一個獨立於英國東印度公司的茶葉委員會，其成員大多是英國官員，還有兩名印度貴族，以及一名長期在孟加拉行醫的華人醫生。

受瓦利奇博士等英國東印度公司專家影響，茶葉委員會的成員起初都懷疑阿薩姆茶葉的真實性，令班廷克總督大為光火。

就在茶葉委員會成立三個月後，也就是西元一八三四年四月二十一日，英國東印度公司宣佈停止經營業務，破產清算，班廷克總督成了真正的印度之王。在他的催促下，茶葉委員會擺脫了東印度公司的影響，積極開展工作，決定派委員會秘書高登前往福建，採集茶籽準備運回印度種植。

班廷克總督給他開出了一千盧比的月薪，是蘇鼎法國王的兩倍，可見對其工作的重視程度。同時，班廷克爵士還命令阿薩姆行政專員詹金斯上尉大力尋找野生茶樹。

西元一八三四年十一月，詹金斯上尉將大批阿薩姆茶樹枝葉、果實、花朵，以及土著烘製的茶葉成品，運到加爾各答。在大量證據面前，瓦利奇博士被迫推翻了自己從前的結論，承認阿薩姆確實出產野生茶樹，而且與中國的茶樹是同一個品種，完全可以用來製造沖飲的茶葉。

當年耶誕節的前一天，即十二月二十四日，茶葉委員會迫不及待地通知班廷克總督及印度政府：「我們懷著極其興奮的心情向諸位報告，在阿薩姆省的確存在著土生茶樹，它的生長區域在東印度公司的管轄範圍內，從薩迪亞、皮珊西等地一直綿延到中國的雲南省邊境，地域之廣需要一個月的旅程，當地人栽種茶樹的目的在於生產茶葉。我們認為，這將是帝國在農業和商業資源方面的最重要且最有價值的發現，將來必定能讓帝國獲得豐厚的商業回報。」

不過，茶葉委員會成員也一致認為，儘管茶樹可以在阿薩姆地區生長，但其茶葉品質低於中國茶葉，所以最明智的做法是從中國特別是福建，進口優良茶籽和茶樹苗，並將它們移植到阿薩姆。

沒過多久，高登秘書就從中國帶來了好消息。儘管未能如願抵達武夷山，但他還是設法在廣東買到了大量福建茶籽，並在西元一八三五年年初，將它們寄回加爾各答。

儘管茶葉委員會的靠山班廷克總督此時已經因病離職，「茶葉熱潮」還是立刻席捲了印度全境。為了研究野生茶樹並勘察茶樹種植園的最佳地點，茶葉委員會在西元一八三五年年底籌組了一個科學調查團，任命瓦利奇博士為團長，查理斯・布魯斯為嚮導。

但這卻是個災難性的人事決定。瓦利奇博士儘管已經承認了阿薩姆茶葉可沖飲，卻力主茶樹最適合在炎熱乾燥的印度中部高原種植，其次，則是喜馬拉雅山區，再次則是雅魯藏布江畔的沙地。

結果，他們在印度中部高原種植的兩千株茶樹僅有九株活了下來；在喜馬拉雅山區種植的兩萬株茶樹，有兩千株倖存；在雅魯藏布江畔的沙地上，茶樹更是全軍覆沒。

「當布拉馬普特拉河（雅魯藏布江）流經第一座阿薩姆茶園時，瞬間就把我們的悲哀和失敗，埋葬在滾滾洪流之中……」⑯種種證據顯示，瓦利奇博士從一開始起，就在無所不用其極地破壞印度的茶葉產業。

所以，他後來被新任印度總督奧克蘭勳爵免除在皇家植物園和茶葉委員會的一切職務，被貶到印度博物館去當研究員。作為當時極負盛名的植物學家，瓦利奇博士在茶葉問題上犯下這麼多錯誤，是外人難以理解的。

其實打開他的履歷，我們就不難發現其中的奧秘。瓦利奇博士本是一個丹麥見習醫生，在拿破崙戰爭中淪為戰俘，是英國東印度公司重新給予他自由，還給他提供最好的教育，使他一步步升為有世界聲譽的學術權威，他自然對英國東印度公司感激不盡。

當第一片阿薩姆茶葉出現在他的眼前時，他就立即察覺到了其中蘊藏的危險，阿薩姆茶葉可能會毀掉英國東印度公司的生存基礎。所以，他一直在想方設法阻止這件事。

不過在歷史洪流面前，他的努力不過是螳臂擋車，最終只能與恩主英國東印度公司同歸於盡，想必他對這樣的結局倒也問心無愧。

沒有了瓦利奇博士的掣肘，印度茶葉產業如火如荼地開展起來。詹金斯上尉在阿薩姆徵發當地人，砍伐有野生茶樹的原始森林，然後在上面種植茶樹。不過，經過一連串血腥的戰爭，當地人數量稀少，因此又從印度各地調來許多工人，但他們普遍缺乏種植茶樹的經驗和技術。於是，應茶葉委員會的要求，高登秘書在澳門雇用了十二名茶農，用商船送到加爾各答，再從那裡經陸路前往阿薩姆。

但出乎他意料的是，這十二名茶農最終都遭到暗殺，他們工作的茶園也被付之一炬。誰是兇手？茶葉委員會百思不得其解。但現在回顧這段歷史，最可能的兇手，可能是來自廣東十三行。

如上文所述，廣東十三行商人、特別是總商伍秉鑑的家族，既是世界上最富有的人群之一，也是世界上最聰明的人群之一，還是世界上與黑社會來往最密切的的人群之一，黑白兩道通吃便是這個家族成功的秘訣。

成長在天地會的國內大本營海幢寺對門，伍秉鑑的手，可以輕鬆地伸到天地會的海外大本營新加坡，直至當時有不少華人定居的加爾各答。他甚至很可能瞭解印度茶葉委員會，特別是委員會裡的那位華人醫生。

以潘家和伍家商人對海外的瞭解，他們可能得知了阿薩姆茶葉的新聞，並察覺到，此事與英國東印度公司破產的關系。當高登在中國東南沿海購買茶籽、茶苗，雇用茶農時，十三行必定會有所耳聞並預感到它對自己的潛在危險，派出間諜追蹤、破壞，也就在情理之中。

雖然從澳門雇用茶農的計畫慘遭失敗，但印度政府並沒有氣餒。更多華人被從加爾各答、新加坡和南洋各地雇來，但這些人因某種原因不斷發生騷亂，而且缺乏工作欲望，最終大都被遣返。茶葉委員會仍不放棄，又秘密從雲南雇來一批茶農。

在這樣的不懈努力之下，西元一八三六年，阿薩姆終於產出第一批茶葉，布魯斯連忙將其送往加爾各答。印度總督奧克蘭勳爵親自品嚐，十分滿意，稱讚說是品質優良的飲料，當即決定加大對阿薩姆茶業的支持力度。

西元一八三八年五月六日，八箱阿薩姆茶葉被裝上商船運往倫敦，這第一批「印度茶葉」引發英國社會轟動。一八三九年一月十日，這八箱總重三百五十磅的阿薩姆茶葉，在明星巷拍賣，在一批自詡愛國主義者的買家哄抬之下，賣出了每磅十六到三十四先令的高價，相當於同等品質中國茶的四到五倍。

當時的主要買家名叫皮丁上尉，他本人經營著一個中國茶加工公司，主營混合茶（將多種茶葉混合包裝沖飲，當時很流行），但品牌並不叫「皮丁混合茶」，而叫「浩官混合茶」。

「伍浩官」也就是伍秉鑑父子的商名，作為當時的世界首富，即便在英國也有無與倫比的市場號召力，以至於竟被皮丁上尉搶注為他的混合茶商標。可以肯定的是，皮丁上尉從沒有為此給過伍家姓名使用費，更可嘆的是他所熱捧的阿薩姆茶葉，馬上就會變成足以毀滅伍秉鑑父子和廣東十三行的戰略物資。

不久後，英國市場迎來了第二批共九十五箱阿薩姆茶葉，這次的品質被公認比第一批好，阿薩姆茶葉顯然已在英國市場取得了成功，但由於缺乏炒作者，這一批只賣出每磅二至十一先令的低價。可是，阿薩姆在法律上尚未正式成為英屬印度的一部分，這實在令奧克蘭勳爵、查理斯．布魯斯和皮丁上尉等「愛國主義者」無法容忍。

於是，西元一八三八年九月，一群荷槍實彈的英國士兵衝入普蘭達國王的宮殿，宣佈將他廢黜，理由很簡單，在領地內種植茶樹不力！普蘭達沒有抵抗，他拿著每個月一千盧比的退休金，乖乖地去了軟禁地。

但是，比他更受民眾歡迎也更有骨氣的蘇鼎法卻不肯安分守己。得知普蘭達遭到廢黜的消息以後，他又公開露面還帶著支持者去加爾各答，向奧克蘭勳爵請願，希望英印當局同意自己復辟。西元一八三九年年初的一天，蘇鼎法幼稚的國王夢永遠地結束了。英印政府宣佈，末代阿薩姆國王在官邸自然死亡，臨終遺囑將阿薩姆的全部主權移交給自己。阿薩姆王國的六個多世紀歷史就此終結，領土全部被併入英屬印度版圖。[17]

作為一個南亞小王國，阿薩姆的滅亡本身看似並無多大意義，極少有歷史著作提及此事，即便有，也是隻言片語。然而，英國吞併阿薩姆，實則與葡萄牙人在西元一五一一年攻佔麻六甲一樣，有著世界性的決定意義。

從此，英國版圖同中國的西藏和雲南接壤，對中國領土形成實實在在的威脅；從此，英國控制了一個潛力極大的產茶區，其經濟無須仰仗與中國的貿易，完全掌握了中英貿易的主動權，中國手中已經無牌可打。

阿薩姆茶葉在倫敦市場拍賣成功的消息剛一傳出，倫敦和加爾各答立即就成立了兩家主營阿薩姆茶葉的公司，隨即在印度總督奧克蘭勳爵的撮合下，兩家公司於西元一八三九年五月三十日合併，組成了阿薩姆公司。

英國東印度公司破產之後，其資產中有很大一部分被陸續注入這家前途無限的新企業。與英國東印度公司相反，阿薩姆公司不需要與廣東十三行合作。事實上，作為出口茶葉的競爭對手，它一開始就是廣東十三行不共戴天的死敵。

由於阿薩姆茶葉的商業生產取得了重大成功，英國政府的對華政策便發生了根本性變化，從西元一八三四年之前十分忌憚清朝政府的恐嚇，突然變成一八三五年之後，肆無忌憚地使用武力要脅清朝政府，令清朝統治者措手不及。

當然，這裡指的就是鴉片戰爭。十分明顯，阿薩姆茶葉的商業化進程、英國東印度公司的破產、阿薩姆王國的滅亡過程，與鴉片戰爭的爆發之間，存在極富邏輯的時間關係：

- 西元一八一五年，英國人發現阿薩姆茶樹。
- 西元一八二六年，英國遇緬甸簽訂《楊達波條約》，阿薩姆淪為英國殖民地。
- 西元一八三三年，印度經濟危機爆發，年底，英國下議院通過《中印貿易管理法》，宣佈取消英國東印度公司的對華貿易壟斷權與對印度管轄權。
- 西元一八三四年一月，印度總督班廷克爵士組建茶葉委員會；同年四月英國東印度公司開始破產清算；同年七月，英國首任駐華商務監督律勞卑抵達廣州。
- 西元一八三六年，英國人經營的茶園生產出第一批阿薩姆茶葉。
- 西元一八三八年五月，第一批阿薩姆茶葉被運往英國；同年九月，英國廢黜普蘭達國王；

同年年底，孟加拉茶葉公司成立。

・西元一八三九年一月，第一批阿薩姆茶葉在倫敦拍賣，大獲成功；同年年初，蘇鼎法國王突然死亡；同年三月，道光皇帝派林則徐來廣東禁煙，英國商人陸續繳煙；五月，孟加拉茶葉公司與物產公司合併為阿薩姆公司；六月，虎門銷煙；七月，在華英國人開始抗拒中國當局的命令；八月，印度總督奧克蘭勳爵派遣炮艦抵達珠江口，與清朝海軍發生武裝衝突；十月，英國內閣決定對華開戰。

從以上的史實，不難看出當英國人發現阿薩姆可以生產茶葉之後，以進口中國茶葉為主業的英國東印度公司，就喪失了存在的意義，很快地，就被終止業務並重組；同樣，鴉片戰爭的真正發動者並不是倫敦的女王、首相、部長和議員們，也不是什麼鴉片販子，而是阿薩姆茶業的奠基者、阿薩姆公司之父、印度總督奧克蘭勳爵。

更巧的是，奧克蘭勳爵有位表弟，於西元一八三四年以律勞卑的助手身分來廣東，一八三六年奧克蘭勳爵出任印度總督，同年，他的這位表弟也升任駐華商務監督。此人名叫查理斯．伊里亞德。清朝人翻譯為「義律」。

每個讀過中國近代史的人，都應當對這個名字耳熟能詳，他便是那個毀滅古代中國，將中國強行帶入近現代的人。

在義律看來，扶持堂兄組建的阿薩姆公司，用阿薩姆茶葉壓制中國茶葉，鼓動英國當局對華開戰，用戰爭毀滅阿薩姆公司不共戴天的最大競爭對手，廣東十三行，是自己作為愛國者和家族成員義不容辭的責任。

既然如此，那麼奧克蘭勳爵與義律兄弟發動的鴉片戰爭，與鴉片究竟有什麼關係？廣東十三行在鴉片貿易中又扮演了什麼角色？

第六章

孽海花——罌粟的罪惡誘惑

眾所周知，鴉片在近代史上給中國社會帶來了巨大而持久的創傷。在《南京條約》簽訂之前，由於清朝執行廣州一口通商的外貿政策，所以絕大部分的外國鴉片都從廣東進口。毋庸諱言，廣東十三行與鴉片貿易有著千絲萬縷的聯繫。

作為一種舶來品，「鴉片」這個詞本為音譯，又被譯作「阿芙蓉」、「阿扁」、「阿片」等。它主要由粟目罌粟科的鴉片罌粟蒴果製成，雖然同樣是舶來品，「罌粟」一詞卻是意譯，取其種子形狀類似舀水的器具「罌」，又接近粟米的植物外觀特徵，又稱「罌子粟」或「米囊花」。

除了蒴果之外，罌粟的其餘部分全都不能用於生產鴉片，而蒴果生長十二天後就會成熟，成熟後也不能製成鴉片。所以，要想獲取鴉片，就必須在罌粟蒴果未成熟的這十二天內，用特製的三刃刀具在蒴果表皮拉出口子，刀口的深度，必須在一到一點五毫米之間（刀口太深或太淺都會影響鴉片品質），使含有生物鹼的白色乳汁流出，待流出的漿液稍凝固後，將其刮下曬乾，即成為尿騷味強烈的生鴉片；把生鴉片反復在熱水中溶解、煮沸、過濾，最終便獲得氣味芬芳的提純物「熟鴉片」。

而生鴉片和熟鴉片都含有大量致癮性生物鹼，具備強烈的鎮痛作用。

鴉片罌粟原產於東南歐，考古研究證實，早在西元前五千年的史前時代，這種植物就已進入了人

氣味較芬芳的熟鴉片

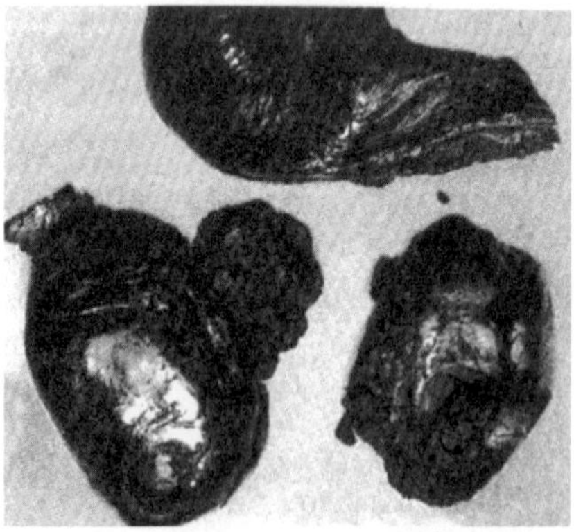

鴉片有生鴉片和熟鴉片之分。熟鴉片呈深褐色，手感光滑柔軟。

類的生活，甚至可能是人類最先培植的農作物品種之一。西元前三千年左右，西亞的文明先驅蘇美爾人，就經常接觸鴉片罌粟，而且稱它是「快樂植物」。

埃及人種植罌粟的歷史也幾乎同樣悠久。鴉片的主要成分生物鹼「蒂巴因」，即得名於埃及古都底比斯。古埃及兒童如果過於淘氣的話，父母就會給他們灌服鴉片溶液。此後的中東霸主巴比倫人和亞述人，將鴉片分為四十二種，讚揚它能夠包治百病，可見他們對鴉片何等熟悉和喜愛。

古希臘人由於地理位置接近罌粟原產地，又擅長國際貿易，也很早就瞭解罌粟。荷馬史詩《奧德賽》稱鴉片為「忘憂藥」，服用者「整天不再掉一滴眼淚，即便他們的父母去世，即便他們的兄弟或親愛的兒子在他們面前被殺死」。直到西元前五世紀，希臘醫師才開始發現鴉片的上癮作用，並呼籲民眾要戒除鴉片。

罌粟在宋代被作爲觀賞植栽

罌粟花的花語是華麗（Beautiful）、罪惡（Devil）、悼念（Mourn）。在第一次世界大戰期間，法蘭德斯的壕溝戰發生於開滿罌粟花的田野中，成為悼念物。

被譽為「醫學之父」的古希臘神醫希波克拉底斯，對鴉片持謹慎態度，認為鴉片如果有節制地使用，是很好的止瀉藥、麻醉劑、止血藥、催眠藥，可以治療多種疾病，但並不能包治百病。

可是，羅馬帝國時期的希臘名醫蓋倫，卻堅信鴉片包治百病，聲稱鴉片可以治癒頭痛、目眩、耳聾、癲癇、中風、弱視、支氣管炎、氣喘、咳嗽、咯血、腹痛、發燒、黃疸、脾硬化、肝硬化、腎結石、泌尿疾病、浮腫、痲風病、月經不調、憂鬱症以及毒蟲叮咬等多種疾病。

當時，包括「哲學家皇帝」馬可・奧勒留在內，大批西方人都是蓋倫醫生的信徒。馬可・奧勒留每天都要服定量的鴉片。他的名著《沉思錄》，就是這樣撰寫出來的。

不過隨著鴉片的使用日益廣泛，愈來愈多的人開始發現它的副作用，而且這些副作用還不僅限於成癮。作為高效鎮定劑，鴉片如果過量服用，會導致心肺功能衰竭，嚴重時甚至會危及生命。西元前一百八十三年，迦太基統帥漢尼拔在被羅馬士兵包圍時，選擇吞服鴉片藥丸自殺，此後鴉片的受害者史屢見不鮮。

由於鴉片及其提煉物嗎啡和海洛因等如果過度服用，都會置人於死地，因此，它們又得到了一個共同的稱呼：毒品。儘管如此，鴉片在古代仍然被普遍視為強身治病的藥材，大多數服用鴉片的人都因此受益，而沒有上癮或喪命。這主要是因為古人不會點燃鴉片吸食，而是直接吞食鴉片，或將鴉片混入蜂蜜、葡萄酒飲用，經過胃酸處理後，鴉片對人體的危害比較有限。

由於波斯人和馬其頓人的擴張，鴉片罌粟被廣泛引種到從阿爾卑斯山脈到帕米爾高原的廣大地區。在亞歷山大大帝死後的一千年內，鴉片罌粟的種植範圍，都沒有越出過他的征服區域。伊斯蘭教創建後，鴉片得到廣泛使用，成為「聖戰」文化的重要組成部分，並「傳染」給了他們的十字軍對手。

伴隨阿拉伯人的馬蹄和商船，鴉片傳播到從西班牙到中國之間的廣大土地上，鴉片貿易第一次成為重要的國際經濟活動。

西元十世紀，阿拉伯世界迎來了一位最偉大的醫師伊本．西納，歐洲人稱他為阿維森納。「伊本．西納」這個名字，根據熱衷於在征服地區推廣罌粟種植的亞歷山大大帝的意思，是「來自中國」，若從這個名字判斷，伊本．西納可能有東方血統，也許是西元七百五十年在怛邏斯戰役中被俘的高仙芝部下的後裔。

他是那個時代最博學的人之一，不僅精通中國、波斯和阿拉伯的多種醫書，也系統地研究了希臘和印度的傳統醫學，並且還是亞里斯多德哲學的權威，柏拉圖和亞里斯多德的多部著作，多虧他的收集，才得以在中世紀戰亂中保存下來。他傳授給西方人號脈、針灸、拔火罐等中國醫術，堪稱是最早從事中西醫結合的實踐者，其著作《醫典》是中世紀伊斯蘭教和基督教世界共同的、最高醫

嗜食鴉片的中東醫者伊本．西納

圖為十世紀最偉大的醫者伊本．西納。他所著《醫典》是十七世紀以前，內亞歐廣大地區的主要醫學教科書和參考書。

學權威專書。

但是伊本．西納醫生酷愛鴉片，而且不守《古蘭經》戒酒令，經常把鴉片混在酒裡喝，最終因此喪命。但鴉片對中東世界的影響，並未因此降低。當阿拉伯帝國衰微後，蒙兀兒帝國與奧斯曼土耳其帝國逐漸興起，征服了從巴爾幹半島到孟加拉灣的廣闊土地。作為伊斯蘭世界的新興力量，這兩個帝國同樣熱烈地擁抱鴉片，其周邊的波斯、阿富汗等國也爭先恐後地推廣鴉片種植。

西元一五四六年，某位周遊奧斯曼土耳其帝國的法國學者這樣記載自己的見聞：「沒有一個土耳其男人，不是把最後一塊銅板花在購買鴉片上的。他們在戰爭時期攜帶鴉片，在和平時期也攜帶鴉片。他們愛吃鴉片，因為他們認為這樣會在戰爭中變得更勇敢，更加不怕危險。因此在戰爭期間，鴉片被搶購一空很難覓得存貨……」

就這樣，鴉片幫助土耳其人橫掃中東、攻下君士坦丁堡，一直打到維也納城下。與蒙兀兒帝國出產的印度鴉片相比，土耳其鴉片的嗎啡含量更高，因此廣受熱愛鴉片的西歐人喜愛。

土耳其鴉片的最大出口對象，便是後來發動鴉片戰爭的英國，英國則向土耳其出口紡織品，兩國的商貿關係由此日漸紅火。

「英國醫學之父」西登漢姆和伊本．西納一樣酷愛鴉片，因此被稱為「鴉片哲人」。這位醫生公開頌揚鴉片：「我不由自主地衷心感謝偉大的上帝，祂創造萬物，由人類任意享用，還有神奇的鴉片來撫慰人類的靈魂。鴉片不是藥，卻可以防疾治病……沒有了鴉片，藥物也無所作為。明白了這一點，誰都可以妙手回春。」

直到十九世紀初，他用鴉片、藏紅花、肉桂、丁香和雪利酒，混合配製的「西登漢姆鴉片酒」，都是英國人消費鴉片的主要方式，號稱包治百病。在鴉片戰爭爆發之前，英倫三島本土平均每年要合法消掉二十多噸鴉片。

事實上在十八世紀，每個英國人在他們生命中的某一段時期都曾服用過鴉片，而許多人更是經常服用。印度的征服者克萊武自己就服鴉片成癮，而威靈頓公爵還曾親眼看見英國國王喬治四世服用鴉片。❶

在基督教和伊斯蘭世界都廣泛使用鴉片的時代背景下，中國就不可避免地透過國際貿易接觸到了鴉片，從此「絲綢之路」同時也是「鴉片之路」。

亞歷山大大帝死後一百多年，漢武帝派張騫出使西域，中西交流掀起高潮，中亞的葡萄、苜蓿、胡椒、大蒜等作物相繼被引進中國。漢末三國之際，名醫華佗用麻沸散麻醉病人，以便做手術。隨著華佗被曹操處死，麻沸散的配方不幸失傳。

好奇的後人對其主要成分多有分析，或以為是原產印度的曼陀羅，或以為是原產西亞的鴉片，或以為是原產中亞的豪麻，尚無定論。華佗的醫術與中國傳統醫術頗有不同，根據歷史學家陳寅恪在《三國志曹沖華佗傳與佛教故事》文中的考證，華佗是一名來華的印度醫生。如果是這樣，那麼華佗可能從小就接觸過曼陀羅和鴉片，並將其用於醫療。

最早記載鴉片的中文著作，可能是成書於西元六五九年的《唐本草》：「底也伽，味辛，苦平無毒，主治百病中惡、客忤邪氣、心腹積聚，出西戎。」

底也伽這種萬應解毒藥，由精通醫術的本都國王米特拉達梯在西元前一世紀發明，是西方傳統醫學的驕傲，據說含有六百多種成分，其中就包括鴉片。

西元六六七年，拂菻（拜占庭）使者向唐高宗和武則天夫婦贈送底也伽，作為國禮，此後這種價值連城的藥物逐漸失傳。不過透過對底也伽的瞭解，唐朝人已經愛上了鴉片，於是開始廣泛地在本土推廣罌粟種植。

唐朝中葉，學者陳藏器在《本草拾遺》中是這樣形容罌粟的：「罌粟花有四葉，紅白色，上有淺紅暈子，其囊形如箭頭，中有細米。」詩人雍陶在《西歸斜谷》詩中，則如此描繪米囊花（罌粟花）帶給自己的親切感：「行過險棧出褒斜，歷盡平川似到家。萬里愁容今日散，馬前初見米囊花。」

晚唐農學家郭橐駝的《種樹書》也記載：「鶯素（罌粟）九月九日中秋夜種之，花必大，子必滿。」由這些記載可知，早在唐朝後期，陝西、四川等地就在種植罌粟了。

與古代西方人一樣，唐朝中國人也直接口服鴉片。五代十國時，南唐的藥典《食醫方》，推薦把罌粟米與人參、山芋合煮為「罌粟粥」，加薑末和食鹽服用，說可以健胃消食，足見罌粟此時已是藥店中常見之物。

北宋兼併南唐以後，繼承了南唐的廣闊罌粟種植園，並在全國推廣，掀起了全民種植罌粟的熱潮。北宋文豪蘇軾、蘇轍兄弟就經常服用罌粟，還寫詩加以讚美。

蘇軾的《歸宜興留題竹西寺》歌頌說：「道人勸飲雞蘇水，童子能煎鶯粟湯（罌粟湯）。」蘇轍的《種藥苗》宣傳道：「罌粟可儲，實比秋穀；研作牛乳，烹為佛粥。老人氣衰，調肺養胃……」蘇氏兄弟的這些詩文還透露出，當時的佛教僧人，已經普遍地把罌粟作為食物和飲料中的珍貴成分，民間則把它當作養生健體的藥物。

在蘇東坡兄弟看來，罌粟儼然是老幼皆宜的健康食品。當時，持有這種想法的還大有人在。林洪編寫的食譜《山家清供》中，就記載了一道菜譜「罌乳魚」：「罌粟淨洗、磨乳，先以小粉置缸底，用絹囊濾乳下之，去清入釜。稍沸，極灑淡醋收聚，乃入囊壓成塊，乃以小粉甑內下乳蒸熟，略以紅麴水酒，又少蒸取出，起作魚片。」這裡簡直是把罌粟籽當作小米、糯米之類的家常主食看待了。

除了入藥和食用以外，宋朝人還把罌粟當觀賞花卉培植，著名學者兼發明家蘇頌，在《本草圖經》中記載：「罌子粟，舊不著所出州土，今處處有之，人家園庭中多莳以為飾。花有紅、白兩種，微腥氣，其實作瓶子，似箭頭，中有米極細，種之甚難。」

由此可見宋朝的罌粟產量之大、種植範圍之廣。不過，對宋朝人來說，罌粟雖然有食用和觀賞價值，但也許是因為有「微腥氣」，始終無法晉升為高檔觀賞花卉，最主要的價值仍是藥用。

宋太祖時，翰林學士李昉、劉翰編纂的官方藥典《開寶本草》，首先將罌粟列入藥材，尊稱為「御米」，讚揚它「甘平無毒」，主治「丹石發動，不下飲食」。寇宗奭的《本草衍義》進一步闡述說：「罌粟……服石人研此水煮，加蜜作湯飲，甚宜。」所謂「丹石」，通常指的是魏晉時發明的一種興奮劑，其主要成分為：石鐘乳、石硫黃、白石英、紫石英、赤石脂，因為這五味藥的名字都帶一個「石」字，故合稱「五石散」。

作為一種毒品，五石散很容易上癮，一旦停藥，又會產生很大的副作用（也就是所謂「丹石發動」），而且價格昂貴，自魏晉南北朝至於隋唐，毒害了很多中國人，其中多半還是高級知識份子。

為治療「丹石發動」，人們找了許多藥方，後來發現罌粟最有效，於是尊為特效戒毒藥。殊不知罌粟之所以能治五石散，是因為它本身含有更強烈的上癮成分。唐宋之際，五石散在罌粟的衝擊下，從市場上完全消失了。五石散走了，鴉片來了，戒毒藥自己搖身一變，成了更可怕的毒品。事實上近代嗎啡、海洛因氾濫的過程，走的也是同一條路。發明嗎啡的最初目的是治療鴉片上癮，發明海洛因的最初目的，又是治療嗎啡上癮……以毒攻毒的結果，就是毒癮愈來愈大。

除了主治「丹石發動，不下飲食」之外，宋朝醫生還發現用罌粟治療痢疾，有奇效，對痔瘡、肉痿、內熱、咳嗽等疾病也有一定療效。至今，中醫仍以罌粟殼入藥，處方稱為「御米殼」或「罌殼」。罌粟殼和果實、種子，也一直被中餐當作輔料使用，火鍋店尤為常見。

宋朝人雖然廣泛種植罌粟，但還沒有掌握割取罌粟果汁，將其加工為鴉片的技術。直到此時，見過真正鴉片的中國人還比較少。但到了宋亡元興之際，從西亞歸來的蒙古遠征軍，帶回大批西洋鴉片作為戰利品，很快隨著他們的馬蹄風靡全社會，據說「士農工賈無不嗜者」，迅速把中國傳統的罌粟製品淘汰出市場。元朝也是「鴉片」一詞在漢文文獻裡首次出現的時代。

由於各個階層人民廣泛食用鴉片，中國人逐漸發現其副作用，元朝醫生朱震亨在其醫書《金匱鉤玄》中警告：「鴉片其止病之功雖急，殺人如劍，宜深戒之。」

明朝初年，三寶太監鄭和奉永樂帝之命下西洋，掀起了又一輪中西交流高潮。鄭和自西洋帶回兩種稀有的藥材，進獻給永樂皇帝，其中一種叫「碗藥」，另一種叫「烏香」。其實，「碗藥」和「烏香」不過是鴉片的兩個不同品種而已。

自永樂皇帝之後，明朝皇帝中接觸過鴉片的不乏其人。史載萬曆皇帝「中烏香之毒」，連續二十餘年不上朝，頻繁地「令中貴收買鴉片，其價與黃金等」。為滿足自己日益強烈的鴉片需求，萬曆帝發明了礦稅，大肆攤派，導致全國吏治糜爛，百姓暴動、四夷交侵，明朝從此由盛轉衰，鴉片的責任不小。西元一九五八年，考古學家發掘定陵，找到萬曆皇帝的頭蓋骨，經過化驗，發現頭蓋骨中含有嗎啡成分，間接也證實了萬曆皇帝在古籍中呈現的貌似癮君子的。幸而，當時的鴉片只是做成丸藥或湯藥吞服，經過胃酸中和，藥力大大下降。否則，萬曆皇帝虛弱的龍體，很難撐得住二十多年的吸毒史。

到了十五世紀末的明朝中葉，長年擔任甘肅總督的王璽，由於工作的原因與穆斯林接觸較多，在其醫學著作《醫林集要》中，詳細介紹了鴉片的刮漿、凝縮和煉製方法，是為第一份敘述鴉片生產過程的漢文著作。

此後，李時珍的《本草綱目》也收錄了阿芙蓉（鴉片），並記錄了採收生鴉片的方法：「阿芙蓉（鴉片）前代罕聞，近方有用者。云是罌粟花之津液也。罌粟結青苞時，午後以大針刺其外面青皮，勿損裡面硬皮，或三五處，次晨津出，以竹刀刮，收入瓷器，陰乾用之。」並認為鴉片的藥效在於「瀉痢脫肛不止，能澀丈夫精氣。俗人房中術用之。」

這時，中國罌粟的種植更加普遍，在部分地區業已成為主要農作物。明末地理著作《徐霞客遊記》中，也有貴州罌粟種植景象的紀載：「鶯粟花殷紅，千葉簇，朵盛巨而密，豐豔不減丹藥也。」

鄭成功驅逐荷蘭殖民者、佔領台灣以後，他和他的部下肯定多次看到過台灣當地人獨有的一種風俗：受短期佔領台灣島北部的西班牙人影響，早在明朝末年，台灣人就已經開始像印第安人一樣，用煙斗抽來自美洲的煙草；但與大陸居民不同，部分台灣煙民，還喜歡在煙草裡拌入一種棕色的膏狀物，共同點燃吸食。任何人一旦養成了這個習慣，都會對抽普通煙草喪失興趣。

這種棕色的膏狀物，就是荷蘭殖民者在爪哇島製造的熟鴉片。與之前將鴉片做成湯劑或丸藥吞服的「生食」法相對，將鴉片點燃後吸入其氣體的方法叫作「熟食」，據說這一「發明」，要歸功於某位抽波斯水煙成癮的南洋華人。確實，早期鴉片槍的結構與波斯水煙槍比較接近。

南洋華人發現將熟鴉片同煙草混合後，由煙斗吸入肺中，吸食起來的感覺，比煙草更加刺激，於是如獲至寶，將熟鴉片和這種新式吸食法，一同帶回了華南的家鄉，很快風靡於大江南北。因此，鴉片又被中國人形象地稱為「大煙」。後來，吸食鴉片的方式發生了變化，但「大煙」作為鴉片的別名，卻一直被保留了下來。

爪哇的荷蘭殖民當局唯利是圖，樂於看到鴉片銷量帶來的利潤，於是鼓勵當地百姓種植罌粟，並推行鴉片專賣制度，第一個鴉片承包商就是南洋華人王恩安。根據《明會典》的

盛行於南洋的波斯水煙槍

水煙最初產生於印度，之後流傳到波斯，逐漸傳入阿拉伯世界。

記載，這時的爪哇「烏香」就已成為貢品，可見萬曆帝服用的鴉片，可能就是從荷屬爪哇進口的。

西元一六三九年，痛恨煙草的崇禎皇帝下令禁煙，違者處死，吸食熟鴉片同煙草混合的「大煙」，也在嚴禁之列。然而，此時的大明王朝風雨飄搖，崇禎的禁令已經難以出北京城，各地政府都需要煙稅，所以對禁煙令陽奉陰違。

西元一六四二年，在冀遼總督洪承疇「遼東戍卒嗜此若命」的勸說下，崇禎被迫取消了禁煙令。一年後，洪承疇兵敗降清；兩年後，李自成攻破北京，崇禎帝自殺，明朝幾乎與其短命的禁煙令一同滅亡了。

鄭氏祖孫四代先後統治台灣二十三年，卻也坐視鴉片種植和貿易照常進行，從不頒行禁煙令，這種短視的政策很快就造成了致命的惡果。

西元一六八三年，鄭成功舊部施琅率領清軍來攻，鄭軍僅在澎湖組織了短期抵抗，當澎湖失守，清朝海軍剛剛出現在台灣本島海岸邊時，鄭克塽集團便像劉禪一樣開城投降，與當年頑強抵抗鄭成功圍攻近一年的荷蘭殖民者相比，竟是天壤之別，其中一個重要原因就是鄭軍入台後普遍抽鴉片，缺乏戰鬥力。

康熙後期在台灣任職的多位前清朝官員，都記載了當地人癡迷於鴉片煙，直至家破人亡的慘狀。從這樣的民眾中怎麼可能選拔出合格的軍人？且看西元一七二二年抵達台灣的名士藍鼎元，如何記載台灣的鴉片之害：

「鴉片煙，不知始自何來，煮以銅鍋，煙筒如短棍，無賴惡少群聚夜飲，遂成風俗。飲時以蜜糖諸品及鮮果十數碟佐之，誘後來者。初赴飲不用錢，久則不能自已，傾家赴之矣。」

「能通宵不寐，助淫欲，始以為樂，後遂不可複救，一日輟飲，則面皮頓縮，唇齒齙露，脫神欲斃。然三年之後，莫不死矣。聞此為狡黠島夷誑傾唐人財命者，愚夫不悟，傳入中國已十餘年，廈門多有。而台灣殊甚，殊可哀也！（按：此處的「中國」指大陸，證明鄭克塽投降後，台灣鴉片開始流入大陸）」

同時在台灣工作的清朝官員黃叔敬，也有類似的記載：「鴉片煙，用麻葛同鴨土切絲於銅鐺內，煮成鴉片，拌煙，另用竹筒實以棕絲，群聚吸之，索值數倍於常煙……土人服此為導淫具，肢體萎縮，臟腑潰出，不殺身不止。」❷

台灣的罌粟種植業和吸食鴉片風俗，並未因荷蘭殖民者的離開而停止，反而在此後繼續發展，西元一六八三年之前的責任應由鄭氏集團來負，之後的責任，則應由以鄭氏集團家產繼承人自居、獨佔台灣大部分耕地的施琅來負。

荷蘭殖民者曾經將台灣的大片耕地劃為「王地」，強迫當地百姓在上面無償勞作，以充稅收，上面種植的作物中，必有一部分是罌粟；鄭氏集團繼承了這份豐厚的產業，後來它又落入了施琅之手。在施琅統治期間，台灣鴉片產業繼續蓬勃發展，並在之後傳入大陸，在施琅常駐的廈門傳播尤甚，原因恐怕也在於此。

「享受」鴉片的惡習，隨著荷蘭殖民者的腳步由爪哇而台灣，最終又伴著清朝取得台灣而風靡中國大陸。大煙的幽靈，與歐洲殖民者在東亞的活動，始終如影隨形。

儘管像藍鼎元、黃叔敬這樣的有識之士，早已發現了鴉片對中國社會的危害，但清朝最高統治者卻長期對此毫無察覺。康熙取得台灣後，清朝初年為抑制鄭氏集團的「海禁」，也隨之廢止。於是，把鴉片與煙草混合吸食的「鴉片煙」，日益在大陸流行。

這時，清朝政府不僅不禁止鴉片進口，反而按照合法藥品向鴉片徵收進口稅（鴉片確實早已被納入中醫典籍），康熙二十七年（西元一六八八年），正式定為一百斤鴉片收進口稅三兩白銀。這麼低的稅率與鴉片貿易帶來的豐厚利潤相比，實屬九牛一毛，大大刺激歐洲殖民者發展其南洋屬地的鴉片生產，不斷增加向中國的出口。

澳門葡萄牙當局於是開始從南亞和東南亞收購鴉片，再賣到中國大陸，其在中國大陸的主要交易夥伴，當然是廣東十三行。

廣東十三行涉足鴉片貿易很早，不過，當時的鴉片貿易是完全合法的，除非沒有繳納「每一百斤鴉片、三兩白銀」的進口稅。清朝初年，大部分中國人都將鴉片視為重要的中藥，雍正朝初期，大臣年希堯就在所著醫書《集驗良方》和《本草類方》中，多次提及鴉片的藥用價值。

在乾隆皇帝登基之前，中國每年進口的鴉片不過一兩百箱（每箱一百二十斤），價值三、四萬銀圓，這對於每年營業額達上千萬銀圓的廣東十三行而言，根本無足輕重，因此鴉片貿易並未得到粵海關和廣東十三行商人們的重視。

西元一七二九年，這種情況突然因為雍正皇帝的一紙禁令發生了變化，鴉片首次成為清朝社會關注的焦點。這一年，內閣學士方苞上書，請求禁止三種對民生有害的經濟活動：一是禁止釀造和販賣燒酒，二是禁止種植和販賣煙草，三是禁止向國外出口糧食。與崇禎皇帝一樣，清朝初期的幾位皇帝都特別討厭煙草，雍正帝也不例外。

這不僅是因為他們貴為天子，卻要經常忍受從臣下口腔裡吐出的二手煙毒害，而且據說更是因為當時中國人管吸煙叫「吃煙」，聽上去像是「吃燕」，而「燕」是北京的別稱，所以「吃煙」被認為對北京朝廷不利。結果，雍正皇帝同意了方苞的建議，下詔禁止全國百姓種植和販賣煙草。常與煙草混合吸食的鴉片也受到牽連，這份詔書因而被譽為世界上第一道「禁毒令」。其實，細看當年的原始檔案，雍正皇帝根本就沒有禁毒的打算。禁煙詔書是這樣說的：

「興販鴉片煙，照收買違禁貨物例，枷號一個月，發近邊衛充軍。如私開鴉片煙館，引誘良家子弟者，照邪教惑眾律，擬絞監候；為從，杖一百，流三千里；船戶、地保、鄰右人等，俱杖一百，徒三年。如兵役人等籍端需索計贓，照枉法律治罪。失察之汛口地方文武各官，並不行監察之海關監督，均交部嚴加議處。」

按照這一法律，販賣鴉片煙要被枷號並充軍，開鴉片煙館要被判處絞刑，就連鴉片煙館的雇員和鄰居，也要挨一百大板，並且接受勞動改造，處罰力度可謂嚴格。不過，千萬別以為雍正帝想要借此法律禁止鴉片貿易。當年，就有一位不幸的官員誤解了皇帝的旨意。

雍正禁煙令下達後不久，一個名叫陳遠的福州商人從廣東購買三十四斤鴉片，準備帶回福建販賣，路經漳州時被查獲。漳州知府李治國，按照他所理解的最新禁煙令精神，判處陳遠枷號一個月並充軍。

老於世故的李治國頂頭上司、福建巡撫劉世明聞訊，立即察覺屬下犯了重大錯誤，連忙命令李治國釋放陳遠，並親自給雍正皇帝上奏摺、寫報告說：鴉片是眾所周知的良藥，是傳統醫學重要的組成部分，只是在與可惡的煙草混合成「鴉片煙」吸食時，才會對人體造成危害。

儘管陳遠賣的是純粹的藥材「鴉片」，而不是被最新法律明文禁止的「鴉片煙」，但是由於兩者的名字和成分相近，為了能更好地貫徹皇上的禁煙令政策，不至於讓使百姓誤以為「鴉片煙」已經解禁，他建議將這批鴉片充公，以便給糊塗的漳州知府李治國一個台階下。

可是素來明察秋毫的雍正皇帝仍然不依不饒，朱批為鴉片販子陳遠辯護：「其三十餘斤鴉片，若係犯法之物，即不應寬釋；既不違禁，何故貯藏藩庫？此皆小民貿易血本，豈可將錯就錯，奪其生計？（李治國）妄以鴉片為鴉片煙，甚屬乖謬！」

原來，在雍正帝和劉世明看來，純鴉片屬於「不違禁」的藥材，鴉片販子都是守法的良民，他們購買的鴉片是神聖不可侵犯的「貿易血本」。漳州知府李治國膽敢逮捕鴉片販子，將他判刑並沒收鴉片，涉嫌詔書中嚴禁的「兵役人等籍端需索」，理應被「照枉法律治罪」。

聖命如天，被指責為「故入人罪」（蓄意陷害無辜者）的李治國，被迫將沒收的鴉片還給毒販陳遠，並且向後者賠禮道歉。因為不能正確領會皇上的意圖，這第一位查禁鴉片的中國官員，終生再沒有得到升遷的機會。

於是，全中國人都知道了如下的事實：販賣或吸食鴉片與煙草的混合物「鴉片煙」，是犯法的，是要戴枷號的，是要被充軍的，是要被打板子的，甚至是會被當作邪教頭目絞死的；販賣或吸食純鴉片，則是完全合法的，是有雍正帝親筆朱批作護身符的，任何官員都不敢為此逮捕和審訊你，或沒收你的鴉片。

接下來發生的事情不難想像：帶有濃烈煙草味道的「鴉片煙」一夜之間在中華大地上絕跡了，癮君子們的煙斗裡，現在裝著的是百分之百的純鴉片。而和抽「鴉片煙」相比，抽純鴉片的上癮速度更快，消費量更大，對人體的危害也更劇烈。

儘管如此，雍正皇帝捍衛鴉片販子利益的朱批，卻並沒有立即造成嚴重後果。這是因為，傳統的煙斗適合用來吸結構鬆散的煙草，而不適合用來吸結構緊密的鴉片。吸食純鴉片，需要更加專業的設備，而這種設備，在十八世紀初雍正皇帝在位時期還尚未發明。

只有少數華南居民將鴉片和麻葛（大麻）混合吸食，但這種做法並未廣泛流行，因為多數中國人不喜歡大麻的臭味。儘管如此，雍正皇帝嚴禁煙草貿易，也對鴉片銷量構成了一定的衝擊和限制，就連澳門葡萄牙人，也經常為如何賣掉每年從南亞和東南亞進口的兩百箱鴉片發愁。[3]

英國、法國、葡萄牙與荷蘭等在南亞和東南亞擁有殖民地的歐洲列強，則很早就涉足了鴉片貿易。儘管英國此時只在印度沿海擁有幾座城堡，一些大膽的船員就已經從印度人那裡購買了鴉片，並把它們帶到東南亞出售。由於缺乏銷售管道，多數鴉片被直接帶到澳門，在那裡賣給葡萄牙人，再由他們賣給熟悉的中國商人。

直到此時，英國東印度公司一直沒從事鴉片貿易，因為這種貿易規模太小，而且殖民地離印度的罌粟主產區太遠，沒有成本優勢。

西元一七三二年夏季，英國人首次嘗試在中國銷售鴉片。當時來到黃埔港的四艘英國東印度公司商船中，「康普頓」號和「溫德姆」號瞞著公司主管，私自攜帶了一些鴉片。據英國東印度公司檔案記載，「由於鴉片在中國價格不錯，致使船長或船員不顧其行為帶來的危險後果，攜帶一些到市場出售」。

這已經是雍正皇帝下達禁煙令以後的三年了，英國船員公然在廣州市場上叫賣鴉片，並沒有像公司管理層擔心的那樣，遇到任何麻煩。真正使他們煩惱的是，十三行商人對他們帶來的西班牙銀圓成色不滿，堅持認為含銀量只有百分之九十三，而非標準銀圓的百分之九十五；此外，英國船員愚蠢地將購買的武夷茶葉與樟腦儲存在一起，導致茶葉全都變了味。

返回印度以後，英國船員大肆誇耀自己在廣州賣鴉片獲利的冒險故事，公司管理層對此不以為然。次年（西元一七三三年）五月二十五日，當「康普頓」號和「溫德姆」號再度從南印度的馬德拉斯港啟程前往廣州時，公司管理委員會特別給他們下達指令：

「前時，經聖喬治要塞（英國東印度公司在馬德拉斯的基地）開來的船隻，經常帶鴉片到中國出售，現在不知在你們的船上是否有這種商品帶往該市場？我們認為，我們有責任（否則恐怕你們不知道）通知你們，中國皇帝最近制定嚴禁鴉片的法令。懲辦方法是，凡在你們的船上發現鴉片，一律沒收，不僅船隻和貨物會被充公，而且向你們購買鴉片的中國人也會被處死刑。」

「顧慮及此，必須採取更加有效的方法，防止發生這類不幸事件。為此，你們必須盡可能用最好的方法，在你們的船上嚴密調查和詢問，搞清楚船上有沒有這種東西。」

「如果有，你應該在離開麻六甲之前，將它們從你的船上弄走。無論在什麼情況下，不得攜帶也不准你們的船運載這種東西到中國，否則你們要面臨違反公司命令的危險責任。」❹

英國東印度公司管理委員會的這份禁止在中國出售鴉片的指示，歷來被當作雍正政府嚴禁鴉片的主要證據，但它與當時的事實並不相符。雍正政府既沒有下達過任何禁止鴉片貿易的禁令，也沒有懲辦過任何鴉片販子，更不要說將他們處死了。

儘管當時並無鴉片禁令，鴉片貿易卻不興旺，因為在中國全面禁止煙草又缺乏吸食純鴉片專業設備的大環境下，中國民眾對鴉片並沒有多少需求。英國東印度公司無意為了如此小的貿易額使自己陷入危險之中，因此寧願相信捕風捉影的傳聞，禁止船員在中國出售鴉片。

這份禁令得到了較好的貫徹：在此後的半個世紀內，確實很少見到英國船隻在中國出售鴉片的記載，以至於後來清朝政府真正開始查禁鴉片時，廣州當局同意：「（英國東印度）公司船被豁免於對鴉片的搜查。」當然，這並不代表英國人就不再涉足鴉片貿易，他們通常在馬來亞等東南亞地區賣掉鴉片，換成銀圓和東南亞特產，再把它們拉到廣州，賣給廣東十三行。向中國輸入鴉片的工作，於是便落到了東南亞華人和澳門葡萄牙人的肩上。

英國東印度公司對售華鴉片貿易態度的真正轉變，發生在西元一七五七年之後。如上文所述，一七五七年六月二十三日，克萊武在普拉西奇蹟般地戰勝了兵力二十倍於己的印法聯軍，一舉征服孟加拉，並控制了這個當時世界上最大的罌粟生產地。從此，英國船隻上開始出現愈來愈多的鴉片。

西元一七七三年，英國東印度公司被蒙兀兒帝國授予「鴉片專賣權」，這大大提升了公司對鴉片貿易的興趣。

經過幾次謹慎的嘗試，對華鴉片貿易被認為確實可以獲得穩定的利潤。西元一七七九年，不隸屬東印度公司的英國人弗格森，在黃埔開設了中國大陸的第一家鴉片專營店。

受這家商號的成功經營激勵，西元一七八一年，該公司的雇員華生中校寫信給印度總督哈斯廷斯，建議將孟加拉鴉片直接運往中國銷售，並由英國東印度公司壟斷，因為他估計，僅在華南每年就能銷售一千兩百箱鴉片，每箱鴉片平均可以賣到五百銀圓，這樣每年就能給公司帶來六十萬銀圓的收入。

然而，哈斯廷斯依然猶豫不決。[5]哈斯廷斯非常清楚鴉片的危害，但並不排斥鴉片出口，他後來就此說過：「鴉片不是生活的必需品，而是致命的奢侈品，除非用於外國貿易，它應該被禁止。明智的政府應該嚴格禁止國內（鴉片）消費。」[6]當時，鴉片在英國是合法商品，而在中國是非法商品，哈斯廷斯不願意向中國出口鴉片，主要原因是害怕惹怒清政府、斷絕中英貿易，這樣英國人就「喝不到茶了」，英國東印度公司的收入也會因而受到嚴重損失。

然而，哈斯廷斯總督拒絕對華出口鴉片的態度，最終還是在現實面前動搖了。西元一七八二年，剛剛被邁索爾王子提普打得慘敗的馬戛爾尼勳爵，因為軍費緊張，寫信給同樣現金吃緊的東印度公司廣州管理委員會：「我們缺乏現款的苦惱有增無減，因此我們此處的供應，無法給予你們最微薄的希望作為安慰。」

在馬戛爾尼和東印度公司的聯合施壓下，哈斯廷斯總督最終同意借給他們一百萬盧比。為了抵補這項借款，他將在加爾各答出售的鴉片收回，以公司的帳目裝運，其中一千四百六十六箱價值七十一萬九千一百零八盧比的鴉片，由單桅帆船「貝特西號」運出。

另外一千六百零一箱價值八十二萬五千零二十三盧比的鴉片，則由沃森中校的私人戰船「嫩實茲號」運出，哈斯廷斯命令「貝特西號」，儘量在馬來亞沿岸出售，餘下的運往廣州。

然而出售了五萬九千六百銀圓的貨物後，它在蘇門答臘的廖內河上，被一艘法國私掠船俘獲，船長格迪斯攜帶五萬九千六百銀圓逃到廣州，將這筆款項交給廣州（英國東印度公司）財庫。

船底包銅的嫩實茲號，根據命令於七月二十一日到達澳門。嫩實茲號原本想比照以前的鴉片運輸船，直接在澳門卸貨，但反對鴉片消費的東印度公司管理委員會，卻認為應當禁止澳門的船主們購買這樣大量的鴉片，因為在該市的鴉片，除已經售出的以外至少還有一千兩百箱，處於嚴重滯銷的境地。

很明顯，嫩實茲號要想在中國賣掉這麼多鴉片，只有一個辦法，就是去找廣東十三行。但是十三行商人們不論在什麼方式下，都不願意利用自己的名義去做這件事。

據說當時東印度公司的大班幾經周折，才找到遠來行老闆陳先官，一位慣於做鴉片買賣，並早已用各種辦法將這種買賣的關節打通的行外商人。❼

陳先官敢大著膽子與外國人做違法的鴉片貿易，是因為他既熟悉外貿，又對鴉片感興趣。先官的父親老先官，曾經在西元一七三二年接待過「瑞典國王腓特烈號」。據瑞典文獻記載，老先官身材肥胖、待人和藹，他經營的遠來行雖然規模不大，貨物價格較高而且品種還很有限，但貨物的品質都不錯，很對瑞典人的胃口。

陳先官繼承了一大筆遺產，卻不具備經營這筆財富的品格。和許多墮落的富二代一樣，他是廣州知名的花花公子，在女人身上花了無數的錢財，並狂熱地尋找春藥的刺激，結果不可避免地墮入鴉片的深淵（鴉片是那個時代最常用的春藥之一），父親的遺產就這樣被他逐漸揮霍掉。

而親戚經營的廣順行又在西元一七八八年破產，給他招來了一筆煩人的債務，面臨著破產抄家的危險，在這兩方面原因的驅使下，陳先官自然積極地投身鴉片貿易，並迅速成長為中國歷史上第一位大鴉片販子。

長久以來，陳先官和散商船的頭目大量交易鴉片，走私經驗豐富，展現出比父親更加精明的商業頭腦。陳先官極希望行商老前輩潘啟官（潘振承）也參加一份，但潘不願意。因為鴉片老早就是禁止買賣的商品，如果參加，就會給他的仇人以可乘之機（陳先官認為該船在澳門會引起查詢、惹來不便，潘啟官也認為該船應駛入黃埔，以免被懷疑）。[8]

在完全找不到銷路的情況下，嫩實茲號大班發現全船的貨物（鴉片），只能按照陳先官提出的條件出售，被迫將兩百箱鴉片，以每箱兩百五十到兩百九十銀圓的低價（僅有華生中校估計價格的一半），批發給先官，而且此後，還要繼續由他擺佈。

道德墮落、財務困難的陳先官走私鴉片，不難理解，可是身為廣東十三行總商、富可敵國的潘振承，為什麼要向鴉片販子提供資訊諮詢？從經濟的角度看，這似乎毫無必要。

與行外商人陳先官不同，潘振承具備做合法外貿生意的資質，透過向外國商人出售茶葉、絲綢、瓷器等合法商品，再把棉花、毛皮、鐘錶、海鮮、香料等外國商品倒賣到內地，利潤已經非常可觀。他有什麼理由要淌非法且滯銷的鴉片貿易渾水？原因可能有三個：

第一，潘振承是廣東十三行總商，要對廣東的所有外貿事務負責。陳先官儘管是個行外商人，但他是已故行商老先官的兒子，還是已經破產的廣順行老闆的親戚，與十三行來往很多。

西元一七八二年，是廣東十三行歷史上最困難的一年，包括潘振承的同文行在內，尚未破產的洋行只剩下四家，十三行商急需擴招。於是，在乾隆皇帝和內務府的嚴厲要求下，粵海關放寬了外貿限制，並史無前例地積極招商（儘管廣州商人大都想逃避這種煩苛的榮譽）。

在所有遞交外貿商行申請的商人中，陳先官是熱門人選。事實上在當年八月，陳先官便第一個被授予了外貿執照。儘管潘振承拒絕按照粵海關監督的命令，為陳先官承保，但他要與陳先官搞好關係。

他很清楚，陳先官正受到粵海關監督甚至內務府的強力支持，如果在此時告發他走私鴉片，不僅很可能被拒絕受理，而且還會危及自己在官府和十三行內的人際關係。即便官司獲勝，陳先官等鴉片販子被捕、企業破產，身為廣東十三行總商，他也得負責清償其部分債務。

所以對潘振承而言，告發鴉片走私既賠本又獲罪。難怪在廣東十三行一百多年的歷史上，從沒有一位行商告發過鴉片走私，後來被林則徐怒斥為「偽為不聞不見，匿不舉發」，「掩耳盜鈴，預存推卸地步，其居心更不可問」，「謂非暗立股份，其誰信之？」話雖如此，但如果制度不變，十三行商人包庇鴉片走私的現狀就不可能改變。

第二，潘振承年輕時長期在南洋經商，而南洋華人是鴉片的主要消費者，勢必袒護鴉片貿易，這不可避免影響了他。在那個時代，鴉片主要還是以吞服為主，因抽鴉片致死的人還不多，所以潘振承對鴉片的危害並不瞭解。

第三，如上文所述，潘振承極有可能是天地會成員。天地會的主旨是反清復明，但經過百餘年的嘗試，在軍事上擊敗清帝國的全部努力都宣告失敗。眾所周知，林則徐曾經宣稱，如果任由鴉片走私而不制止，會導致「中原幾無可禦敵之兵，且無可充餉之銀」。林則徐既是清朝忠臣，也是天地會的死敵，他擔心出現的情況，不正是天地會渴望出現的情況嗎？現實是，天地會的「洪拳」不能打敗的清軍，卻可以被鴉片打敗，一向不惜任何手段、代價都要推翻清朝的天地會怎麼能不積極支持鴉片走私呢？身為天地會核心成員，潘振承又怎麼可能不執行組織的決議呢？

經過反復討論，在廣東十三行的四位主要商人潘振承、蔡世文、陳文擴、石瓊官的聯合承保下，「嫩實茲」號載著一千四百箱鴉片，堂而皇之開入了黃埔港。

哈斯廷斯總督聞訊後，連忙批示：「我們認為有必要注意的是，『嫩實茲號』是作為一艘武裝軍艦進入中國內河的，不得向中國當局報告載有鴉片，這是禁止買賣的。」

他實在有些多慮。在廣州官員和行商們的配合下，「嫩實茲號」順利地駛入黃埔港，卸下了那一千四百箱鴉片。看來，只要肯花錢，清政府的所有法令都會形同虛設。裝載這些鴉片的英國船隻上沒有裝載任何其他貨物，是一艘不折不扣的鴉片船，居然透過了清朝官員的層層測量查驗手續。

就在清朝大吏和官兵的眼皮子底下，成噸的鴉片被搬運出港，在廣州市場上公開叫賣，看到鴉片的廣州民眾更是數以萬計，卻沒有一個人去舉報。

表面上，十三行商人們「不論在什麼方式下，都不願意利用自己的名義去做鴉片生意」；實際上，透過聯合承保鴉片船並為鴉片販子提供相關資訊，他們全都參與了鴉片貿易。愛惜羽毛者，絕無在廣東十三行生存下去的可能。

如今，英國鴉片販子們只剩下一個問題：那些鴉片根本沒有人買。英國人在黃埔港等了一個季度後放棄了努力，在十一月底，將全部一千四百箱鴉片以每箱兩百一十銀圓的低價，批發給陳先官，而且是賒帳。

陳先官當年向粵海關申請加入十三行，為獲得外貿執照花了太多的錢，他已經欠了英國東印度公司二十三萬六千八百八十兩白銀，所加上這批鴉片，總計便欠下英國東印度公司五十三萬兩白銀的巨額債務。粵海關監督李質穎很清楚陳先官的這些勾當，當「嫩實茲」號離開黃埔港時，他藉口該船沒裝載出口商品，索要了兩萬兩白銀的規禮，才給它頒發了離境許可證。

英國東印度公司評論說：「這兩萬兩白銀等於或者補償了輸入本地消費的兩百箱鴉片的關稅，合計每箱一百兩白銀……」如上文所述，當李質穎後來仕途面臨危險時，他老老實實地把這兩萬兩白銀上繳給了乾隆皇帝，後者欣然笑納。

西元一七八二年的第一次對華鴉片貿易，不僅沒讓英國東印度公司賺到錢，反而使它損失慘重：一千多箱鴉片連同一艘商船被法國軍艦搶走，在馬來亞賣鴉片獲得五萬九千六百銀圓，其餘的鴉片批發給陳先官，獲得現錢五萬四千銀圓和二十九萬四千銀圓的白條。

扣除鴉片的成本三十三萬六千二百銀圓、船員的薪水和船隻的損耗，以及在廣州繳納的四萬七千五百銀圓稅費，「不計利息在內，虧損五萬四千六百二十七兩白銀，即虧損百分之十八點七！」而且，這還是在陳先官的巨額白條完全兌現的前提下。[9]

嫩實茲號離開黃埔港返回印度後，英國東印度公司得知這一千四百箱鴉片在中國找不到銷路，陳先官只得再自費雇船，把它們運到東京（越南海防）和馬來半島的沿岸出售。

但和之前被法國私掠船俘獲的英國鴉片船「貝特西」號一樣，在廖內被海盜劫掠，遭受七萬銀圓的巨大損失，雖有五百箱再運回澳門，但它們在馬來各口岸是無法售出的。因為從孟加拉到澳門的各商船，都大量運載這種商品。

「我們不能認為行商先官去年的交易是很順利的……他曾經說過，準備本季度就和我們清帳……」⑩

到了西元一七八三年年底，陳先官承認自己無法還清二十九萬四千兩銀圓的鴉片白條，再加上其餘的債務，遠來行已經資不抵債。為了避免破產流放的悲慘結局，陳先官被迫把自己的商行以一萬銀圓低價，賣給了原同文行帳房先生，此君正試圖擺脫賠錢的鹽商身分，加入廣東十三行。⑪

不用說，這位盤下遠來行的原同文行帳房先生正是伍國瑩。他將遠來行併入自己的元順行，不久元順行破產，伍國瑩一家潛逃出國數年，回國後，伍國瑩的次子伍秉均建立了怡和行。

既然怡和行起家的基礎是遠來行，那麼伍國瑩當然就繼承了陳先官的資產、債務和貿易網，那可是當時中國最大的鴉片走私管道。當時看來，伍國瑩用一萬銀圓購買的，絕對不是什麼優質資產，而是一個徹頭徹尾的爛攤子。鴉片走私在當時不僅非法，而且賠錢。

英國東印度公司手裡那張二十多萬銀圓的鴉片白條，以及陳先官之前欠下的其他債務，正等著伍國瑩來償還。認清了這個情況，對我們理解怡和行早期的一些謎題，大有幫助。

我們知道怡和行成立後幾年一直積極開展經營。但到了西元一七八八年，伍國瑩突然攜款潛逃，在中國大陸上銷聲匿跡。到了一七九三年，伍國瑩的次子伍秉均，又以「沛官」的新商名重建怡和行，而且，還以承保英國大使馬戛爾尼勳爵給乾隆皇帝進貢的「印度斯坦」號，為怡和行開張！

解決這一歷史謎團的鑰匙，也許就藏在英國東印度公司關於鴉片貿易的一份檔案裡。西元一七九三年，公司從廣東十三行處收回最後四萬二千五百銀圓，陳先官在一七八二年立下的二十九萬四千銀圓的鴉片白條，至此全部連本帶息還清。⑫

這一記錄，有助於解答伍國瑩潛逃海外、伍秉均重建怡和行，並承保馬戛爾尼的「印度斯坦」號這一連續疑團。

伍國瑩在西元一七八四年向陳先官收購遠來行，從而繼承了二十九萬四千兩銀圓的鴉片債務，其中很多鴉片都已在南洋被海盜搶走，餘下的鴉片也嚴重滯銷，甚至直接拖垮了元順行，導致伍國瑩全家潛逃海外。

然而，伍國瑩逃往海外期間，可能利用他和天地會的特殊關係，解決了西元一七八二到一七八三年，在東南亞被劫走的上千箱鴉片遺留的問題。

據此我們或可推敲伍秉均能夠承保馬戛爾尼的國使船隻，可能是英國東印度公司對伍國瑩家族還清鴉片債務的獎勵。更有甚者，英國東印度公司之所以派馬戛爾尼出使中國，一個主要原因，是馬戛爾尼作為英國東印度公司首次對華鴉片投機的始作俑者，瞭解這件重大絕密事件的內情。

因此，馬戛爾尼有必要選擇伍秉均作自己的保商，借機住在伍國瑩家裡與伍氏父子密談。由此可見，伍國瑩家族的興衰沉浮，與英國東印度公司的對華鴉片貿易，息息相關。

西元一七八二年，英國東印度公司第一次對華鴉片投機，之所以會生出這麼多波折，根本原因只有一個，當時鴉片在中國市場上滯銷。

如果鴉片在十八世紀末暢銷於中國市場，那麼大鴉片販子陳先官就會賺取暴利，而不會費盡心思向英國人壓價、打白條，再把鴉片運回東南亞去出售，招來海盜洗劫，最終資不抵債，被迫把祖業遠來行低價賣給伍國瑩。

伍國瑩也不至於在經營之初就背上巨大的債務負擔，被迫攜款潛逃，經過九死一生的多年海外漂泊，才終於還清鴉片債務，並且幫助兒子伍秉均重整山河。

精明的伍國瑩從陳先官處購買遠來行，這個當時中國最大的鴉片走私網，起初的目的，也許並不是為了參與鴉片貿易，可能只是覺得用一萬銀圓，收購遠來行是筆划算的買賣。

然而，天上不會掉餡餅。雖然當年真實的交易底細已經無法知曉，但後來發生的事情，讓我們有理由相信陳先官在把遠來行賣給伍國瑩時，很可能並未向他透露自己的全部債務，特別是清朝政府不可能承認的那張二十九萬四千兩銀圓的鴉片白條。

交易完成後，英國東印度公司突然拿著這張鴉片白條找上門來，很可能讓伍國瑩大吃一驚，此時再去找陳先官算帳，為時已晚。經過冷靜思考，伍國瑩明白，自己儘管可以藉口鴉片貿易在中國非法，拒絕償還這筆債務，但英國東印度公司從此將不會與自己做生意，這對伍國瑩及其子孫們經營的外貿企業，無疑是致命的。

為了元順行的長久發展，他必須歸還這筆數倍於自身資產的鴉片債務，陳先官留下的鴉片走私網，也必須繼續秘密運轉。從遠來行繼承的鴉片走私網，都是怡和行的原罪，也是伍家的原罪。

帶頭走私鴉片的陳先官被廣州外貿市場淘汰了，他的命運當然不值得同情，但造成他失敗的直接原因，卻並不是清政府嚴禁鴉片，而是鴉片在中國滯銷。陳先官並沒有輸在違法經營上，而輸在誤判了市場形勢上。

十八世紀末的中國，並沒有做好取代東南亞成為全球最大鴉片市場的準備，陳先官下手太早，結果慘遭淘汰，被迫把這個前景光明的非法市場和他自己的企業，廉價轉讓給了伍國瑩一家。後者最終成為世界首富。

為了生存和發展，伍家及怡和行，必須十分謹慎地周旋於清朝政府與英國東印度公司之間，而且還要祈禱幸運女神的眷顧，因為十八世紀末，中國市場上的鴉片貿易不僅非法，而且容易賠錢，有了陳先官這個反面典型做警示，大部分商人都避之唯恐不及。

但進入十九世紀，中國鴉片貿易卻突然變成了世界上最賺錢的生意，短短幾十年內，催生了一大批億萬富翁和百萬富翁。究其原因，都要歸功於鴉片煙槍和鴉片煙燈的發明。

清代中國政府和民眾，對鴉片有一些根本錯誤的認識，其影響至今尚存。例如說英國、美國、荷蘭等西方各國都在本國禁止鴉片，唯獨不禁止向中國出口鴉片，是蓄意毒害中國人。

實際上，在十九世紀的大部分時間，鴉片在這些西方國家不僅沒有被禁止過，反而一直被大力鼓勵生產和使用，至西元一八六〇年時，鴉片甚至成為全球唯一一種普遍免收進口稅的特殊商品。

十九世紀的西方人普遍熟悉鴉片，但由於他們按照傳統方法吞服，經常服用了幾十年也沒有產生副作用，所以西方民眾大多認為，鴉片和酒、茶一樣，並無什麼害處。在十九世紀的歐洲，呼籲禁止鴉片的呼聲比呼籲戒酒的呼聲還弱。

結果，直到西元一九一二年才簽署了第一個國際禁止鴉片協定，但土耳其等鴉片生產國拒絕到會，簽署國也不認真履行協議。由於對鴉片在西方國家的流行和使用情況認識錯誤，所以十九世紀清朝政府的一切相關外交努力（例如林則徐致維多利亞女王的兩封信）全都毫無作用。

同樣，清政府和民眾對鴉片煙槍的起源也普遍認知錯誤。很多人以為，鴉片煙槍是英國人發明的，和第一批鴉片一起輸入中國。事實是，鴉片煙槍的發明與英國人毫無關係，這從鴉片煙槍富有東方特色的外形就能揣測出來。

與普通煙斗相比，鴉片煙槍是一種較為精緻的藝術品，常與同樣精緻的鴉片煙燈配合使用。作為清朝最負盛名的藝術品收藏家，乾隆皇帝與其寵臣和珅，從未見過鴉片煙槍和鴉片煙燈，因為這兩種藝術品在他們生前尚未發明出來。也就是說，直到十八世紀末，世界上還不存在我們今天看到的鴉片煙槍和鴉片煙燈。儘管它們大大改變了人類服用鴉片的方式，極大地增強了鴉片的上癮性和副作用，很快使人均鴉片消費量提升了四到九倍。

在發明後的半個多世紀內，只有中國人以這種方式抽鴉片。在此期間，英國作家湯瑪斯·德·昆西服用鴉片達五十五年之久，並在西元一八二一年發表《癮君子自白》（直譯為《一個英國吃鴉片者的自白書》）一書，描述鴉片給自己造成的感受，但直到一八五九年，昆西去世為止，為止，他從沒有用鴉片煙槍和鴉片煙燈抽過鴉片，也從沒有見哪個英國人這樣抽過鴉片。

據美國相關檔案記載，直到西元一八六八年，才出現第一個用鴉片煙槍抽鴉片的白人。這樣看來，鴉片煙槍和鴉片煙燈的發明者肯定是中國人。

使用煙槍沉迷於吸食鴉片煙的中國人

西元一六二〇年（萬曆四十八年），中國開始出現吸食鴉片的記載，據稱當時在台灣一些人將鴉片與煙草混在一起吸食，這種做法在十七世紀（六〇年代）傳到福建和廣東。

據文獻記載，乾隆末年，廣州有位富商，雖然家中早已堆滿金山銀海，不必再為柴米油鹽發愁，卻有一樣煩心事，那就是在父親去世後，老母百病纏身，一度出家為尼，又遍尋天下名醫診治，卻都毫無效果，結果下半身癱瘓，日夜痛苦不堪。

富商為博老母一笑，搜盡世間珍奇，然而何以鎮痛？唯有鴉片。由於病痛實在難熬，鴉片吃得久了，療效逐漸下降。這位渾身難受的老婦在家閒著無事，某日便用燈點燃鴉片膏，再用一個花露水瓶接住產生的煙霧，用鼻孔吸入肺中，感覺異常歡快，於是每天都這樣抽鴉片。

富商得知後大喜，想方設法改進技術，於是便發明了鴉片煙槍和鴉片煙燈。這正所謂「古有幽王烽火戲諸侯滅大周，今有富商煙槍孝老母亡大清」[13]而這對發明鴉片煙槍和鴉片煙燈的廣州富商母子，是否就出自主營外貿、經常接觸鴉片的廣東十三行？這種可能性是完全存在的。

不過，也存在另一種可能。自從雍正皇帝下詔禁止鴉片與煙草混合吸食的「鴉片煙」以後，中國癮君子們，就一直在致力於研發吸食純鴉片的設備。到了西元一八〇〇年左右，他們終於克服了各種技術難關，發明了鴉片煙槍和鴉片煙燈。

在這個過程中，他們很可能借鑑了印度東部的鴉片水煙袋（按：印度人稱之為「馬達克」，當時加爾各答有很大的華人社區，而新加坡則有很大的印度人社區，珠江三角洲也活躍著大量印度帕西商人，可以提供技術交流的條件），並孜孜不倦加以改進，最終發明瞭鴉片煙槍和鴉片煙燈。

雖然廣東十三行的某些成員，可能在這一研發過程中起了促進作用，但在清朝中葉的大環境下，即便沒有廣東十三行，鴉片煙槍和鴉片煙燈遲早也會被發明出來。[14]

鴉片煙槍和鴉片煙燈的發明，大大增強了鴉片給人體帶來的快感，誘使更多的中國人購買鴉片，中國癮君子的人均鴉片消費量提升了四到九倍，隨之而來的便是鴉片貿易的繁榮。在西元一七九九年之前，印度鴉片在廣東市場的售價一直是一箱兩、三百銀圓，年銷售一千多箱，如果中國進口超過兩千箱，就會引起嚴重的滯銷和降價。當年底，嘉慶皇帝還首度發佈了明確的鴉片禁令。

出乎他的意料，西元一八〇〇年，輸入中國的鴉片，反而上升到三千兩百二十四箱，一八〇一年更是上升到四千七百五十箱。此後直至一八二三年，中國每年進口的鴉片，都穩定在四、五千箱（偶爾低至三千餘箱），主要是東印度公司不希望破壞與清政府的友好關係，故而限制鴉片對華出口，同時也為了保證鴉片的品質，限制印度農民種植罌粟。

由於銷量大增，產量一時跟不上，孟加拉鴉片的批發價格，更是從西元一七九七年的每箱兩百六十四盧比，漲到一八〇一年的每箱一千三百八十三盧比，一八〇三年，更漲到每箱一千九百五十盧比。

在廣州市場上，孟加拉鴉片的批發價格，在西元一七九九年突破了每箱五百銀圓，到了一八〇三年更漲到可觀的一千四百三十銀圓。一八〇四年，相對廉價的麻窪鴉片進入中國，對孟加拉鴉片形成競爭，價格才略有下降。

結果，英國東印度公司的鴉片收入，從西元一七九七年的四十八萬盧比，猛增到一七九九年的兩百三十七萬盧比，一八〇三年更達到五百五十二萬盧比，接近全印度當年稅收的十分之一。

而在西元一七九七年之前，鴉片收入從未超過印度全年稅收的百分之一，純屬可有可無。以往經常被公司領導層忽視和回避的對華鴉片貿易，就這樣突然間成長為英國東印度公司的重要產業之一。[15]

英國東印度公司獲得了一塊從天上掉下來的大餡餅，這很快就引起了其競爭對手的注意。十九世紀最初幾年，威靈頓公爵兄弟為了征服馬拉地聯邦，與印度西部的許多王公結盟，允許他們同英國東印度公司及葡萄牙人合作貿易。早在英國人到來以前幾百年，這塊叫作「麻窪」的地區，就曾經被阿拉伯人征服，阿拉伯統治者發現其土壤和氣候很適合罌粟生長，便教印度農民種植罌粟並生產鴉片，然後出口到波斯、阿拉伯等地。

如今，透過英國東印度公司的船員及巴斯、亞美尼亞、葡萄牙商人，麻窪鴉片又有了一個新市場——中國。

於是，自從西元一八〇四年起，麻窪鴉片開始被大量出口到中國，與英國東印度公司壟斷的孟加拉鴉片展開價格競爭；同時，在印度還沒有根基的美國商人聞訊後，則將商船開到中東，向土耳其和伊朗購買鴉片，再運到廣東來出售。

在孟加拉鴉片、麻窪鴉片、伊朗鴉片和土耳其鴉片中，中國癮君子最喜愛的是孟加拉鴉片，

英國東印度公司在印度的鴉片倉庫

儘管中國政府一直禁止鴉片入口，又在西元一七九九年重申禁止鴉片煙，但公司仍從孟加拉透過貿易商和中介走私鴉片到中國廣州等地，平均每年更高達九百噸。鴉片源源不絕的輸入中國，使中英貿易形成了龐大的逆差，儘管中國輸出茶葉、絲綢和瓷器，仍未能阻止白銀大量流出的問題。

稱之為「公班土」，即英國東印度公司自產的鴉片，又因為顏色烏黑，稱為「烏土」；麻窪鴉片顏色較淺，稱為「白皮土」；土耳其鴉片因為主要由美國人販賣，以美國國旗的花紋稱為「金花土」；伊朗鴉片因為顏色發紅，稱為「紅皮土」。

公班土進入清朝中國市場時間最早，價格也最貴，白皮土次之，金花土和紅皮土又次之。實際上，以鴉片中的主要上癮成分嗎啡含量論，英國本土最受歡迎的土耳其鴉片，品質遠比印度鴉片高，吞服起來更刺激。

但是，印度鴉片中的可卡因含量，四倍於土耳其鴉片，用鴉片煙槍抽起來感覺更加醇美，相

〈伶仃號〉停泊在伶仃島的鴉片躉船

虎門口外伶仃洋一帶，常見英國鴉片商設置的鴉片躉船出沒，冬季，停泊在內伶仃島附近，颱風季節則移泊於金星門和香港水域。

較之下土耳其和伊朗鴉片因為嗎啡含量過高，抽起來太刺鼻，所以不受十九世紀的中國癮君子欣賞。

儘管土耳其和伊朗鴉片不像印度鴉片那樣受中國市場歡迎，卻也讓一批美國鴉片販子賺到第一桶金。伍秉鑑之所以收羅伯特・福布斯為乾兒子，不僅是因為後者聰明伶俐，長相與自己有些神似，又是旗昌洋行的職員，還因為他的真實身分，是伶仃洋上最大的鴉片躉船「伶仃」號的船長，每年可以獲利三十萬萬銀圓以上，財富前景一片光明。

據羅伯特・福布斯自己說：「我希望統領『伶仃』號躉船，這是唯一適合我的健康、興趣和喜好的事業，我可以隨時返回，也可以與最親近的人輕鬆往來。」這些「最親近的人」中就包括伍秉鑑。福布斯迫切地需要伍秉鑑向自己提供可靠的鴉片行情、銷售管道和相關政策資訊，伍秉鑑也當然沒有讓他失望。同樣，被伍秉鑑免除七萬兩千銀圓債務的威爾考克斯，也販賣土耳其鴉片。16

英國、印度和美國的鴉片販子已樂在其中不能自拔，他們的主要交易夥伴廣東十三行則沉溺得更深。經營不善、瀕臨破產的行商為了挽救企業，不得不參與鴉片走私；經營良好的龍頭企業，如潘振承家族的同文行，為了保護公行利益和減輕自身負擔，暗地裡為鴉片販子通風報信；伍國瑩父子的怡和行這種大型外貿企業，巧妙地間接參與鴉片貿易。

到了道光皇帝登基的西元一八二〇年，廣東的鴉片走私已經成為一個公開的秘密，廣東官員只關心自己的腰包，拿到好處費以後，便對往來於珠江三角洲各處的鴉片船隻熟視無睹。

這一年，中國為進口鴉片向外國鴉片販子支付了八百四十萬銀圓，首次超過了英國東印度公司向廣東十三行購買的合法商品貨值六百三十六萬銀圓，主要原因是中國市場需求旺盛，鴉片價格創歷史新高，孟加拉的公班土賣到每箱兩千五百銀圓（合一千八百兩紋銀）的天價。

也就是說，優質鴉片的價格此時已經超過白銀。由於中國市場大幅推高了鴉片價格，東南亞的傳統鴉片市場嚴重萎靡，很多人都戒掉了鴉片，中國從此成為全球最大的鴉片市場，年消費量比全球其他地區的總和還多。

中國鴉片貿易的巨大利潤，在極短的時間內就吸引了全世界的注意力，其中當然也少不了向來精明的中國農民。他們既然能迅速掌握辣椒、玉米、地瓜、馬鈴薯、煙草、花生、番茄、向日葵、鳳梨、橡膠等美洲的農作物種植方法，種植罌粟和生產鴉片肯定也不在話下。

「嘉慶十年（西元一八〇五年）後，浙江台州、雲南土司亦有種罌粟取膏者。」⑰台灣、新疆和甘肅早在明末清初就有生產鴉片的記錄。道光初年，國產鴉片已經由台灣而福建、浙江，由緬甸而雲南，由雲南而四川、貴州、廣西、廣東，由甘肅而陝西、山西，罌粟花盛開在清帝國的半個版圖上。

然而，國產鴉片在當時被認為品質粗糙，抽起來不過癮，因此銷量差，價格自然也低，利潤不高，鴉片販子只好把國產鴉片與印度鴉片混合在一起，冒充純的印度鴉片出售。

鴉片戰爭前，何太青、吳蘭修、許乃濟等廣東官員，都曾提出鼓勵中國民間自種罌粟，將進口鴉片合法化，但大幅提高進口稅，這樣就可能有效阻止進口鴉片壟斷市場，造成中國白銀外流的局面。

前後三任兩廣總督盧坤、鄧廷楨、祁𡌭都支持這一意見，但遭到朱樽、許球、袁玉麟等人的駁斥，認為進口稅太高會導致鴉片走私愈演愈烈，鼓勵中國民間自種罌粟會惡化社會風氣，而且國產鴉片無法與外國鴉片競爭，無濟於事。最終，鴉片本土化提案被道光皇帝否決，許乃濟也被罷免，但其弟弟許乃普受到道光皇帝的賞識，鴉片戰爭期間一直擔任清朝的兵部尚書，許家的政治影響力因此不降反升。

遺憾的是，此後半個世紀的歷史證明，何太青、吳蘭修、許乃濟等人的鴉片本土化提案是正確的，就連禁煙英雄林則徐也在鴉片戰爭後，力挺國產鴉片。在十九世紀的億萬中國農民努力下，中國鴉片的品質不斷提高，最終徹底壓倒印度等國的鴉片，獨霸全球市場，成為清末民國的中國經濟支柱。

在中國本土鴉片品質還較低劣的十八世紀末至十九世紀初，外國鴉片在中國市場廣受歡迎，主要優勢是純度高。如上文所述，英國東印度公司非常重視鴉片的品質，不惜為此限制產量。印度的一位鴉片檢察官，在西元一八三五年的公函中這樣說：「孟加拉鴉片代理處的主要任務，就是要提供一種特別適合中國人口味的鴉片。中國人鑑別鴉片，以鴉片受熱水浸泡後殘餘物的比例為準。」

「他們吸食鴉片時，喜歡純淨而猛烈的味道。所以，我們應盡可能地保持鴉片的原味和其在熱水中的可溶性……眾所周知，在糖類……的各種加工方法中，真空蒸餾是保持其原味、可溶性及藥效的最佳方法……基於以上事實，可以得出結論：從化學角度來說，在真空中蒸餾鴉片是可取的……我毫不懷疑，這樣的加工方法會極大地提高吸鴉片時的勁力和口感，並使鴉片保持良好的可溶性和強大的麻醉作用。」[18]

正是透過這種嚴謹的科學研究，英國東印度公司才得以生產出最受中國市場歡迎的鴉片。為了能夠與孟加拉鴉片競爭，印度西部的王公富商也紛紛投資於鴉片研發，使得在西元一八〇五年還被認為「極差」的麻窪鴉片的品質，在短短十年內有了巨大提高，最終以性價比更高取代了孟加拉鴉片，成為中國市場上銷量最多的鴉片品種。

外國鴉片之所以能夠迅速打開中國市場，不是靠外國鴉片販子的直接兜售，因為他們當時被嚴格禁止進入內地。把鴉片帶入中國各地的，是中國鴉片販子，而廣東十三行一百多年來經營的洋貨內銷貿易網，又在其中起了主導作用。

嘉慶、道光年間，外貿儼然成為中國第一大經濟支柱，崇洋媚外之風盛行全國。鴉片戰爭爆發前夕的西元一八三七年，大臣梁章[19]在《退庵隨筆》書中寫道：「近來……房屋舟輿無不用玻璃，衣服帷幕無不用呢羽，甚至食物器具，曰洋銅、曰洋瓷、曰洋漆、曰洋錦、曰洋布、曰洋青、曰洋紅、曰洋貂、曰洋獺、曰洋紙、曰洋畫、曰洋扇，遽數之不能終其物……其始達官貴人尚之，浸假而至於僕隸輿儓，浸假而至於倡優婢嬪。」

人心如此，同為舶來品的鴉片，輔以最新、最刺激的煙槍吸食法，自然就很容易透過洋貨內銷貿易網傳遍全國各省。

在西元一八〇〇年之前，大量服用鴉片的現象僅限於廣東、福建、台灣，中國絕大部分地區的民眾，是一八〇〇年以後才接觸鴉片的，他們自然認為煙槍、煙燈吸食法，是唯一正確的鴉片使用方式，渾然不知這只是一種時尚的新發明。在崇洋媚外之風盛行的環境下，從一八〇〇年開始，鴉片像野火一樣在全中國蔓延開來，造成了嚴重的社會問題。最為崇洋媚外的紫禁城，也是鴉片煙槍最早打開的華北市場。

西元一八三一年，道光皇帝發現太監張進幅在天津港口購買了一百六十兩鴉片，帶回紫禁城販賣給同僚，審問得知張進幅吸食鴉片煙已三十餘年，可見他在一八〇〇年左右就開始抽鴉片了。在比華北更加富庶的長江三角洲，抽鴉片的情況更甚。

西元一八二〇年，名士包世臣在《庚辰雜錄》書中記載：「鴉片……始惟盛於閩粵，近則無處不有。即以蘇州一城計之，吃鴉片者不下十數萬人。鴉片之價較銀四倍，牽算每人每日至少需銀一錢，則蘇州城每日即費銀萬餘兩。」

儘管清朝政府對鴉片走私的打擊一直不得力，每一次禁令都淪為鴉片的促銷廣告，以英國東印度公司為首的西方列強廣泛支持對華鴉片走私，但鴉片走私在十九世紀初還是遭受了幾次沉重的打擊。

西元一七九九年，兩廣總督吉慶就發現，「以外夷之泥土，易中國之貨銀，殊為可惜，且恐內地人民輾轉傳食，廢時失業，奏請不許販賣，犯者擬罪，遞加至徙流（流放）繯首（絞刑）」。❿可惜，吉慶不久便被廣東巡撫瑚圖禮逼迫自殺，還被嘉慶皇帝批判為「實無足惜」。

西元一八〇五年，澳門葡萄牙當局宣佈禁止鴉片進口，一八二一年兩廣總督阮元較為嚴厲地處理了葉恒澍走私鴉片案，導致鴉片走私船在澳門和黃埔都不再安全，被迫撤離到伶仃洋上。

但鴉片販子們很快就發現伶仃洋交通便利，又被清朝政府視為「外洋」，清朝水師從不到這裡巡查，他們在這裡的一切行動都不受清朝法律的制約。

結果，從西元一八二二年起，伶仃洋就成了新的鴉片貿易中心，也是羅伯特·福布斯的「伶仃」號等鴉片躉船的大本營。

數十萬中國鴉片販子雲集伶仃洋，不惜鉅資建造當時中國最先進的船隻「蜈蚣」，用來將鴉片從巨大的躉船上經珠江水道運往陸地。

蜈蚣船由龍舟改進而來，有兩張帆和三十對槳，既可以利用風力航行，也能夠以三十名水手同時劃槳進行人力推動，航行速度比清朝兵船還快，令緝私官兵徒喚奈何。

繼阮元之後接任兩廣總督的李鴻賓拿不出有效措施，使得鴉片在廣東氾濫成災，以至於社會上傳說他每月受規銀三萬六千兩，聽任鴉片走私。21

第一次英緬戰爭爆發，英國東印度公司迫於巨大的資金壓力，開始逐步放寬印度的鴉片生產和出口

由龍舟改造的蜈蚣船

蜈蚣船在清朝鴉片戰爭期間成為鴉片販子走私鴉片的快艇。

限制，推動阿薩姆茶葉種植的班廷克總督更是於西元一八二九年宣佈，解除對印度西部的麻窪鴉片實行達二十七年的封鎖。

結果，對華出口鴉片數量激增。西元一八二九年中國進口鴉片一萬四千三百八十八箱，較一八二八年的一萬一千一百五十四箱增加了百分之二十九，一八三一年更暴增至兩萬零一百八十八箱（主要原因是麻窪鴉片的進口數量增長了），市場嚴重飽和，導致鴉片價格狂瀉，孟加拉各品種鴉片的價格下跌了百分之二十到百分之四十，麻窪鴉片的價格幾乎腰斬。

至西元一八三二年，廣州的鴉片批發價格已經不足一八二〇年的一半，誘使大批此前買不起鴉片的中國中產階級紛紛解囊。此後，由於英國東印度公司的對華貿易特許經營權，在一八三四年被取締，鴉片事實上，成為進入破產清算程式的英國東印度公司的唯一收入來源。

同時，英國和印度散商數量猛增，他們毫無顧忌、爭先恐後地向中國出口鴉片，導致中國鴉片進口數量和吸食者人數不斷增長，至林則徐「虎門銷煙」的西元一八三九年，中國鴉片年進口量已達驚人的四萬零兩百箱[22]，進一步推動鴉片價格走低，變得更為「親民」。

顯而易見，中國鴉片進口量的增減並不取決於清朝的鴉片政策，而取決於英國東印度公司的經濟形勢：當公司的經營狀況良好時，為了維護合法貿易秩序，就嚴格限制對華出口鴉片；當公司的經營狀況惡化時，就放鬆對華出口鴉片管制；公司破產清算，特許經營權終止以後，對華出口鴉片便完全失控了。

鴉片貿易的利潤經常被誇大，事實是，英國東印度公司解除鴉片生產和出口限制，增加鴉片產能，並沒有給公司帶來多少收益。西元一八三〇年，英國東印度公司向中國出口了一萬四千箱

鴉片，收入一百零九萬英鎊；西元一八三四年，向中國出口了兩萬一千兩百五十箱鴉片，收入卻只有六十九萬英鎊。㉓

造成這種「增產減利」怪現象的原因，是鴉片價格的下跌，而其根源在於中國購買力的滑坡。這是一個白銀外流的時代，也是中國經濟開始萎縮的時代，中國民眾變得愈來愈窮。表面上看，當時的清帝國擁有廣闊的版圖和眾多的人口，GDP與整個歐洲相當，但它的領土內，同時生活著地球上最富裕和最貧困的人，貧富差距大得驚人。

在十九世紀初，以白銀計算，中國普通體力勞動者的收入，僅有英屬印度普通體力勞動者收入的四分之一至三分之一，癮君子能夠花在購買鴉片上的銀子，變得愈來愈少，這既減少了英國東印度公司的收益，也威脅到了清帝國朝廷的財政收支。

眼見自己的子民紛紛破產，道光皇帝發現，為了挽回帝國經濟的頹勢，抑制白銀外流和通貨緊縮，並加強朝廷的執政能力，除了嚴禁鴉片，別無他法。而要嚴禁鴉片，他就必須向「天子南庫」廣東十三行開刀。

不過，廣東十三行可是清朝內務府的財政支柱。這意味著，為了嚴禁鴉片，道光皇帝必須向自己的錢包宣戰。

第七章

終極博弈：林則徐與伍秉鑑的戰局

西元一八三八年十二月二十七日，勤政的道光皇帝一如既往地在清晨四點起床，匆忙洗漱用膳以後，便開始上朝。五點整，他急切地召見了自己等待已久的第一位大臣：前一天才趕到北京的湖廣總督林則徐，與其談了將近一個小時的話。此後，他一連八天日日召見林則徐，被譽為「國初以來未有之曠典」。最終，林則徐被授予欽差大臣頭銜，奉旨去廣東查禁鴉片。[1]

道光皇帝派林則徐去廣東禁煙，無疑是中國歷史上劃時代的事件。關於此事的起因，傳統解釋是這樣說的：因為英美等國對華鴉片走私，嚴重傷害了中國社會並造成大量白銀外流，鴻臚寺卿黃爵滋上奏《請嚴塞漏卮以培國本折》，要求嚴禁鴉片。

經大臣討論，以林則徐為首的嚴禁派駁倒了以琦善為首的弛禁派，林則徐於是被道光皇帝派往廣東禁煙。

清朝原始史料向我們展示的事實，與這一傳統說法卻頗有出入。黃爵滋與林則徐早就相識，二人都曾經住在北京宣武區（現已被劃歸西城區），黃爵滋一直是「消寒詩社」的活躍成員。消寒詩社不僅是一個北京官員交流詩詞的文化俱樂部，更是一個政治俱樂部。林則徐、黃爵滋以及《請嚴塞漏卮以培國本折》的真正作者張際亮，在鴉片的問題上，一直都是秉持該社的立場，持嚴禁的的態度。消寒詩社一直持嚴禁態度，其成員也曾經多次就此問題向道光皇帝上奏（按：這個組織曾經被誤認為維新的先聲，甚至南社的先驅，事實上與林則徐等人關係並不深，龔自珍、魏源等則根本未參與活動）。

但是，與此前消寒詩社的其他禁煙奏摺不同的是，《請嚴塞漏卮以培國本折》不僅要求嚴禁鴉片，而且要求在全國範圍內，把一年內還不能戒除鴉片煙癮的吸毒者全部處死，主要論據是英

國、荷蘭等國，也都有處死拒不戒癮的吸毒者的法律條文。❷

事實上，這一論據並非事實，正如上文所述，鴉片在英國、荷蘭等國都是常見的合法藥材，鴉片貿易和消費一直受到政府鼓勵。

一直傾向於嚴禁鴉片的道光皇帝，閱覽了《請嚴塞漏卮以培國本折》後，頗為動心，但出於謹慎，他將此折下發給各省總督巡撫，要求他們就此發表意見。當時，除兩廣總督鄧廷楨曾經支持過弛禁鴉片之外，各省總督巡撫都支持嚴禁，但在二十九位督撫之中，直隸總督琦善等二十一人都反對《請嚴塞漏卮以培國本折》，認為全國吸鴉片者極多，

消寒詩社舊址

消寒詩社是清朝嘉慶道光年間，以翰林院官員為主的文人在北京進行的文學性結社活動。因活動地點在宣武門外宣南地區，又稱宣南詩社、宣南詩會、城南吟社。

癮大而難以戒除者不下百萬，如果要把他們都處死，是魯莽地「興普天之大獄」，幾乎無法實施，如果強行推動，會造成嚴重社會問題，不能盲目照搬傳說中的西洋酷刑；他們還認為，禁煙的重點是「一口通商」的廣東，所以只要在廣東嚴查鴉片就夠了，暫時沒必要將它擴大到全國範圍內。

贊成該提案者僅有林則徐等八人，佔總數的百分之二十七點六，黃爵滋的禁煙奏摺因此被否決。

沒想到，過了一個月，琦善史無前例地在天津外海抓獲了一艘鴉片躉船，繳獲鴉片十三萬一千五百斤，可供三、四萬癮君子吸上一整年。外國鴉片販子帶著這麼多鴉片，到緊鄰北京的華北沿海來銷售，令道光皇帝極為震驚。一個星期後，莊親王奕軾等貴族，在北京的一座尼姑庵中聚眾抽鴉片，被官兵當場抓獲。煙毒侵染皇室，令道光皇帝極度恐慌，於是，決定對外國鴉片販子採取嚴厲的反制行動。

事發三天後，道光皇帝便召林則徐進京，打算派他去廣東禁煙。❸道光皇帝嚴禁鴉片的決心毋庸置疑，但是，他既然決定在廣東禁煙，為什麼不選擇要求只在廣東禁煙的琦善，而選擇要求在全國禁煙的林則徐？

儘管琦善和大多數官員一樣，並不贊成消寒詩社要求處死全部吸毒者的極端要求，但他在行動上一直堅定禁煙，而且剛剛取得重大禁煙成果，經驗豐富，出身貴族，政治可靠。

林則徐雖然在奏摺中有「鴉片一日不除，數十年後，中原幾無可禦敵之兵，且無可充餉之銀」的豪言壯語，但在轄區的實際禁煙成果上，還不如琦善的十分之一。現在，道光皇帝偏偏派林則徐去廣東禁煙，而不對全國各省下達同樣的禁煙任務，這不是讓林則徐去執行琦善路線嗎？至於黃爵滋處死全國吸毒者的要求，後來顯然連道光皇帝自己都忘記了。

難怪道光皇帝要連續八天找林則徐談話，這根本不是什麼恩寵，而是因為林則徐對讓自己單獨去廣東禁煙的這個「執行琦善路線」任務，有抵觸情緒，道光皇帝不得不親自耐心做思想工作。

林則徐確實對去廣東禁煙這個任務有抵觸情緒。按照他本人的記載，在抵達北京前四天，原本正在北京向道光皇帝述職的直隸總督琦善，就專程南下迎接他，兩人在安肅縣（今河北省徐水縣）相遇，交談了一整天。[4]

琦善本來可以在北京等林則徐，他之所以迫不及待趕往北京西南僅一百公里的安肅縣，去提前會見林則徐，其實是因為道光皇帝的授意，召開一場預備會議，先行向林則徐做心理準備。

傳說，琦善當時告訴林則徐，皇上有意派他去廣東禁煙，但是「無啟邊釁」（不得因此引發與外國的軍事衝突），林則徐不以為然，「漫應之」[5]。林則徐受任欽差大臣以後，同為消寒詩社成員的龔自珍，專門為他寫了一篇《送欽差大臣侯官林公序》，提出十條意見，並強烈要求隨同林則徐一同南下。[6]

林則徐雖然感謝龔自珍，卻表示「事勢有難言者」，托人勸阻龔自珍，不肯帶他去廣東。[7]這大概是因為龔自珍恃才自傲，在官場上樹敵極多，連時任禮部尚書的叔叔龔守正都得罪了。林則徐知道，如果帶這種人在身邊，會給自己惹麻煩。

果然，一年後，龔自珍就辭官回家，兩年後在赴上海迎戰英軍前夕，突然去世，其子龔橙懷疑父親是被清朝皇室毒死的，第二次鴉片戰爭時主動參加英法聯軍，帶領他們去火燒圓明園洩憤。[8]

林則徐可不是龔自珍那種恃才傲物、憤世嫉俗之輩，他在官場上磨礪了多年，做事八面玲瓏，懂得規矩。他很清楚，道光皇帝和琦善正在給自己下圈套，自己有可能成為政治上的犧牲品。雙方都希望嚴禁鴉片，此外卻無共同訴求。道光皇帝授予了林則徐欽差大臣的職務，這是巨大的權力和無上的榮譽。可是，戶部和內務府都沒有撥一兩銀子的財政經費。

也就是說，林則徐有義務自費查禁鴉片，他為此能夠動用的，僅有欽差大臣、左都御史、湖廣總督這三份工作的薪水及養廉銀，加起來一年僅有幾千兩白銀。即便再算上當時官場常見的各種灰色收入（從小面對巨大經濟壓力的林則徐，對此並不排斥），充其量也就三、四萬兩白銀，而且需要在北京官場支付各種名目的感謝費，所餘不過一、二萬兩白銀。

以當時的物價水準，一萬兩銀子供養一個普通官宦家庭還算充裕，但雇幾位幕僚就很拮据，更別說給禁煙的官吏兵丁發放獎金、採購裝備了。顯然，對林則徐來說，自費查禁鴉片，是一個永不可能完成的任務。所以，擺在他面前的財政道路只有兩條：第一，貪污；第二，勸捐。

林則徐素有清名，號稱「林青天」，雖然不像海瑞那樣拒絕一切灰色收入，但即便是為了查禁鴉片，他也不會選擇大肆貪污這條不歸路。所以，擺在他面前的選擇只有一個：利用自己的職權，找廣東的有錢人募捐，而廣東的有錢人，又非廣東十三行莫屬。

於是，這個紛繁複雜的謎題又轉回原點：道光皇帝為什麼選擇林則徐去廣東禁煙？因為林則徐是當時所有總督中唯一的福建人。

道光皇帝非常清楚，要想真正把鴉片趕出中國市場，就必須有廣東十三行的全方位配合，而廣東十三行與鴉片貿易又有著千絲萬縷的聯繫，其中一些行商更是直接參與鴉片貿易，利用其遍佈全國的購銷網路將外國鴉片販賣到中國各地。

摧毀廣東十三行是不可能的，那將會導致清帝國的經濟大崩潰，甚至連道光皇帝本人的收入，也會大大縮水，因此只能軟硬兼施，說服廣東十三行與鴉片貿易脫離關係，並且資助清政府嚴禁鴉片，這就要求當事官員能夠與廣東十三行建立充分密切的聯繫。

自雍正以來，廣東十三行的核心成員幾乎都是福建人，日常使用獨特的閩南話。對琦善這樣的老北京人而言，閩南話幾乎和英語一樣難懂。此外，鑑於廣東十三行與反清組織天地會的秘密關係，如果這位福建籍官員還具備對天地會的鬥爭經驗，那就再好不過了。

所以，道光皇帝選擇了林則徐，也只能選擇林則徐。基於同樣的理由，精通福建各地方言卻不懂廣東話的林則徐選幕僚，不要浙江人龔自珍，而是專門找了「籍隸廣東，於土俗方言本皆諳曉」的老部下，彭鳳池。

令他遺憾的是，他最親密的福州同鄉、協助他在長江三角洲推廣占城稻的左膀右臂、江蘇按察使李彥章於西元一八三六年去世，這是無法彌補的損失，也是不祥的兆頭。

選擇派林則徐去廣東禁煙的道光皇帝，絕對不是什麼庸才。他自幼好學，在文藝領域造詣很高，而且是大清帝國屈指可數的火器專家和武術高手，曾親手殺過很多人，包括兩名衝擊紫禁城的天理教武裝頭目，甚至還有皇長子奕緯（傳說是道光皇帝盛怒之下，用「彈腿」踹中其下腹斃命的）。[8]在這個受害者名單上，也許還要加上一個人，那就是與嘉慶皇帝同時神秘死在承德避暑山莊的刑部郎中，伍元蘭，廣東十三行總商伍秉鑑的次子。

從登上皇位那一天起，道光皇帝就不是廣東十三行的朋友，但他和清朝歷代皇帝一樣，需要廣東十三行的銀子。

其實，道光皇帝剛剛即位，就有機會好好治治伍秉鑑。西元一八二一年十二月十五日，廣東新安縣民眾與英國水手酒後互毆，幾名英國水手被打傷，英國海軍上尉漢密爾頓聞訊，率兵趕來報復，開槍打死新安百姓黃奕明、遲大河。

英方將事件經過說成是新安縣民眾主動襲擊在前，漢密爾頓被迫開槍自衛，船長理查森還威脅兩廣總督阮元，要求他交出其他涉案廣東民眾，廣東的英國商船也全部停止貿易以示抗議。

在伍秉鑑等十三行商人建議下，阮元見漢密爾頓等當事人已經離開中國境內，決定大事化小，停止追究。

死者黃奕明的弟弟黃奕通不服，多次向廣東當局控訴無果後赴北京上訪，控告伍秉鑑「包庇兇夷」，卻被道光皇帝發回廣東，讓阮元複審。可想而知，阮元判黃奕通對伍秉鑑的指控為誣告，應打一百板子、流放三千里，但念其自首，免罪釋放，該案終於不了了之。[9]

可見，在張格爾入侵、軍費緊張的背景下，道光皇帝並無決心與伍秉鑑撕破臉攤牌。向「天子南庫」開刀，即使皇帝也是需要魄力的。在鴉片已經侵染紫禁城的局面下，道光皇帝才勇敢邁出了這一步。

除了鴉片走私肆虐之外，驅動道光皇帝向廣東十三行開刀的，還有愈積愈多的外債——十三行商欠。就在他委任林則徐為欽差大臣前一年的西元一八三七年，爆發了廣東十三行歷史上規模最大的商欠案：興泰行商欠案。

興泰行是金匠嚴啟昌、嚴啟祥兄弟在西元一八三〇年開辦的新商行，初始資本僅有五、六萬銀圓。嚴啟祥自稱：「我以有限資本開業，在支付了執照費，買下貨棧和傢俱之後，我已一錢不名。」不幸的是，剛剛開業，就發生了盼師妻子進廣州的事件，雖然對此負主要責任的是東裕行，但興泰行也被廣東當局罰了十萬銀圓。

還沒等他們緩過勁來，廣州又發生火災，燒毀了興泰行價值三十萬銀圓的棉花。於是，嚴家兄弟很快就陷入了連環債務。更糟的是，西元一八三四年英國駐華貿易監督律勞卑要求進廣州城時，興泰行承保了律勞卑乘坐的船隻，律勞卑與廣東當局鬧翻以後，嚴啟祥便被逮捕，入獄六個月之久。

引發鴉片戰爭的義律（圖右）和妻子克拉拉（圖左）

義律是最早與林則徐交涉的英國外交官。最終，因鴉片貿易問題使得英國對清廷宣戰，並引發第一次鴉片戰爭。

嚴啟祥出獄後，興泰行已經處於嚴重資不抵債的絕境，被迫「經營很大規模的貿易，可能是（所有行商中）最大的，因此它的債務非常巨大。」西元一八三六年年底，興泰行無力再償還任何債務。以英國自由茶商（同時也是大鴉片販子）顛地和查頓為首的外國債權人，起初還幫助興泰行拆東牆補西牆，但次年春天貿易季行將結束時便決定訴諸法律，索要的債務和利息總額，高達駭人聽聞的兩百八十五萬銀圓，相當於興泰行總資產的幾十倍！

兩廣總督鄧廷楨震驚了。他當即表示：「若不認真清理，何以恤遠人而免效尤？」、「不能使夷本竟歸無著也！」責成十三行商人與外國債權人，共同研究解決。顛地要求中英雙方各出三人，組成清債委員會，伍秉鑑建議，讓被他多次譽為「頭等的老實人」的新任英國駐華商務監督義律參加，但被拒絕。

結果，伍紹榮、盧繼光、潘紹光與顛地、記連、阿切爾組成委員會，經過近兩年談判，最終在西元一八三八年三月，確定興泰行債務總額為兩百二十六萬銀圓，由於這個數額已經遠遠超出了廣州公所基金，只能由廣東十三行的其他商行分八年半支付，連本帶息共計兩百四十七萬銀圓。此外，興泰行歷年欠下的四十多萬兩白銀關稅，也由廣東十三行的其他商行分攤。[10]

廣東十三行「無限公司」的弱點，被英國「有限公司」牢牢地抓住了。雖然一些十三行企業能夠在國際貿易中賺取到巨額財富，但更多的企業卻會欠下愈來愈多的債務，由於中國企業沒有「破產保護」，因此它們理論上的債務是無窮大。於是，像興泰行這樣資產僅有幾萬銀圓的小企業，卻可以欠下幾百萬銀圓的巨額債務。即便有廣州公所基金墊賠，這些債務歸根結底還是要由十三行各家商人分攤。

「東方化」的英國東印度公司，在長期的亞洲貿易中理解中國的人情世故，在類似的情況下，曾經多次協助十三行商人渡過難關。

然而，英國東印度公司已經在西元一八三三年破產，接替它在廣東與十三行做生意的，是一群並不打算過度「東方化」的散商，他們一來沒有足夠的資本，二來也沒有足夠的耐心去幫助困境中的十三行商人，反而推波助瀾，瘋狂地向他們發行高利貸，追求短期利益最大化。

西元一八三三年之後，十三行財富的流出速度是驚人的。從此之後，中國人民將熱切地憧憬一個「既無內債，又無外債」時代的到來。

對外貿局勢感到困惑和絕望的，不僅有兩廣總督鄧廷楨，還有道光皇帝。西元一八三三年之後，廣東十三行積累外債和拖欠關稅的速度，已經快要超過粵海關關稅的總額了。也就是說，從清朝中央政府經濟利益的角度上看，曾經的「天子南庫」廣東十三行正在變成負資產。

鴉片與商欠雙管齊下，貪婪地吞噬著大清帝國的銀子，紋銀與銅錢的兌換價從西元一八二〇年的一比一千上漲到一八三八年的一比一千六。聯想到十三行商人的海外關係，清朝政府難免會認為「商欠」，其實是一種裡應外合，向國外轉移資產的方式。道光皇帝雖然無法理解「無限公司」與「有限公司」的概念，但他非常清楚：廣東十三行再不整頓是不行了。

毫無疑問，這也是他交給欽差大臣林則徐的主要任務之一。西元一八三九年三月十日，林則徐抵達廣州，得到兩廣總督鄧廷楨、廣東巡撫怡良、粵海關監督豫堃、廣東水師提督關天培，以及伍秉鑑父子為首的廣東十三行商人等，廣東官商顯貴的列隊歡迎。廣東十三行此時共有十一家，即怡和行伍紹榮、廣利行盧繼光、同孚行潘紹光、東興行謝有仁、天寶行梁承禧、中和行潘文濤、順泰行馬佐良、仁和行潘文海、同順行吳天垣、孚泰行易元昌和安昌行容有光，伍紹榮和盧繼光擔任總商，但實際控制者卻是伍紹榮名義上已退休的父親伍秉鑑。

林則徐與伍秉鑑這對福建雙雄，即將在廣東大地上展開驚天動地的博弈。兩人雖然此前素未謀面，但一個不便明說的名字，卻讓他們難以忘懷：林則徐的死敵、伍秉鑑的摯友張保仔。

伍秉鑑父子很清楚，自己將要面臨一個難纏的對手，因此在證實林則徐啟程來廣東的消息以後，他們就立即開始做相應的準備。林則徐南下途中的西元一八三九年一月三十日，伍紹榮去澳門拜會英國駐華商務監督義律，提醒對方重視林則徐，義律隨即命令所有英國鴉片船隻駛離珠江口；二月，「旗昌洋行接受浩官的勸說，決定洗手不再做鴉片生意」。

此時，馬地臣、因義士等英國鴉片販子拒絕遵照義律的命令，將鴉片船駛離珠江口，只是「在浩官的誠懇請求下」，「才忙著把鴉片躉船從香港移到大嶼山南部」⓫。

雖然貴為欽差大臣、左都御史、湖廣總督，但林則徐在廣州卻沒有私人住宅和辦公場所。老於世故的廣東十三行商人對此早有準備，初次會面，他們就提出已經為其準備了一處宅邸，卻被後者婉言謝絕。林則徐比任何人都清楚，自己此行與這些福建老鄉存在巨大的利益糾葛，一旦住進他們的房子，很多事就難以處理了。

所以，他選擇入住越華書院，結交監院（院長）梁廷枏等廣東籍知識份子，向外界傳達出這樣的資訊：儘管自己是一個福建籍官員，但絕不會袒護福建老鄉，反而要倚仗廣東本地人與福建財團鬥爭。入住越華書院一個星期後，林則徐召見廣東十三行商人，當面用官話指責他們：

「矇騙官府，包庇外國鴉片走私商，甚至親自參與鴉片走私、偷漏稅銀查節次夷船進口，皆經該商等結稱，並無攜帶鴉片，是以准令開艙進口，並未駁回一船。今鴉片如此充斥，毒流天下，而該商等猶混行出結，皆謂來船並無夾帶，豈非夢囈？」

「……夷館系該商所蓋，租與夷人居住，館內行丁及各項工役，皆該商所雇，馬占等皆該商所用，附近銀鋪皆該商所與交易者，乃十餘年來無不寫會單之銀鋪，無不通窯口之馬占，無不串合快艇之行丁工役，並有寫書之字館，持單之攬頭，朝夕上下夷樓，無人過問；銀洋大抬小負，晝則公然入館，夜則護送下船，該商豈能諉於不聞不見？乃相約匿不舉發，謂非暗充股份，其誰信之？」

「……乃不知朝廷豢養深恩，而引漢奸為心腹，內地衙門，一動一靜，夷人無不先知，若向該商問及夷情，轉為多方掩飾，不肯吐實。」

「即如紋銀出洋，最干例禁，夷人果皆以貨易貨，安有銀兩帶回？況經該商等稟明，每年交易之外，夷人總應找入內地洋錢四、五百萬元不等，如果屬實，何以近來夷船，並無攜帶新洋錢到港，而內地洋錢日少一日？該商中之敗類者，又何至拖欠夷債百余萬之多？可見『以貨易貨』四字，竟是全謊！」

「……疊奉諭旨，以鴉片入口、紋銀出洋之事，責備大小官員，十分嚴切，而該商等毫無干係，依然藏垢納污，實堪令人切齒。本大臣奉命來粵，首辦漢奸，該商等未必非其人也！」

受到這番嚴厲斥責以後，十三行總商伍紹榮回答說行商並未參與鴉片走私，查禁鴉片利國利民，他們「願以家資報效」。這話表面上是被動的辯解，實為諷刺林則徐缺乏辦案經費，結果觸怒了一向以清廉自許的林則徐，引來他的怒斥：

「本大臣不要錢，要你腦袋爾！現在先以斷絕鴉片為首務，已另諭夷人將躉船所貯數萬箱鴉片悉數繳官，並責令簽名出其漢字夷字合約甘結，聲明嗣後永不敢帶鴉片，如再夾帶，查出，人即正法，貨盡入官。此論即交該商等賚赴夷館，明白諭知……限三日內取結稟覆。如此事先不能辦，則其平日串通姦夷，私心外向，不問可知。本大臣立即恭請王命，將該商擇尤正法一二，抄產入官，以昭炯戒！」⑫

表面上看，林伍之間的第一次交鋒，以林則徐取勝和伍紹榮慘敗告終。實際上，雙方未分出勝負：林則徐「本大臣不要錢，要你腦袋爾！」的話，八年前廣東巡撫朱桂楨，早已對伍紹榮的四哥伍元華說過，威懾力有限。作為福建老鄉，伍家與林則徐畢竟不是完全的敵我關係。飽經世故的伍家心裡有數：在私下裡用福建方言交流的內容，往往比在公開場合用官話說出的，更重要。

伍秉鑑父子的反擊非常迅速，而且一招致命。林則徐居住的「越華書院」，並不缺他們的耳目：它壓根就是一所教育廣東商人子弟的學校，其學生大多與廣東十三行有關聯。更重要的是，越華書院的教師中有許多才子，卻沒有一位懂外語，只能利用不可靠的二、三手資料來瞭解涉外事務，肯定無法滿足林則徐瞭解外國事務的急迫需求。

很快，他就雇了四名翻譯：馬來西亞華人袁德輝（小德）、孟加拉混血兒亞孟、曾在美國生活的廣東人林阿適（亞林）、曾在新加坡生活的廣東人梁進德（亞軼）。⑬這四個人全都來自伍秉鑑父子的怡和行，而且全都是有海外背景的基督徒。

袁德輝祖籍四川，傳說他原本姓朱，是明朝皇室後裔，早年在馬來西亞檳榔嶼的天主教學校學習拉丁語和英語，成績很好，自西元一八二九年起，便在伍秉鑑的推薦下打入清政府內部，任職於理藩院，多年後返回廣州。⑭

梁進德的父親梁發是清朝第一位華人牧師，對洪秀全、馮雲山等太平天國領袖產生過巨大的影響。⑮基督教當時被清帝國視為邪教，所有基督徒一經發現，輕則發配新疆，重則處死，清朝也嚴禁華人出國，發現後同樣要嚴懲。

也就是說，林則徐雇傭的這四位翻譯，全都是嚴重違反清朝法律的罪犯，有些甚至不是中國國籍，對清朝的忠誠極為可疑。這肯定不是巧合，而是他們的雇主、伍秉鑑父子有意為之。

就這樣，透過給林則徐提供翻譯，伍秉鑑父子不僅在林則徐身邊，安插了四名忠誠的特務，而且控制了林則徐的所有涉外資訊。透過這四名翻譯，林則徐將會「睜眼看世界」，但，他只能看到伍秉鑑父子想讓他看到的那個世界。

一著不慎，滿盤皆輸，在與伍秉鑑父子的博弈中，林則徐其實一開始就敗局已定。等待這位愛國政治家的註定將是悲涼的命運，不過，在此之前，他這位欽差大臣還有足夠的政治資本，來成就一番驚天動地的事業。

經過在廣東的實地調查，林則徐意識到，清朝兵船完全沒有在外海與西方武裝商船抗衡的能力，於是放棄了此前派水師出海攻擊鴉片躉船的計畫，改為設法控制廣東的外國鴉片販子，逼迫他們同意停止鴉片貿易，並交出躉船上的鴉片。需要指出，這些外國鴉片販子並不是為了賣鴉片才來到廣州的，因為鴉片走私主要在伶仃洋進行，自有大批中國鴉片販子開著「蜈蚣船」，到外國鴉片躉船上取貨，整個過程無須外國鴉片販子踏上中國土地。

外國鴉片販子來廣州夷館居住，是為了與十三行商人做茶葉、絲綢、棉花等合法交易，以便將來華貿易的利益最大化。

在林則徐的一再催促下，伍紹榮、盧繼光、潘紹光等廣東十三行商人，連續幾天前往他們出租給各國商人的夷館，檢查是否有鴉片和武器等違禁品，並出示林則徐撰寫的《諭各國夷人呈繳煙土稿》，要求外國商人交出所有鴉片。看到外國商人表現猶豫，伍紹榮向旗昌洋行的廣州辦事處主任格林表示，如果能繳一百五十箱鴉片以應付林則徐的話，他願意為此支付十萬五千銀圓，等於是以每箱七百銀圓的市場價購買，不讓美國鴉片販子有任何損失，格林欣然接受。

在顛地等英國商人面前，行商聲稱林則徐「大約要一千箱」鴉片，這個數位與他的《諭各國夷人呈繳煙土稿》中的「查爾等現泊伶仃等洋之躉船，存有鴉片數萬箱」相差甚遠。

英國商人問：「你們能保證這個數就夠了？」

行商回答：「不能。不過，如果我們交出鴉片，他（林則徐）會因他的命令得到服從而感到滿意。是否會要求交出更多，我們沒法回答……」

英國商人問：「你們老老實實地說，你們現在真有生命危險嗎？」

行商們都說有，並許諾：「你們將不受損失，我們以後定會照價賠償。」

最終，外國商人同意交出一千零三十四箱鴉片，市值七十二萬五千銀圓，相當一部分由十三行商人按市場價支付，外國鴉片販子損失不大。⑯所謂的「一千箱」，應當是伍紹榮通過翻譯等安插在林則徐身邊的特務，探聽到的口風。可是，一千零三十四箱鴉片遠不能讓林則徐滿意，他委託各級官員調查，得知「米利堅國夷人多願繳煙，被港腳夷人顛地阻撓，因顛地所帶煙土最多，意圖免繳」，便命令十三行商人去夷館傳訊顛地。

顛地表示可以去，但是欽差大臣必須保證，自己能夠在二十四小時內安全返回夷館，林則徐對此斷然拒絕。十三行商人多次往返，雙方均不退讓，事態日益嚴重。林則徐於是暫停前往澳門查禁鴉片的計畫，調集軍隊包圍夷館，同時將談判不力的總商伍紹榮革去頂戴、逮捕入獄，十三行門口的硝煙味愈來愈濃。

聽說兒子伍紹榮被逮捕入獄，正面臨其亡兄伍元華同樣的悲慘命運，七十歲的伍秉鑑坐不住了，連忙趕到越華書院，結果他自己也丟了頂戴，並與十三行的另一位總商盧繼光，共同被戴上枷鎖，由兵丁押往十三行夷館，以此催促顛地無條件進城接受訊問。

世界首富的被捕遊街震驚了整個廣州城。顛地等外國商人站在夷館的陽台上，看著他們的房東戴著枷鎖，跪在樓門口，指著自己被摘掉頂戴的帽子和脖子上的枷鎖說，如果顛地不立即進城，他們肯定會被處死。不過，外國商人也注意到，伍秉鑑似乎並不緊張，反而一路上興致勃勃地與身邊的人談論最新的大宗商品價格波動。

鴉片販子馬地臣聲稱，這是「他們在中國看到的最徹頭徹尾的騙局」。於是，顛地更加堅定地拒絕進城，尷尬的兵丁只得把伍秉鑑和盧繼光押回越華書院。果然，林則徐並未像他威脅得那樣，將這兩人處死，反而釋放了伍紹榮。17看來，林則徐很清楚，自己在經濟和外交上都離不開伍家父子，雖然在公開場合用官話嚴厲訓斥對方，但私底下卻用福建方言拉關係。與此同時，十三行夷館傳來的最新事態，也迫使林則徐放下戒備，尋求與伍家父子的全面合作。

顛地、查頓和馬地臣這三位最大的鴉片販子，在西元一八二〇年左右來到亞洲，後來抓住英國東印度公司破產的機會，迅速搶佔了英國東印度公司留下的龐大東方貿易份額。在他們的蘇格蘭老鄉律勞卑、義律等歷任英國駐華貿易監督支持下，查頓．馬地臣聯合公司的生意急劇擴大，成為廣東十三行最大的貿易夥伴，也是最大的鴉片和茶葉交易商。

得知包括多位蘇格蘭老鄉在內的英國商人，被清軍包圍在十三行夷館的消息，原先準備在澳門迎接林則徐的義律，在並未申請「紅牌」（允許外國人進入廣州的簽證）的情況下，親自帶領一批隨從進入珠江口，揮著手槍和刀劍，突破清軍封鎖線，殺入了十三行夷館。

其實，四個月前，義律也曾做過同樣的驚人之舉，當時鄧廷楨出於殺雞儆猴的目的，要在十三行夷館前的廣場上絞死鴉片販子何老近，英國商人出面阻撓，搗毀絞刑架並打傷清軍士兵，引起上萬名廣州市民圍攻夷館。

義律聞訊，即在無「紅牌」的情況下，擅自從澳門衝入十三行夷館。對峙數日後，雙方和解，鄧廷楨派兵驅散包圍夷館的百姓，義律命令所有載有鴉片的船隻退出虎門，自己也返回澳門。18

這一次，義律顯然打算故技重施，但是林則徐比鄧廷楨強硬得多，聞訊後馬上向十三行街區增兵，嚴密封鎖夷館周邊所有道路，阻止外國人離開，禁止所有貨物進出夷館，並以安全理由，命令包括翻譯、廚師、女僕在內的所有華人，立即離開夷館。

封鎖十三行夷館，是林則徐所作最富爭議的一件事，歷來飽受外國人的攻擊，甚至被比擬為中國的「黑牢事件」。近年的一些歷史學家也認為，林則徐把義律這位英國外交官關押起來，有悖於外交準則，是錯誤行為。[19]

可是，就當時的情況而言，並不是林則徐主動關押義律，而是義律武裝衝入中國政府劃定的軍事禁區，去幫助中國政府的犯人。這就好比現在如果有外國外交官荷槍實彈、攻擊秦城監獄試圖帶走裡面的囚犯一樣，其行為嚴重違背外交守則，理應被中國軍警限制行動自由，不能再享受外交豁免權了。

林則徐扣留義律和外國商人的十三行夷館，絕不是什麼印度黑牢，這裡本是十三行出租給外國商業夥伴的高級酒店，設備華麗，通風良好，空間充足。滯留在夷館內的外國商人，其實只有一個困難：他們自己必須親手做家務了。

由於養尊處優已久，他們基本上全都不會做飯，沒有了中國僕人的照顧，簡直寸步難行。在林則徐的嚴令之下，中國僕人不可能返回夷館，就連食物和飲水都無從措置。

漸漸地，夷館的物資出現匱乏，義律等人發現自己身處絕境。他們知道，只有一家人能夠幫助自己脫離困境，夷館的房東伍浩官。

作為房東，伍秉鑑父子對夷館的結構比清軍官兵熟悉得多。據當時被扣留在夷館中的美國商人亨特回憶，某日，伍秉鑑的兩個苦力給他送來一個小包，裡面裝著一隻熟雞、兩塊火腿、三塊麵包和一些餅乾，其他美國商人也得到了糖、食油和飲水。[20]

林則徐對夷館的封鎖就這樣被打破了，也許他對此並非不知情，從策略上講，如果真的出現外國商人餓死的事情，對他是不利的，不如允許十三行商人私下向夷館供應一點生活必需品。此外，林則徐還可以借此賣給伍秉鑑一個人情，以表示此前給這位福建老鄉戴上枷鎖的歉意。

伍秉鑑父子也給予林則徐豐厚的回報，就在林則徐封鎖夷館的三月，伍紹榮等十三行商人「捐銀十萬兩」，以供在虎門內外增建靖遠炮台和鐵鍊等防禦工事之用，又承諾從此每年捐三千兩白銀，還與其他商人共同籌資四萬五千兩白銀，建立國防基金，每年可獲四千五百兩白銀利息，全部用於虎門炮台建設，後來又陸續出資購買了一些大炮、船隻，並給官吏和士兵發放獎金。[21]看來，無論林則徐、鄧廷楨、關天培等廣東官員，還是十三行商人，對英方在夷館被圍後訴諸武力的可能性，都有一定的認識。

被清軍包圍在夷館中的英國商人

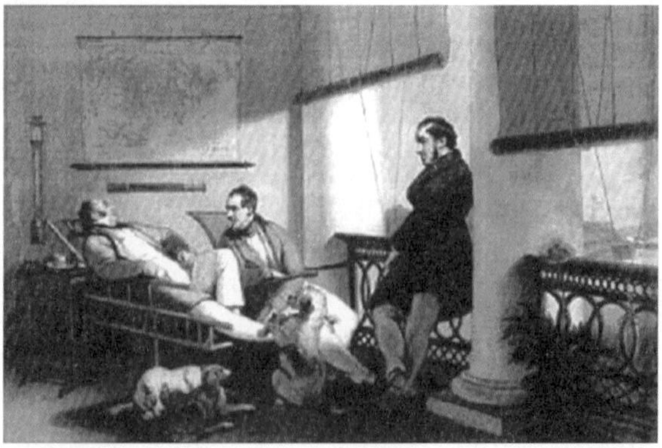

在林則徐的嚴令之下，中國僕人無法返回夷館，英國夷館的商人只能求助於十三行商人，靠著接濟的麵包等物度過難關。

只是清朝官員大多以為，英方即便再惱怒，最多也不過像從前那樣，調集幾艘武裝商船，在珠江口進行一些騷擾性質的作戰罷了。他們從沒有想過，即將爆發的是一場毀滅性的全國性戰爭，英國將出動精銳的正規軍，就連南京和北京都會遭到敵人的威脅。

林則徐把英國駐華商務監督和英國商人扣留在十三行夷館裡，並不構成英國發動侵華戰爭的直接理由。事實上，這次封鎖不僅不徹底，而且為時很短，僅持續了五天，此後便逐漸放鬆。這是因為義律突然轉變了態度，通知夷館內各國商人：「現在本監督念及旅居廣州的全體外國人之自由，及生命安全等重要原因，謹以不列顛女王政府的名義並代表政府，責令廣州的所有女王陛下臣民，為了效忠女王政府，將他們各自掌管的鴉片即行繳出，以便轉交中國政府……本監督特別警示所有旅居廣州的女王陛下臣民……如在本日下午六點以前，不將自己的鴉片繳出，本監督即宣佈，女王陛下政府對該英國商人的所有鴉片，不負任何責任。特別需要說明的是，英商財產證明，及一切遵照本通知繳出的鴉片之價值，將由女王陛下政府隨後公佈的原則和辦法予以決定。」㉒

義律的態度之所以會發生一百八十度轉變，肯定不是因為他和英國商人已經餓得不行（伍秉鑑父子穿越封鎖線送來的飲食，足夠他們的基本需求），真正的原因，在於禁煙運動開始後鴉片價格暴跌，麻窪鴉片從之前的每箱三百九十銀圓跌至兩百銀圓，已低於孟加拉鴉片的批發價格，鴉片變成了滯銷的賠錢貨。㉓同時還有人宣佈，願意為他們交出的鴉片付帳。

此人既不是伍秉鑑父子等十三行商人（雖然他們付得起，為了恢復貿易秩序，也願意分年支付），也不是英國女王陛下政府中的某個人（由於旅途遙遠，他們這時對林則徐封鎖夷館還一無所知），而是最不可思議的人：林則徐。

早在剛到達廣州時，林則徐就曾表示外國商人如能繳出鴉片，自己會向朝廷「請酌予賞犒」

24。此後，他進一步向外國商人承諾：「將煙土首先呈繳……定即先加獎賞。」25包圍夷館之後，林則徐更明確許諾「呈繳而得優賞」。26收到這份告示後不到二十四個小時，義律便下令商人繳鴉片，而且限定要在當天下午六點之前上報清單。

義律急於讓商人繳煙，商人們也迫不及待地上繳全部鴉片，顯然是衝著林則徐承諾的「優賞」去的。這樣看來，林則徐的頭腦異常靈活務實。他很清楚，自己既沒有足夠的力量派兵收繳鴉片（按：林則徐知道這些士兵大多長年參與鴉片貿易，根本不會認真禁煙。他曾親口對包世臣說，廣東水師的收入得自土規），也沒有足夠的力量，迫使外國商人無償繳出鴉片。所以，只剩下一個辦法，買。

可是他沒有辦公經費，自己又不夠富有根本買不起這麼多鴉片。真正買得起這麼多鴉片的只有一個人，伍秉鑑。林則徐也的確盯上了伍秉鑑的錢包。

既然要買，就得討價還價。由於語言和制度原因，林則徐無法直接與外方談判，凡事都透過十三行商人辦理，為首的就是伍秉鑑的兒子伍紹榮。此前，伍紹榮已經花銀子買了一部分鴉片交給林則徐，社會上對此早有傳言。

林則徐不打算繼續這麼幹，因為道光皇帝任命他做欽差大臣，除了嚴禁鴉片以外，還有另一項主要工作：嚴禁白銀流失出國。他如果用白銀向外國人購買鴉片，就等於執法犯法。

所以，他必須效法中國歷代的「貢賜貿易」，「以物易物」，也就是用中國商品去換外國商人的鴉片。當時，外國商人最歡迎的中國商品無疑是茶葉，所以他的計畫是用茶葉換鴉片，以求儘快獲得外國鴉片販子的合作，美其名曰對他們「恭順」的「獎賞」。既然是「獎賞」，就必須以欽差大臣的名義賞賜，可是他沒有茶葉。

林則徐究竟打算賞給外國鴉片販子多少茶葉，歷來說法不一，他的好友魏源就有每箱鴉片給「三斤」和「五斤」茶葉的不同記載。在給道光皇帝的奏摺中，林則徐這樣說：「凡夷人名下繳出鴉片一箱者，酌賞茶葉五斤，以獎其恭順畏法之心，而堅其改悔自新之念。如蒙恩准，所需茶葉數十萬斤，應由臣等捐辦，不敢開銷。」[27]

由此可知，林則徐原本打算用五斤茶葉換一箱鴉片，茶葉來自「捐辦」，也就是向廣東富人募捐。不言而喻，林則徐是要伍秉鑑父子等十三行商人，把數十萬斤茶葉捐獻給自己，然後借花獻佛，用這批茶葉去換外國商人的鴉片。

這聽上去是個很完美的計畫，可是有兩個漏洞：第一，五斤茶葉換一箱鴉片，並不是等價交易，當時在廣州零售市場上，五斤中檔茶葉只值幾兩白銀，而一箱鴉片可以賣上百兩白銀；第二，執行的十三行商人有可能走漏風聲，使林則徐的聲譽受到沉重打擊。

所以，當義律表態將交出全部鴉片以後，林則徐立即召見伍紹榮，對他說：「汝為官商，倘有私許夷人以價而後設法補償者，慎汝腦袋！」[28]

如果沒有這樣的手腕和智慧，單純靠封鎖夷館，林則徐是不可能讓外國人迅速服軟並配合禁煙行動的。

最終，在義律的命令下英國商人接受了林則徐的「茶葉換鴉片」補償方案，繳出了兩萬零八十三箱及若干袋，共兩百三十七萬六千兩百五十四斤鴉片。除了伶仃洋上二十二條躉船的一萬五千箱之外，他們又從中國和東南亞沿海各地調來了五千多箱滯銷的鴉片給了林則徐，而林則徐給他們送去了一千六百四十箱茶葉。

以每箱鴉片一百二十斤、每箱茶葉一百斤計算，等於林則徐用六點九斤茶葉換一箱鴉片，比之前他向道光皇帝承諾的五斤茶葉換一箱鴉片還多。然而，這樣的「優賞」令義律大失所望，他當即變臉，立即停止一切中英談判，並嚴禁各英國商船裝載這些「賞賜」的茶葉。

林則徐聞訊，也不許移動「獎品」，這一千六百四十箱茶葉於是滯留在碼頭上，很快就因日曬雨淋變質了。㉙

「波士頓傾茶事件」毀掉了三百四十二箱茶葉，就挑起了美國獨立戰爭，現在一千六百四十箱茶葉被毀，將發生的事情已經不言自明。

既然義律對六點九斤茶葉換一箱鴉片的交易不滿意，那他為什麼會貿然將鴉片全部繳出呢？當時，英方承諾繳出的鴉片數量，從一千零三十四箱突然上升為兩萬零兩百八十三箱，完全不符合邏輯，連林則徐都被嚇了一跳，連忙多方核實。

原來，義律聽說的很可能是另一個數字，也就是梁廷枬在《夷氛聞記》中記載的「賞繳煙夷船茶葉，計箱給五十斤」。五十斤茶，葉雖然還達不到一箱鴉片在廣東的零售價格，但如果運回英國國內銷售，足以收回兩萬零兩百八十三箱鴉片的印度批發價格。

義律很可能就是接受了這個價格，才下令立即繳煙的。梁廷枬身為當時的越華書院監院（院長），等於是林則徐的房東，幾乎每天都與其交談，他的記載，應當比當時不在廣東的魏源等人可靠。照「箱給五十斤」的標準計算，林則徐應該給義律九千九百箱茶葉才夠，結果只給了六分之一，難怪義律大怒。

不過，按照當時的公文記載，如果外國商人能夠全部簽署「嗣後來船永不敢夾帶鴉片，如有帶來，一經查出，貨盡沒官，人即正法，情甘服罪」內容的保證書，林則徐是會進一步「優加獎勵」的，很可能就是更多的茶葉。

由於義律同時兼任英國在華海上法庭裁判長，堅決反對「人即正法」，主張領事裁判權，不同意清朝政府有權處死英國公民，雙邊關係最終破裂，進一步「優加獎勵」也就無從談起了。

林則徐和義律鬧翻了，最倒楣的當數以伍秉鑑為首的十三行商人。現在，鴉片沒了、茶葉沒了、白銀也沒了，留給他們的只有債務。

由於天天同外國人打交道，伍秉鑑對未來中英衝突的認識，要比清朝官員深刻得多。據美國商人亨特回憶，伍秉鑑向來不苟言笑，但有一次卻破了例。

林則徐對夷館的封鎖解除後不久，顛地留駐廣州的副手、寶順洋行經理英格李斯去拜訪伍秉鑑，告訴後者，大批英國軍隊正在撲向中國沿海，而且其目的地不是廣州，而是北京。

伍秉鑑回答，迄今為止還沒有外國人能夠在不遵守中國禮儀的情況下，進京見天子。英格李斯強硬地聲稱，這次我們不僅要進北京，而且還一定要見到天子才甘休。

伍秉鑑隨口回答：「如果英國人去北京，那天子就會去陝西。」（按：原譯翻譯作「山西」，顯然是錯誤的）全場外國商人聞言大笑，以為這是伍秉鑑說過的第一個笑話。

後來的歷史證明，伍秉鑑這次也沒說笑話。在外貿市場上半個多世紀的歷練，使他早已預見到了天朝的崩潰。

第八章

天朝的崩潰：鴉片戰爭與廣東十三行的解散

西元一八三九年九月四日，「中國三千年未有之大變局」以令炎黃子孫猝不及防的方式掀開了帷幕。當年八月，應英國駐華商務監督義律的緊急請求，他的表兄、英國駐印度總督奧克蘭勳爵，派遣載炮二十八門的戰艦「窩拉疑」號和載炮二十門的戰艦「海阿新」號，撲向廣東海面，開始武裝挑釁。

九月四日，「窩拉疑」號因購買食物和淡水遇阻，向九龍半島的清軍水師開炮，鴉片戰爭爆發。奧克蘭勳爵聞訊，立即從印度和南非增調海陸軍，全面進攻中國。

兩國中央政府對戰爭的反應遲緩得多：西元一八三九年十月一日，英國內閣會議補辦了批准奧克蘭勳爵派遣印度海軍進攻中國的手續；一八四〇年四月七日和八日，英國上、下議院在經過激烈的辯論之後，以微弱多數批准對華宣戰；道光皇帝更是直到一八四一年一月二十七日才「通諭中外」，向英國宣戰，此時英軍已經攻佔舟山群島、沙角、大角等多地。

不宣而戰，先開打然後再宣戰，在殖民時代是司空見慣的事。在鴉片戰爭的八十多年前，英國直到征服了整個孟加拉行省，也沒有向蒙兀兒帝國宣戰過，倫敦的紳士們當時一定是太忙了。

研究鴉片戰爭，就不能忽視廣東十三行，因為它是鴉片戰爭的核心因素，這場戰爭因它而起，也將以它的毀滅告終。九龍半島的隆隆炮聲，迅速傳到了家居廣州河南島的世界首富伍秉鑑耳中，據說他當即被嚇得從椅子上摔了下來，久久說不出一句話。

戰爭需要財富做後盾，戰爭又是財富的天敵。廣東十三行曾經主宰全球市場上百年，以和平方式改變了世界多國的國運，製造出一位又一位的世界首富。但他們即便擁有金山銀海，在赤裸裸的暴力面前，也只有接受任人宰割的命運。伍秉鑑深知，和平創造財富，戰爭毀滅財富，如今九龍海面的炮火，預示著廣東十三行的末日降臨，這正是他的恐懼之處。

商人懼怕戰爭本是常情，可是在西元一八四〇年前後，清朝社會上卻有傳言，說鴉片戰爭是廣東十三行商人蓄意挑動的。這一驚天陰謀論的始作俑者，正是林則徐的重要顧問包世臣。

包世臣究竟何許人也？與清朝中葉的多數名士一樣，包世臣出生於知識份子家庭，但他的許多親戚都是安徽鹽商，因此他自幼熟悉商業，熱衷「言利」。隨著清朝鹽業的發展，包氏家族逐漸和其他鹽商家族一樣，遷徙到清朝鹽業的中心：長江與大運河交匯處的揚州。

包家是清代中期「商而優則學，學而優則仕」的典範，包世臣年輕時，便隨父親到長江對面學術氛圍更好的南京（當時叫「江寧」或「白門」）讀書。因為經濟知識，包世臣經常為清朝官員提供經濟方面的諮詢服務，逐漸蜚聲天下，被視為中國當時最負盛名的思想家、經濟學家和戰略家。

早在西元一八二〇年寫作的《庚辰雜著》中，包世臣就指出，英國人「屢次驕蹇，皆洋商（廣東十三行商人）嗾之，而邊鎮文武和之……反張夷威以恫喝中外」。他建議，「但絕夷船，即自拔本塞源，應當『裁撤各海關』，但並不斷絕外貿，而是派『商人攜不禁貨物，赴彼回市』」，讓中國商人直接到外國去做生意，而禁止外國商人踏上中國土地。

他認為這樣一來，「關撤則洋商（廣東十三行商人）罷，夷目（外國官員）無漢奸為謀主，自必馴貼。」

由此可知，至遲到西元一八二〇年，大清「意見領袖」包世臣就已認定，廣東十三行商人大都是挾洋自重的漢奸，對清朝害多益少甚至是引狼入室，所以應該把廣東十三行與粵海關一併取締，鼓勵中國商人出國做生意。然而，捨不得「天子南庫」的大清朝廷，不願意採納這一建議。

西元一八二五年，包世臣應兩廣總督兼粵海關監督阮元之邀，前往廣州擔任其幕僚。動身前，他在阮元屬下蕭令裕的來信中得知，英國剛剛奪取了離廣東不遠的新埔（新加坡），當地已有大批廣東、福建移民聚居。

蕭令裕據此預言：「十年之後，患必中於江浙，恐前明倭患，複見今日！」❶這一警示不僅堅定了包世臣的信念，而且將他的目光從國內，引向了南洋的新加坡。次年，他抵達廣州，聽當地人說，西元一八〇八年英軍強佔澳門，攻入珠江口的惡性事件「係洋行（廣東十三行）召海盜為之」。此後英國使團攜國書來訪，要求兩廣總督親自接受，總督認為這是對自己的侮辱，派廣州知府去收取國書。廣州知府抵達碼頭時，英國大使出艙迎接，碼頭上的民眾一見譁然，高喊說，這位「英國大使」其實是十三行的一名「爛崽」（粵語「小流氓」的意思）。

包世臣據此得出結論：英國的「歷屆恫喝，皆洋行（廣東十三行）所以固壟斷鴉片之局。果爾，雖必有事，不足患矣。所慮者，或有失職無行之人廁其中，如汪直、徐海者耳」。

擔心反清武裝，會像明末的汪直、徐海把中國海盜組織成「倭寇」那樣，借英軍的名義騷擾沿海。西元一八二八年，包世臣發現英國對中國的威脅比原先判斷得大，他在給廣東按察使姚亮甫的信中指出：「新埔客民（新加坡的客家人）雖降服英夷，並未改從服色，是到各關之鳥船，未必無新埔客民在其中，以分散煙土於各省，而交結其匪民。」

「英夷雖未至江浙，其黨羽實已鉤盤牢固。再閱數年，銀長無已，公私更行困憊，不得不籌塞漏卮。漏卮之塞，必在厲禁煙土；煙禁真行，則閩粵之富人失業，而洋商（廣東十三行商人）

尤不便此，勢必慫恿英夷出頭恫喝。又聞粵中水師，皆食土規，一旦有事，情必外向。」

因此，他建議發動一場新加坡遠征，將新加坡華人全部「徙之內地，仍封前禁」，否則，「十數年後，雖求如目前之苟安而不能，必至以憂患貽君父！」❷

在這些寫於十九世紀八〇年代末的信件中，包世臣預言，如果不及早採取反制措施，十幾年後，鴉片氾濫必然導致白銀枯竭，白銀枯竭，必然迫使清政府嚴禁鴉片，嚴禁鴉片，必然遭到壟斷鴉片走私的廣東十三行的激烈反對，廣東十三行的反對方式，必然是唆使英軍入侵中國。

英國征服新加坡之後，與大批海外華人合作，這些海外華人與華南漢人沒有區別，可以很容易地深入中國內地，為英方提供情報和鴉片銷售管道。加之廣東水軍嚴重腐敗，普遍參與鴉片貿易並以此為主要收入來源，必然不會積極抵抗英軍入侵。

在海外華人與廣東水師的裡應外合之下，英軍入侵必然取勝，大清帝國必敗無疑，道光皇帝肯定要為此寢食難安。應該說，包世臣在這個問題上思路清晰，分析透徹、預言精準，無怪乎他能夠以「通才」的盛名享譽海內，「每出一文，世人爭相傳閱」了。

包世臣之所以能對鴉片戰爭有這樣精準的預言，是因為他懂經濟、熟悉國情。他提出的「廣東十三行商人壟斷鴉片貿易」和「唆使英軍入侵中國」兩項指控，在當時的清朝知識界深入人心，給廣東十三行造成了極壞的社會影響。那麼，包世臣對廣東十三行的這兩項指控能夠成立嗎？

不難發現，包世臣做出這些指控所基於的幾條主要證據，例如廣東十三行在西元一八〇八年「召海盜」侵佔澳門、深入珠江，以及此後訪華的英國大使原為廣東十三行「爛崽」等，全不是事實。

前文已述，英軍在西元一八〇八年侵佔澳門與廣東十三行沒有任何關係，是英國政府應對拿破崙入侵葡萄牙而採取的反制措施。後來訪華的英國大使阿美士德，更是純正的英國本土人，此前從未來過中國，更不可能是廣東十三行的「爛崽」。所以，並沒有證據表明，廣東十三行商人曾經唆使英軍入侵中國，或主動邀請英國政府向清政府施加外交壓力。

至於廣東十三行商人壟斷鴉片貿易，也屬誇大其詞。從外國相關檔案來看，外國鴉片販子的主要交易夥伴，並不是在清政府登記註冊的十三行商人，而是數不清的行外商人，他們隱匿的身分便於從事靈活機動的鴉片走私活動。

如此說來，包世臣對廣東十三行商人的兩項主要指控缺乏真實證據，看來都不能成立。這就可以解釋為什麼伍秉鑑在聽到鴉片戰爭爆發的消息時，會嚇得從椅子上摔下來！這不是他想要的戰爭。

伍秉鑑及其代表的廣東十三行，不僅沒有像包世臣斷言的那樣，唆使英軍入侵中國，反而是花了很多人力和財力阻止戰爭爆發。早在林則徐抵達廣州之前，伍紹榮就力勸旗昌洋行「洗手不再做鴉片生意」；林則徐抵達廣州之後，伍紹榮又自費向旗昌洋行買下庫存的鴉片，交給林則徐；林則徐派兵包圍夷館前後，廣東十三行商人不斷在中英雙方之間斡旋接濟；為了虎門銷煙的成功，十三行商人們，又無償給了林則徐大批茶葉和船隻。

十三行商人們所有這些不惜血本的活動，都是為了緩和中英雙邊關係，解決雙邊矛盾，以恢復貿易秩序。

從私人關係上看，廣東十三行總商伍秉鑑父子也沒有勾結英軍入侵的嫌疑。幾十年來，伍秉

影響清朝百年國勢的外交事件：虎門銷煙

虎門銷煙以後，廣州城內的鴉片零售價格並未受到抑制，反而又暴漲了約一倍。

鑑一直在提防英國人，雖然以誠實可靠的態度與英國東印度公司做生意，但他把更多力量放在扶持旗昌洋行等美國企業上，使美國商人搶走了英國商人很大一塊市場份額，令英國東印度公司對他相當不滿。

若非廣東十三行在茶葉貿易上無法令英國感到滿意，英國恐怕根本不會花費大力氣，打第一次英緬戰爭、征服阿薩姆，並在當地推廣茶葉種植了。阿薩姆茶葉種植的成功及阿薩姆公司的成立，將英國從茶葉進口國變成了茶葉出口國，促使英國轉而與清政府對抗，並試圖通過戰爭迫使清政府取締廣東十三行：阿薩姆公司在國際茶葉市場上最大的競爭對手。

所以，伍秉鑑父子等廣東十三行商人，是英國侵華戰爭的主要受害者，他們主觀上不存在勾引英軍侵華以謀利的動機。可是，包世臣的觀點在當時影響太大，清朝君臣都認為廣東十三行商人是英軍侵華的重要策劃者，因此在鴉片戰爭前後，都不信任廣東十三行。

在廣東十三行的大力協助下，林則徐以和平手段迫使外國鴉片販子交出了兩萬多箱鴉片。他原先計畫把這些鴉片全部送往北京，但道光皇帝認為運費太高，且容易在運輸過程中發生事故，故而命他就地將這些鴉片全部解決。就在一千六百四十箱茶葉在廣州碼頭被雨水淋壞後不久，在林則徐、鄧廷楨和豫堃等廣東官員的監督下，共一萬九千一百七十六箱，另餘兩千一百一十九袋鴉片，在虎門河灘上被銷毀。

英方原以為林則徐會將鴉片賣掉，不料他竟然全部銷毀，英國議會以林則徐「搶走」英國商品為理由發動的戰爭，因而沒能佔據道德高地，反而遭到世界各國人士批判。

林則徐深知廣州繳煙和虎門銷煙沒有、也不可能一舉解決華南的鴉片走私問題。他在繳煙過程中發現：「臣等前於收繳煙土冊時，逐箱撿出夷票（鴉片提貨單），交洋商（廣東十三行商人）譯出漢文，始知其按年按月計箱編號，竟有一月之內裝至一萬二千數百箱者。是牽算夷地一年所發，不下十餘萬箱。雖其售於他國者亦在此數之內，而中國總居大半。」❸

就在虎門銷煙期間，澳門葡萄牙當局在一艘小船上查獲了八箱鴉片，鴉片的主人，是英國商人因義士。此君曾因火燒粵海關而聲名大噪，西元一八三八年因走私鴉片被鄧廷楨驅逐回國，但仍滯留在澳門，可見鴉片貿易並未因虎門銷煙完全停止。

客觀地講，在當時全世界只有中國一個國家禁止鴉片貿易的情況下，林則徐想要在不斷絕對外貿易的前提下，徹底根除中國市場上的鴉片，是無法做到的。

在市場上，林則徐的禁煙行動導致廣東沿海的鴉片批發價格顯著下跌，帶動印度的鴉片出口價格跟著下跌了約三分之一，促使義律命令商人們交出愈來愈不值錢的鴉片。但是出乎義律意料的是在虎門銷煙以後，廣州城內的鴉片零售價格，又暴漲了約一倍，每箱孟加拉鴉片的零售價，甚至從此前的五百銀圓漲到三千銀圓，這使得鴉片走私變得比以前更加有利可圖。

在此背景下，各種投機行為層出不窮。一個美國鴉片販子帶著二十箱鴉片從廣東逃回新加坡，逢人就說鴉片在中國賣不掉了。當新加坡市場的鴉片價格暴跌時，他立即以每箱兩百五十銀圓的價格收購了七百箱鴉片拉到浙江、福建等地出售，結果很暢銷，一箱最高賣了兩千六百銀圓，在極短時間內賺了不少錢。不過，與另一群神秘的商人相比，他的成就只能算是小巫見大巫了。

按照《澳門月報》等英文報刊的記載，虎門銷煙之後，義律應林則徐的要求，命令退回澳門、香港島等地的鴉片船駛離中國，從此「主要的代理商不再住在中國」，而是轉移到新加坡、檳榔嶼和馬尼拉等地。

當年秋天，大批中國鴉片走私者坐船遠赴東南亞提貨，再拉回中國出售，「沿海一帶從事這種非法交易的船隻，為數之多，堪與以前任何時期相比較，甚至還要多些」。

義律向倫敦當局報告說：「在福建的幾個地區，林欽差採取的措施，已經促成中國走私商組織起一個可怕的集團，政府官員竟不加以干涉……就在我寫這篇報告的時候，鴉片交易正在廣州以東約兩百英里的幾個地方，極其活躍地進行。」看來，除了林則徐等少數幾人之外，廣東官員沒有對緝拿鴉片走私真正感興趣的，除非他們可以為此獲得豐厚的回報。這畢竟是一件有可能要搭上自己性命的危險差事。

虎門銷煙之後，林則徐想趁熱打鐵，多次頒佈告示，呼籲廣東、廣西民眾向遵旨繳煙的外國鴉片販子學習，交出自己家裡的鴉片和鴉片煙槍，然而效果非常差。林則徐只好搬出黃爵滋的《請嚴塞漏卮以培國本折》，威脅要將不交鴉片的癮君子都處死，可是隨著鴉片貿易重新紅火起來，愈來愈沒人信他的話。

鴉片走私的再度繁榮，導致廣州的鴉片銷售量節節攀升，年底，零售價格從四月初的每箱三千銀圓跌到每箱七百銀圓，與林則徐抵達廣州前每箱五百銀圓的價格相差無幾。至此，林則徐的廣東禁煙運動實際上已經宣告失敗。

林則徐禁煙失敗的主要原因，是他忽略了以新加坡為中心的東南亞鴉片市場。以孟加拉鴉片（公班土）為例，在西元一八三八到一八三九年貿易季，有一萬四千四百九十九箱賣到中國，三千七百二十二箱賣到東南亞；而林則徐抵達廣州後的一八三九到一八四〇年貿易季，有

拓印流傳的天地會告示

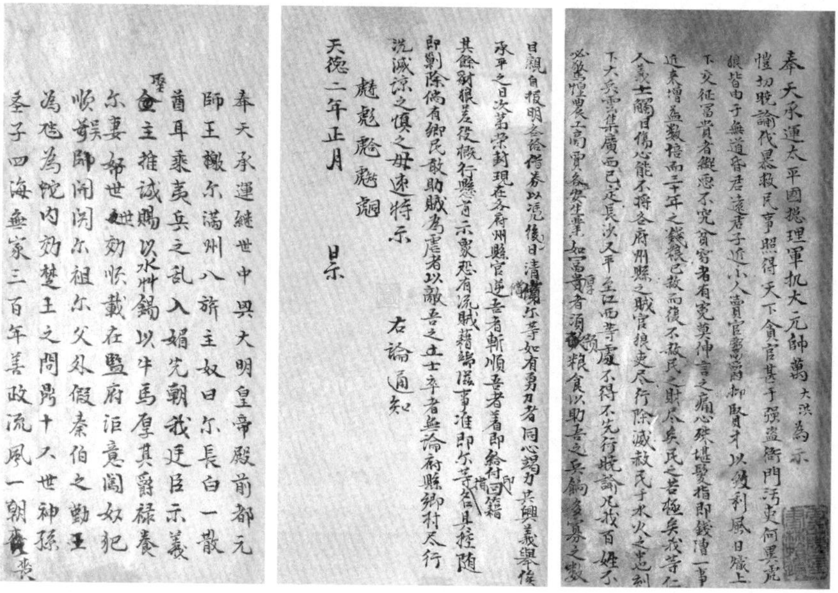

現存於清朝文史檔案中的起義告示。

三千七百五十五箱賣到中國，一萬四千七百五十五箱賣到東南亞，兩個市場的貿易量完全顛倒了過來。結果，林則徐禁煙並沒有給印度的鴉片出口商帶來嚴重損失。其居民的鴉片消費量當然不可能在一年之內就增長五倍，東南亞鴉片市場表現出如此大的彈性，肯定是因為其商人逢低吸納的投機行為。

當時，具有如此強大購買力的東南亞商人只有「包稅人」。如上文所述，十九世紀東南亞的包稅人，幾乎全部是華人，而華人一向是鴉片消費的主力軍，東南亞華人與其在廣東、福建的親友，有著千絲萬縷的聯繫。在林則徐禁煙期間，他們以很低的價格在東南亞囤積鴉片，一旦鴉片市場轉好，就托親友運到華南去高價出售，新加坡就這樣繁榮了起來。與這些東南亞包稅人關係最密切的中國商人，自然非廣東十三行莫屬。

在十九世紀的東南亞，有華人的地方往往就有鴉片，同時還一定存在天地會成員。很多天地會成員以鴉片貿易為生，並不害怕清政府的禁令，因為他們早已觸犯死罪。上文中多次提到，天地會的宗旨是反清復明，一直致力於推翻清朝統治，重建漢族政權，而廣東十三行的主要商人如潘家、伍家等，又與天地會保持著特別的關係，甚至本身就是天地會的成員。天地會組織將東南亞華人和十三行商人牢牢地拴在了一起，這個聯盟的財力，是世界上任何財團都難以望其項背的。

在國內外華人資本的夾擊下，林則徐的禁煙成果迅速消逝了。❹那麼，天地會對英國向清朝發動鴉片戰爭一事是什麼態度呢？

既然天地會是清朝的死敵，又擁有大量海外關係，那麼肯定樂意看到外國向清朝開戰，這也是兩百年前南明朝廷的一貫思路。廣東十三行商人們，雖然並不願意看到鴉片戰爭毀掉自己的生意，但作為天地會成員或特別關係人，他們對於鴉片戰爭恐怕也並非完全抵觸。

顯而易見，一旦難以戰勝的清軍被英軍擊敗，反清復明的天賜良機就會到來，天地會絕不應該錯過這一千載難逢的良機。

侵華英軍中的華人部隊，是一個很少有學者涉足的題目，即便涉足，也僅僅是感嘆：「在鴉片戰爭史的研究中，使我最為困惑的就是『漢奸』說，幾乎沒有一位前敵主帥不是大談漢奸問題，並稱漢奸參戰。而英方文獻對此極少記錄，至多不過是雇中國人充當苦力，從事運輸。這個問題的真解決，仍有待於智者高手。」[5]

從清朝文檔來看，確實有大批為英國效力的「漢奸」在鴉片戰爭期間被抓獲，以至於清朝前線總指揮、揚威將軍奕經，在西元一八四二年年初的奏摺中驚呼：浙江東部「人情險惡，半係漢奸！」英國政府更是在《南京條約》第九款中，明確要求清政府赦免「漢奸」，可見英方對這些人的重視程度非同一般。

此外，鴉片戰爭初期，清方對英軍的規模估計較為準確，西元一八四〇年七月三日的第一次定海之戰時，說英軍有「四、五千人」（英國檔案稱約三千人），一八四一年一月七日的沙角、大角之戰說英軍有「二、三千人」（英國檔案稱約兩千人），可是到了一八四一年九月二十六日的第二次定海之戰時，說英軍「數盈巨萬」（超過一萬人），還有兩萬人甚至三萬人的記載（英國檔案稱約五千人），一八四二年八月英軍兵臨南京城下時，更是多達「十餘萬」（英國檔案稱約一萬人）。

顯然，清朝官員起初有能力準確計算敵軍的規模，但為何到了戰爭後期，他們眼中的英軍規模，卻像吹氣球一樣膨脹起來了呢？如果說鴉片戰爭前期的清朝官員都誠實，後期的清朝官員都說謊，恐怕是難以服人的。

對這些悖論的唯一合理解釋是：英軍的規模確實在鴉片戰爭期間不斷膨脹，有大批華人陸續加入英軍、攻擊清軍，但英國檔案並不將他們計入英國正規軍。隨著英軍不斷取得勝利，這些「漢奸」的數量也愈來愈多，清朝官員稱其核心為「閩粵亡命」或「紅毛義勇」，很可能主要是新加坡等地的海外華人，和閩粵等地的天地會成員。

作為終身致力於「反清復明」的天地會成員，他們為了推翻清朝統治不惜任何手段，包括在米字旗下作戰。英方檔案也記載，英軍出動時，總有大批中國船隻隨行，它們多數都從事鴉片走私，其船員顯然不是沒有戰鬥力的安分順民，而是「炮械具備」，組織嚴密，敢於同清朝正規軍較量的武裝人員。

既然天地會等反清組織大力支持英國對清朝發動鴉片戰爭，那麼，身為天地會成員或特別關係人的廣東十三行主要商人們，對鴉片戰爭的態度，就很令人玩味了。作為商人，他們肯定反對這場戰爭；但作為天地會成員或特別關係人，他們卻被組織要求支援這場戰爭。

兩派的立場高度對立，難以融合，這就決定了廣東十三行商人們在鴉片戰爭中的態度反復無常，並因此導致這場戰爭走上了一條異常古怪的道路。

林則徐抵達廣州之初，與廣東十三行商人們的關係相當惡劣。受包世臣等人的言論影響，他視廣東十三行商人為漢奸，處處提防。但是隨著以繳煙為主的涉外交涉，在廣東十三行商人的推動下順利進行，他與十三行商人的關係有了很大改善，雙方在公開和私下場合的交往都日益密切，虎門銷煙結束後，更是達到蜜月期。

此時，林則徐對廣東的局面極有信心，對在此長期工作表現出極大的興趣，以至於當他被委任為兩江總督時，竟托故不去赴任，道光皇帝只得無奈地正式任命他為兩廣總督。

在林則徐的授意之下，廣東當局放寬了外貿限制，受到美國等國商人的歡迎，廣州的生意因此一度繁榮起來，使廣東十三行商人獲利豐厚（怡和行甚至還派了三條船去印度收購棉花），直到英國軍艦封鎖珠江口。當然，林則徐對廣東十三行商人的友好態度，建立在他不瞭解對方的天地會秘密成員身分的前提下。

林則徐其實對天地會並不陌生，他是靠鎮壓天地會發跡的，天地會領袖、伍秉鑑的朋友張保仔，就是被他氣死的。可想而知，幾十年來天地會一直伺機報復他，而他也對天地會保持著高度警惕。

然而，抵達廣東以後，他卻對天地會隻字不提。其實，無論是他經常召見的廣東十三行商人，還是他幾乎天天都離不開的四位翻譯，甚至他麾下的官員兵丁中，肯定有不少天地會成員。看來，林則徐被身邊的天地會成員迷惑了：他正在走向陷阱，卻自以為正奔向光明；他希望「睜眼看世界」，看到的卻是一個被嚴重歪曲的世界。

僅以翻譯為例，他獲得的譯文中存在大量錯譯和漏譯，導致他誤判了迫在眉睫的戰爭性質及規模，而且他寫給外國人的文件中，也被譯得極具挑釁意味，全無其原文的諄諄善誘之風。

例如《諭各國夷人呈繳煙土稿》中的「本大臣家居閩海，於外夷一切伎倆，早皆深悉其詳，是以特蒙大皇帝頒給平定外域、屢次立功之欽差大臣關防，前來查辦」，竟被譯為「本欽差大臣對野蠻人非常瞭解，在福建邊境曾經多次殲滅過入侵的野蠻人，因此現在被皇帝派來收拾你們……」無怪乎鴉片販子，可以拿著這些文件向英國議會理直氣壯地宣稱，林欽差已經向英國宣戰了！許多基於英文資料的鴉片戰爭著作，也因此得出荒謬的結論，鴉片戰爭是林則徐首先發起的！

對身邊的天地會成員，林則徐倒也並非完全沒有警惕。他很快察覺，翻譯存在比較嚴重的問題，因此多方尋找翻譯，甚至以五十五歲的高齡親自學英語，並多方結識對華友好的外國人。

在九龍之戰爆發前三個月，他聽說美國醫生伯駕在廣州聞名遐邇，不僅醫術高明，而且為人正派，一貫反對鴉片貿易，便派人去找伯駕。伯駕隨後給林則徐寫了一篇很長的報告。

林則徐讀了很高興，答應將親自與伯駕會談。這一消息，當然立即傳到了伍秉鑑耳中，他非常警覺，立即去博愛醫院找伯駕。

伯駕看到房東來了，連忙起身迎接。不料伍秉鑑一反常態，用嚴厲的口吻對他說：「貿易你不懂，鴉片你也不懂，請勿和林欽差談論這些事情……你要把談話內容限於醫學方面，或諸如外國風俗之類與政治無關的話題。」[6]

很明顯，伍秉鑑對林則徐有強烈的控制欲，不希望林則徐和敏感人物進行內容可能對自己不利的交流。

伯駕並未聽從伍秉鑑的告誡。八月份的一天，變裝的的林則徐帶著助手李致祥來到博愛醫院，與伯駕重點討論了鴉片問題。林則徐坦承，自己在監督大批癮君子戒毒時遭到很多困難，廣州的鴉片黑市仍然活躍，希望伯駕能夠提供戒毒的藥方。

伯駕表示，只有飲用稀釋的鴉片水，才能真正緩解鴉片吸食者的毒癮，這當然無法令他滿意。不久，隨著中英關係的惡化，林則徐的工作重心，從戒毒轉向國際法，於是委託伯駕給自己翻譯《滑達爾各國律例》一書。沒想到，伯駕雖然在廣東多年，粵語已經很流利，但是中文基礎很差，翻譯出的句子大多不知所云。

林則徐只得委託袁德輝重譯，而袁德輝不老實，很少看英文原著，僅將伯駕的漢譯本進行修改，使文句流暢而已，內容多與原文不符，並沒有幫上林則徐很多忙。儘管合作得並不順利，林則徐還是請伯駕為自己看疝氣病，又委託他翻譯自己給英國女王寫的信，並請英國醫生喜爾修訂文字。7

林則徐與伯駕的幾次往來，都受到伍秉鑑的監控，可想而知，林則徐的其他行動也不能避免同樣的命運。林則徐在廣東待的時間愈久，伍秉鑑父子對他的控制能力就愈強，他無論怎樣掙扎都難以擺脫。在這種情況下，他的廣東之行已經註定難以善始善終。

隨著大大小小的武裝衝突，中英關係逐漸破裂，西元一八四〇年一月五日，林則徐奉失去耐心的道光皇帝旨意，宣佈斷絕與英國的一切貿易。這並不是清朝當局第一次停止與英國的貿易，以往幾次停止貿易後，英國都很快服軟了，這次道光皇帝也豪邁地表示：「區區稅銀，何足計論？」

清政府屢次宣稱，中國地大物博，無所不有，不需要開展外貿以通有無，而外國人則一日不可無中國的茶葉、大黃等特產，所以在廣州進行外貿，是對外國人的「恩賜」。事實上，早在乾隆年間，外國商品就已經遍佈中國各省份，成為富貴人家不可或缺的日常用品，被視作身分的象徵，以至於包世臣驚呼：「江浙各省市易，皆以洋錢起算，至壓寶銀加水（原值零點七二兩白銀的外國銀圓，在中國市場上被炒到一兩白銀以上）。凡物之精好貴重者皆加洋稱。江淮之間見禍事將起，輒雲要『鬧西』。凡此兆朕，大為可慮！」8

既然清朝社會早已無法擺脫外國商品，停止貿易似乎就是一把傷人亦傷己的雙刃劍，不到萬不得已，根本不宜使用。但是，清政府每次停止貿易都僅僅針對一個國家（主要是屢屢挑釁的英國），外國商品仍可透過其他國家進口。斷了英國的貿易，自有美國、瑞典、法國、荷蘭、葡萄牙、西班牙等國主動來填補其市場空缺，所以清政府停止貿易的成本很低。

林則徐、豫堃等人在奏摺中安慰道光皇帝：「每年例貢呢羽、鐘錶等件，並不取資英夷。」但是，這一招在西元一八四〇年不好使了，因為英國已經大兵壓境，要封鎖珠江口，禁止一切國家與中國做生意，並禁止中國船隻出海，登時讓中國陷入經濟危機。

別的地區不說，廣東省地少人多，號稱七漁三耕，糧食不能自給，自古依賴從泰國、菲律賓等國進口大米，現在南洋大米不能進口，廣東立即陷入糧食短缺的窘境；漁民無法出海，建築業和手工業缺少必需的南洋木材和其他外國原材料，等於集體失業，不久便造成社會動盪。在這種情況下，戰爭的爆發反而被許多人視為一種解脫。

西元一八四〇年六月二十一日，義律的表兄印度總督奧克蘭勳爵麾下的海軍司令伯麥，率領印度海軍抵達珠江口。一個星期後，義律堂兄英國遠征軍總司令懿律，也率領非洲方面軍抵達珠江口。按照英國外相巴麥尊的計畫，他們留了一小支艦隊封鎖珠江口，大部分軍隊北上，準備首先攻取英國覬覦已久的舟山群島，爾後攻擊天津，最後直搗北京，迫使道光皇帝投降。

七月五日，英國遠征軍在開火九分鐘之後，便佔領了舟山群島首府定海縣城。林則徐聞訊後，立即調兩千名精兵馳援澳門城北的關閘炮台，並請求廣東十三行商人及鹽商出資，招募了五千名水勇（民兵），於八月十九日在獅子洋舉行大規模軍事演習。

可是就在同日，三百八十名留駐廣東的英軍突襲關閘炮台，兩千多名清軍一敗塗地，多位將領受傷，澳門半島遂被英方控制。林則徐聞訊後極度震驚，決定暫不上奏，英軍撤離關閘炮台後多日，才報告道光皇帝，自己在關閘炮台擊退了英軍入侵。9

定海之戰與關閘之戰的失敗，說明清朝在鴉片戰爭中前景堪憂，但由於前線官員奏摺的不真實性，使道光皇帝誤以為英軍戰鬥力其實不強，清軍在定海的失敗，完全是因為疏忽和戰術失誤，關閘之戰則取得了勝利。

他懲辦了浙江的當事官員，並向浙江派出援軍，決心將入侵者殺個「片帆不返」。可他萬沒想到，幾天之後，侵略者就出現在了他的家門口。

八月十一日，英國艦隊抵達天津大沽口。奉旨緊急趕赴前線的直隸總督琦善發現，由於自古沒有來自海上的入侵，天津實際上毫無防備，駐軍「僅止八百餘名，除看守倉庫、監獄、城池暨各項差使外，約止六百餘名」，大沽營守軍不過數十人，而且缺乏訓練，火炮「存儲多年，不堪應用」，天津全部守軍的火力總和，還不如英軍一艘軍艦。

琦善只好連夜從保定等地調兵兩千人來援，但遠不濟急，抵達尚需時日；張貼招募兵勇的告示，天津百姓「又皆畏懾不前」，令琦善極為失望。

琦善雖然隸籍滿八旗，卻是成吉思汗的直系後裔，其祖先在孛兒只斤（博爾濟吉特）家族中

英軍將領要求定海官員投降

定海之戰與關閘之戰的失敗，說明清朝在鴉片戰爭中前景堪憂。

率先投靠後金，因此被努爾哈赤授予殊賞，享受滿洲貴族待遇。作為黃金家族的子孫，他盡管此前沒有指揮過大型戰爭，對軍事卻比一般人熟悉許多。

他很快做出判斷，即便援軍趕到，也難以戰勝眼前的英軍。後來，他對多名官員說：「英夷強橫，非中國所能敵……此次若非設法善退，夷船早已直抵通州！」[10]

通州位於天津西北，是北京的東大門，也是京杭大運河的終點。一旦通州陷落，即便英軍不西攻北京，北京也會因失去來自大運河的物資補給，而淪為一座死城。滿蒙貴族深知，北京的安危有關自己的核心利益，一旦北京城牆被英軍火炮轟開，就意味著清朝的終結和自己家族的毀滅。與這相比，南方邊疆發生的任何事都無足掛齒。

與廣東到北京的一個多月漫長旅途不同，琦善的報告，在一天之內就從天津傳到了北京，引發了朝廷的強烈反響。多數漢族官員認為琦善「將蠢爾小夷，視為勁敵」，過於誇張，不值得相信；滿蒙官員的想法則要現實得多，道光皇帝自然傾向於後者。

他很清楚為了自己頭上的皇冠，必須儘量避免在天津開戰。在英國方面，外相巴麥尊子爵和印度總督奧克蘭勳爵，都指示懿律、義律兄弟，要對天津進行軍事打擊，以迫使清朝同意英方提出的各項條件。懿律、義律兄弟也按照他們的訓令，把軍隊開到了天津。但是，英軍受到瘟疫和氣候的打擊，而琦善又表現出頗為令義律意外的友善態度，使他們臨時放棄了進攻的打算，北京的陷落因此推遲了二十年。

二十年後的第二次鴉片戰爭，清朝鑑於歷史教訓，已經大大增強了天津的防務力量，但英軍也因有法軍和美軍的支持而實力大增，戰爭的結局，仍如琦善二十年前所料。

由於得到道光皇帝和琦善的口頭承諾（將懲辦林則徐，賠償英國損失，談判通商條約），英軍南下返回廣東，讓北京朝廷大大舒了一口氣。

道光皇帝對琦善的外交成果非常滿意，立即宣佈罷免林則徐，改任琦善為欽差大臣、兩廣總督，命他南下廣東與英方談判和約，並在朱批中得意揚揚地聲稱：「好在彼志圖通商，又稱訴冤，是我辦理得手之機。豈非片言隻語，遠勝十萬之師耶？」

當林則徐和代理兩江總督裕謙相繼上奏，說清軍在珠江口和上海崇明島擊敗了幾支小股英軍，還抓獲了數十名戰俘時，道光皇帝被這兩位大臣「罔顧大體」的好戰行為激怒，用朱批斥責林則徐「貪功啟釁，殺人滅口！」斥責裕謙「必是我軍先開槍炮！由來招釁興戎，汝輩有以誤之也！」活脫脫一副英國外交部發言人的口吻，令大臣們百口莫辯。⓫

在一派和平氣氛中，琦善歡快地南下廣州。與前任林則徐一樣，他這次也打算在廣東多待些日子，要知道，他此前從未到過華南，很想去開開眼界。所以，他不僅帶了許多隨從，還帶了一些家眷，其中就包括他美麗的女兒金玲。抵達廣州以後，他風聞當地畫師「啉呱二世」關喬昌的技藝了得，便委託他給自己的千金畫一幅肖像。

關喬昌受寵若驚，自然表現得非常賣力，不負琦善的厚望完成了這幅清代廣州油畫的代表作：現存香港博物館的《金玲像》。與平民百姓一樣，琦善也希望家人享有安定、舒適、時髦的生活，當然，前提是他得與英方達成停戰和約。

這對於刑部出身、熟悉卷宗、號稱「白面包龍圖」⓬，而且曾經在天津有過成功交涉經驗的琦善而言，似乎不成問題。至少，他自己是這麼認為的，道光皇帝也是這麼認為的。

〈金玲像〉關喬昌畫筆下的官千金

該畫像現存於香港博物館中，充分展現出當時風靡廣州的畫師「啉呱二世」，關喬昌的美術工藝。

可是，英軍南返廣東，違背了巴麥尊和奧克蘭的訓令。義律置英國外交部擬定的十條和約文本於不顧，在給表兄奧克蘭勳爵的信件中提議：「我心目中的條約應該不超過二項條款：一是割讓香港，並允許各國商人和船舶自由前往該島；二是許給我們以商業和其他方面的權益，包括以後許給其他國家的任何權益。」

他又補充說：「中國政府（他的談判對手琦善）已堅定表態，香港島不能割讓，但如果能省去正式割讓的外形，並做一項令我們滿足的領土佔用聲明（同明朝允許葡萄牙人定居澳門的條約類似），他就會欣然合作。」更有甚者，他完全反對英國政府廢除廣東十三行外貿壟斷權的要求：「我認為，明智的方法是不在合約中對公行及其制度作任何直接規定，而只是為（大清）帝國商人和船舶爭取到在我們的居留區（香港）開展貿易的許可，就可以使它（外貿壟斷權）在實際上逐漸消亡。」

「其實，行商還比目前的經紀人略好一些，在這樣一個原本可以自行解決而不影響其他條款的問題上，逼迫和激怒中國政府，是既沒有用處，也沒有好處的……同廣州政府和人民維持和平的外交關係，比同皇帝締結一項和約，對我們更加重要。」[13]

在計畫繼續從中國進口茶葉的英國合法商人看來，商業繁榮有賴於和氣生財，一旦全面開戰，必然結下血仇，再加以極具傷害性與侮辱性的條約，中英貿易的未來勢必將變得黯淡無光。

他們不想毀掉廣東十三行，因為十三行商人比中國其他商人更熟悉西方文化習俗，財力和貨源更充足，也更有信用。可是他們不知道，已經爆發的鴉片戰爭並不是一場英國政府宣稱的那樣，旨在打開中國市場、促成平等交往和自由貿易的正義戰爭（如果是這樣，外交抗議和軍事示威就足夠了），而是一場旨在摧毀中國經濟特別是摧毀中國茶葉產業，藉以幫助印度茶葉產業發展的邪惡戰爭，它強行打開中國市場的目的，也只是為了傾銷英國的鴉片、紡織品等多餘物資，以促進英國的經濟發展和就業。

巴麥尊和奧克蘭代表的英國政府利益，與義律代表的在華英國商人的利益，發生了尖銳的衝突。義律當然知道表兄奧克蘭勳爵扶持的阿薩姆公司，在印度東北部種植茶葉大獲成功的新聞，但這要嘛沒有引起他足夠的重視，要嘛是廣東貿易的豐厚利潤讓他難以割捨。他甚至不希望開放更多的中國港口，而希望把廣東的外貿市場吸引到香港英租界來。

琦善覺得這樣的和約可以接受，幾乎和義律談妥了，也就是琦善最終並未簽署、義律卻借此強行佔領香港島的《穿鼻草約》，但是英國政府卻完全不同意。外相巴麥尊子爵在致義律的公函中指出，琦善並未簽署也無權簽署割讓中國疆土的條約，因此《穿鼻草約》是沒有法律效力的，對香港島的佔領既非法又草率。

義律遭到英國政府的公開譴責，堂兄懿律也與他決裂，裝病回國；與此同時，琦善的和約草案也被認為英國「要求過甚」的道光皇帝駁回。義律與琦善這兩位竭力要避免戰爭擴大的人，最終不得不兵戎相見。

與前任林則徐相比，琦善的備戰工作廣受詬病。在內心深處，他從不相信清軍是英軍的對手，特別是當他視察了林則徐、鄧廷楨和關天培建造的虎門炮台群之後。

他發現，虎門各炮台樣式古舊，還是明朝防倭寇的結構，而且為了能較準確地擊中水上目標，都建在半山腰上，山頂毫無防禦，山後的兵營，也不過是草房和帳篷，顯然無法抵禦英軍的陸海軍夾擊，就如此前的關閘大戰一樣。

與英軍火炮相比，清軍火炮普遍炮體笨重，口徑卻很細，發射的炮彈太小，殺傷力極弱。原因是清朝兵部一直以炮體重量計算採購費用，炮體愈重，採購價愈貴，口徑和鑄造工藝被忽略，給腐敗分子留下了大量可乘之機。對這一不合理制度採取的任何改革嘗試，都會遭到既得利益集團的阻撓破壞，久而久之，就留給了琦善這麼一個金玉其外、敗絮其中的爛攤子。

比裝備落後更加致命的，是軍費匱乏。和林則徐一樣，琦善沒有從道光皇帝那裡獲得任何辦公經費，只能使用廣東已經消耗殆盡的府庫存銀，此外就是向商人募資。問題是，南粵首富廣東十三行根本不打算給琦善一兩銀子。

與所有廣州官員一樣，琦善雖然貴為侯爵、大學士、欽差大臣、兩廣總督，其政治前途，依然取決於他同廣東十三行的關係。沒有十三行的銀子，他在廣東官場也寸步難行。可是，他偏偏給自己選了一條不歸路。

早在南下廣東途中，琦善就表現出對廣東十三行深深的不信任。以往，所有廣州官員的翻譯

身重口小的清朝火炮

清軍的火炮炮台因笨重、口徑小等問題，十分不利於作戰。

都由廣東十三行提供，但是他打算另闢蹊徑。他從北京南下後，就一路尋找能說英語的人，結果在山東發現一個叫鮑鵬的，此人其實也來自廣東，家住號稱「中國買辦之鄉」的香山縣（今廣東省中山市）。鮑鵬出身買辦世家，自幼隨叔父鮑人瓊在廣州做外貿，雖然就在十三行街區工作，但並不受雇於十三行商人，而是直接受雇於英國商人顛地的寶順洋行。

受顛地的委託，鮑人瓊、鮑鵬叔侄長年走南闖北，替顛地在中國各地兜售鴉片。一次，鮑鵬在北上販毒時被人舉報，只得滯留在同鄉山東濰縣知縣招子庸處躲避風聲，沒想到因禍得福。不久，林則徐南下廣州禁煙，傳訊顛地未果，便下令緝拿顛地的中國雇員，於是鮑人瓊被逮捕，遠在山東的鮑鵬卻躲過一劫。

招子庸聽說朝廷已經將林則徐革職，新任欽差大臣琦善正在招募英語人才，以為鮑鵬翻身的機會來了，便向上司托渾布推薦了他。[14]

作為緝毒成果斐然的「白面包龍圖」，琦善當然調查過鮑鵬的背景，而鮑鵬也沒有隱瞞，他的身世在當時並不是秘密，在廣州衙門就有卷宗可查。令人費解的是，琦善最後還是決定對鮑鵬委以重任。究其原因，肯定不是因為鮑鵬的英語水準有多好：從英方檔案來看，鮑鵬的英語是典型的「廣東英語」，而且對政治、軍事詞彙所知甚少。

既然如此，與林則徐的四位翻譯袁德輝、亞孟、林阿適、梁進德相比，鮑鵬有什麼優勢或特點呢？只有一條：在琦善看來，袁德輝、亞孟、林阿適、梁進德是廣東十三行的人，而鮑鵬不是。

琦善對廣東十三行有著極強的戒心，在奏摺中，他說得很清楚：「奴才以廣東省城漢奸充斥，舉凡一言一動，罔不潛相窺伺，故未到省之先，即派委直隸守備張殿元、白含章，及由山東帶來通曉夷語之八品銜鮑鵬等三人，前往探詢夷人情形……」但琦善是個此前從沒到過華南的老北京，張殿元、白含章二人也都不懂華南方言，只能依賴鮑鵬打探廣東消息。

當時北京官場廣泛傳言：「夷人索償煙價，起於洋商（十三行商人），奴才（琦善）亦竊有所疑。」結果，鮑鵬的調查結果是：「查得洋商之尚屬小康者，僅兩三家，其號稱殷實者實止伍紹榮一家。且各洋商中，尚該夷人欠帳數百萬兩，故即今而論，猶且樂於打仗，冀圖賴欠，豈有私許給價之事？」⓯

從鮑鵬的報告中，琦善得知廣東十三行並不富裕，榨不出多少錢；更有甚者，廣東十三行商人還欠外國商人數百萬兩白銀的債務，所以都盼著中英趕緊開戰，以便以戰爭為理由賴掉巨額債務。「貪功啟釁，殺人滅口」的大帽子，就從林則徐頭上被摘下來，扣到十三行商人頭上去了。

於是乎，琦善更不想與十三行商人有任何接觸，他抵達廣州之後，一反林則徐等前任的態度，一個多月都沒有召見過十三行商人，雙方的關係始終停滯在冰點。十三行派人來報告英國消息，都遭到琦善的斥責：「我不似林總督，以天朝大吏，終日刺探外夷情事！」琦善持這種態度不是糊塗，而是高度懷疑來自十三行的消息真實性，寧願相信自己選擇的資訊管道。即便張殿元、白含章、鮑鵬三人缺乏外交能力，只能「照文傳話」，「治於人而不能治人」，他也不肯啟用十三行商人去談判。

琦善實在過於自負了，鮑鵬也不值他這般信任。在下令逮捕琦善時，道光皇帝便指出：「漢奸本自不少，又有鮑鵬往來，（義律）何消息不可得也？」而據英方檔案記載，早在南下廣州途中，鮑鵬就曾對英軍翻譯小馬禮遜說：「可以去談一談，我想沒人能解決這事，一定要讓那個皇帝哭！」16

正如道光皇帝懷疑得那樣，鮑鵬是一個「漢奸」，而且絕非普通的「漢奸」。他的故鄉香山毗鄰澳門，不僅盛產買辦還盛產反清革命領袖。與同鄉洪秀全和孫中山一樣，鮑鵬是一位反清志士，以推翻清朝統治為己任。

他對琦善說廣東十三行商人為了賴掉外債，希望挑起清朝與英國的戰爭；其實，真正想挑起的戰爭是他自己，以及他背後的反清復明組織：天地會。也就是說，無論是琦善信任的鮑鵬還是他厭惡的廣東十三行，都在為天地會工作，因此，擺在琦善面前的只有死路一條。

為了避免像林則徐那樣被天地會控制，琦善竭盡所能小心謹慎。可是到頭來，他還是無法如願以償。究其原因，當時負責辦理涉外事務的清朝官員們，根本沒有別的選擇。如果要辦理涉外事務，他們就必須聘用翻譯，而當時所有翻譯，幾乎都是立志反清複明的「漢奸」，這些「漢奸」遲早要將他們帶上不歸路。

作為反清志士，鮑鵬當然願意英軍摧毀清朝政權，這樣不僅能達到反清的目的，還能最大程度保存反清組織的力量。

鮑鵬雖然與義律達成了賠款六百萬銀圓的初步共識，琦善卻得知，「粵省洋商近多疲乏，所有酬給英夷洋銀六百萬元，勢不能不籍資商力，即不得不俯察商情」，所以只得不顧政治忌諱，建議吝嗇的道光皇帝動用府庫存銀，並提高海關稅率，以便與商人「量為分攤」，惹得道光皇帝大怒。17

其實，廣東十三行的財力遠超六百萬銀圓，僅伍秉鑑一家就可以承擔。如果琦善知道這一真相，他多半會私下裡要求廣東十三行獨自支付這筆賠款。

廣東十三行商人曾向林則徐表示「願以家資報效」，此時卻通過鮑鵬等人向琦善哭窮，原因無他，林則徐雖然與天地會有過節，但畢竟還是漢人，而且還是多數十三行商人的福建老鄉；琦善則完全不同，屬於天地會最憎恨的滿蒙貴族。面對英軍大兵壓境這一天賜良機，天地會要從肉體和名譽上徹底摧毀琦善，這樣才能達到其反清複明的終極目標。所以，他們願意為林則徐禁煙捐款，卻不打算給琦善一兩銀子。

西元一八四一年一月七日，與琦善長期談判無果的義律發兵攻佔沙角和大角炮台，一月二十六日，又以偽造的《穿鼻草約》為據，派兵強行佔領香港島。（按：此前，雖然英國武裝商船及反清武裝長期控制著香港島的部分地區，但英國正規軍並未登過該島）

受挫的琦善，對鮑鵬等人完全失去了信心，只得親自出馬與義律談判，希望勸說對方退出沙角，並將香港島大部分地區交還，僅保留今香港島西南端的香港仔（原香港）一隅「寄居」。二月十一日，雙方在虎門蛇頭灣會談時，絕望中的琦善，終於帶上了廣東十三行的代表：伍秉鑑、伍紹榮父子。但二人在整個談判過程中沒幫琦善任何忙。

琦善見談判毫無希望，只得藉口身體不適離場，約十天後再談。同日，廣東巡撫怡良在林則徐的勸說下，趁琦善不在廣州城之機上奏道光皇帝，說琦善私自將香港島割讓給英國。道光皇帝勃然大怒，下令逮捕琦善，押回北京受審。

道光皇帝下令逮捕琦善的聖旨尚未到達廣州，英軍就以琦善約定的十天談判期限已過為藉口，大舉進攻虎門。後來，虎門之敗成了琦善的一大罪狀，罪名是「弛備損威」，而且在戰鬥爆

談判無果的義律發兵，戰爭爆發

英軍在沙角和大角江面擊沉清軍戰船，英軍攻入虎門。

發前拒不援助關天培。

然而，這些指責解釋不了糟糕的戰鬥結局：僅僅一個白天，駐守虎門的萬餘名清軍便全線崩潰，關天培等幾百人戰死，一千餘人被俘、八千餘人逃跑；英軍卻僅有五人受傷，無人陣亡！更加不可思議的是，整個戰鬥過程中，義律一直瀟灑地坐在甲板上，不是在指揮戰鬥，而是在畫水彩風景。

要知道，在這塊戰場上，清軍有四百多門大炮和數千枝火槍，即便其中僅有百分之一能夠正常開火，也足以對義律形成致命威脅。顯然，義律清楚虎門的清軍根本就不會向自己開火。虎門的清軍不向英軍開火，甚至不許上司和戰友向英軍開火，在當時是一件廣為人知的事實。

早在虎門銷煙時，虎門清軍就拒絕遵照林則徐的命令，向英國鴉片船開火；虎門之戰後，包世臣便聽說「虎門水師將火藥給英夷，而以砂七成摻藥三成裝炮，以致失事」。後來，林則徐當面向包世臣證實確有此事，並解釋說，廣東水師的主要收入，來自英國人繳納的稅費，而不是清朝政府發放的薪水，所以根本無心抵抗英軍。[18]

琦善在戰前向虎門增調了三千一百五十名正規軍和五千八百名雇勇（民兵），以至於虎門炮台人滿為患，一些學者據此認為琦善已竭盡所能。[19]然而，正如林則徐私下承認的那樣，軍費是虎門之戰中的關鍵因素。

在戰鬥開始前幾天，虎門守軍便開始嘩變、拒絕登上炮台，「觀望不行」。為了平息事端，琦善從廣州庫房裡連夜找了一萬一千兩白銀，關天培也變賣了包括衣服在內的許多私人財產，才讓這些士兵留在軍營裡。可是，發完獎金，儘管關天培反鎖了炮台大門，士兵們還是爭先恐後地翻牆逃跑。

在此緊急關頭，富可敵國、以往曾多次捐出巨額軍費的廣東十三行商人，一兩銀子也沒出。戰前，琦善見廣東水師完全不能與英軍抗衡，還曾與粵海關監督文豐聯名，緊急號召十三行商人出資購買幾艘外國商船備用，但伍紹榮、潘正煒等行商拖拖拉拉，虎門之戰結束後，才訂購了一艘排水量僅三百十七噸的「伶仃號」與一艘一百八十噸的「拉米羅號」，而購買這兩艘小船的費用，又直到琦善被逮捕送京以後才付清，與他們前一年為林則徐購買的一千零六十噸的「劍橋號」商船之慷慨解囊形成了鮮明對照。

就這樣，廣東十三行商人們冷眼旁觀著琦善和關天培因經費拮据，而走向失敗的深淵，這無疑也代表了天地會的態度。

琦善一倒台，廣東十三行就活躍起來。三月三日，在伍紹榮的陪同下，廣州知府余保純登上虎門的英國軍艦，通知義律，琦善被罷免的消息。伍紹榮還親口告訴義律，道光皇帝已經委任皇侄奕山為靖逆將軍、湖南提督楊芳為參贊大臣，率各省援軍南下救廣州。

繼琦善出任廣州最高軍政長官的參贊大臣楊芳，表現得比琦善平易近人得多，尚未抵達廣州就已經同十三行商人建立了聯繫。受他們的影響，楊芳在途中就上奏道光皇帝：「其（英國）務求通商之故，乃彼立國大本……現在大局，或須一面收復定海，一面准其於偏岸小港屯集貨物。」道光皇帝十分不滿，朱批：「現在斷不准有此議論！惟有盡數殲滅逆夷，令其片帆不返。倘有『通商』二字，則大負委任，禍必隨之矣！」[20]

即便有此嚴令，楊芳也未對「通商」死心。抵達廣州後，他立即命余保純、伍紹榮陪同美國領事去找義律，商談停戰通商之事。由於談判陷入僵局，英軍再次北上，連陷十餘座清軍炮台，三月十八日下午重佔十三行街區，在夷館再次升起英國國旗，兵臨廣州城門。

至此，廣州已成一座危城，連林則徐都讓家眷上船逃命，城內擠滿了難民，十三行街區更是兵荒馬亂，多次發生火災，十三行商人損失慘重，僅伍秉鑑的怡和行，就被焚毀了價值七十五萬至八十萬兩白銀的貨物。㉑

研究鴉片戰爭，就不能忽視廣東十三行，因為它是鴉片戰爭的核心因素，這場戰爭因它而起，也將以它的毀滅告終。自三月十八日起，英軍不僅控制了虎門和十三行街區，還控制了當時被稱為「河南島」的廣州海珠區：廣東十三行核心商人潘家和伍家居住的地方。

身為十三行總商，伍秉鑑、伍紹榮父子並未離開已經被英軍包圍的宅第，從這時起，他們無論是否自願都要天天和英軍打交道。當日傍晚，伍紹榮突然從英軍佔區來到廣州城，給身陷絕境的楊芳帶來一個大喜訊：義律表示，「不討別情，惟求即准照常貿易，如帶違禁之貨即將船貨沒官！」

除了義律在三月十八日主動求和之外，西元一八四一年上半年還發生了許多難以理解的怪事。和琦善一樣，義律也在沙角、大角之戰及英軍佔領香港後，被英國政府解職了，原因是英國政府對《穿鼻草約》的內容極其不滿。

在倫敦當局看來，既然談判進展不理想，就應該離開廣東北上，封鎖長江口及大運河，進而北上攻擊天津、通州。義律根本不應該在廣東對琦善作戰，因為廣東在清朝的政治地位並不高，即便他能夠攻下廣州城，俘虜琦善等官員，北京朝廷也不會屈服，只有掐斷京杭大運河，或是打到北京城下，道光皇帝才有可能為了保住皇冠，接受割地賠款的條約。

在珠三角作戰，特別是在商人雲集的十三行街區及河南島一帶，大動干戈，會徹底毀掉當地外貿業，對英國經濟弊大於利，特別是奕山、楊芳、隆文等沒有外交談判權的武將，抵達廣州後，義律更應該揚帆北上，直接攻打天津才對。

義律突然求和，楊芳自然樂意接受。三月二十日，冒著違背道光皇帝聖旨的危險，廣州重新開始通商，即便四月十四日奕山、隆文等人率軍抵達廣州後，也沒有停止，一直熱火地進行到五月中旬。

據義律給奧克蘭勳爵的報告，在這期間，英國商人與廣東十三行商人做了至少八百萬英鎊的生意，其中包括總重近三千萬磅（約合一萬三千六百噸）的茶葉，可給英國政府帶來三百萬英鎊稅收。不過，奧克蘭勳爵仍勸表弟義律，不要再忙於廣州的商業事務，而應當趕緊率軍北上白河口（天津）。22

三元里抗英紀念碑

即便如此，義律仍執迷不悟地把戰火燒向廣州城，藉口清軍在五月二十一日對英軍發動了一次騷擾性作戰（事後，奕山派余保純和伍紹榮向義律解釋，事出誤會，願意賠償英方損失，但於事無補），大舉攻擊羊城。奕山率領的五萬清軍在抵抗了三天後戰敗求和，繳納了六百萬銀圓贖城費，充作對虎門銷煙的賠償，另支付二十四萬銀圓賠償夷館在戰爭中被焚燒、洗劫的損失。

在這六百二十四萬銀圓中，兩百萬銀圓由十三行商人支付，伍家的怡和行佔一百一十萬銀圓，潘家的同孚洋行佔二十六萬銀圓。伍秉鑑在計算這筆銀圓時自嘲說，這是破財免災，其中八十萬銀圓保佑自己的洋行生意興隆，三十萬銀圓保佑兒子伍紹榮孝順自己。

六天之內，廣州政府和十三行商人籌措到了四百九十萬銀圓和一百一十萬銀圓的債券，奕山又率外省清軍撤出廣州，英軍才離開廣州郊區，並交出虎門、退回香港，準備針對北方各省的下一步軍事行動。

然而，在清方官員和十三行商人籌措賠款，英軍依然包圍廣州之際，發生了一件蹊蹺的事：三元里抗英。關於此事，中方傳統說法是：西元一八四一年五月二十九日至三十一日，正當廣州當局與英方達成和議，繳納六百萬銀圓贖城費時，由於英軍在廣州城北的鄉村搶劫財物、發掘墳墓、強姦婦女，激起公憤，三元里周邊農民自發組織起上萬人的「平英團」，乘著天降大雨，火槍火炮無法施展之際攻擊英軍，殺死英軍將領伯麥、霞畢等百餘人（按：個別民間檔誇張至殲敵七百四十八人之多，奕山等人給道光皇帝寫的奏摺稱殲敵兩百餘人，但被殺的英國軍官不能被證實為伯麥，後來奕山得知伯麥還活著）。

義律聞訊，率部從珠江岸邊趕來救援，也被民眾圍困。看到英軍處於絕境，楊芳打算率兵出城聯合民眾進攻，但廣州將軍阿精阿卻死守城門，不許楊芳出去。正在此時，廣州知府余保純擔心反英行為破壞了和約，連忙趕來喝退民眾，英軍才得以逃命。

英方的記載是：由於攻擊廣州時，陸軍只攜帶了兩天的乾糧，所以自五月二十七日起，一些印度士兵被派到廣州周邊鄉村去「搜集」食物，其中幾人還進入了城北的雙山寺，打開了廟中陳列的若干棺材。

五月三十日中午，陸續有數千民眾攜帶武器在白雲山集結，被英軍驅散，但很快捲土重來，包圍了馬德拉斯土著步兵第三十七團的一個連，打死打傷多名印度士兵。英軍發現後前往解救，但次日又有更多的民眾集結。英軍於是威脅廣州當局，如果不驅散民眾，停戰協議即失效，英軍將重新炮轟廣州城。

在這次衝突中，英軍有七人死亡、四十二人受傷。事發時，伯麥已返回印度，霞畢則在珠江的戰艦上並未登陸，兩人都活到戰後並且升官晉爵。同樣，義律在事發時一直待在十三行夷館裡，並未被民眾圍困過。㉓

基於對英方記載的信任，《天朝的崩潰》等現代鴉片戰爭研究專著都認為，三元里抗英，並未取得多大軍事成績，英軍當時完全可以攻下廣州城，其撤軍與三元里抗英毫無關係，中方傳統說法多為民眾為了冒領賞金而編的大話而已（奕山當時以五萬銀圓加五品頂戴的重獎，懸賞伯麥首級）。然而，種種跡象表明，三元里抗英事件大有蹊蹺，英方記載也有諸多不合理之處，顯然有所隱瞞。為了搞清真相，我們必須先從一個多月前發生的一樁血案入手。

就在靖逆將軍奕山抵達廣州的次日，也就是四月十五日，廣州天降大雷雨。不久，廣州城就流傳開一個消息，說是伍秉鑑家死人了。內容愈傳愈具體，先是說「怡和行長孫遭雷擊」，進而又說「怡和行洋商伍紹榮亦遭雷厄」，「夷人之進省河，洋商伍紹榮實導之，一日風雨大作，雷震紹榮，長踞死於市。」[24]

伍家確實有人在西元一八四一年四月十五日死去，但死的並不是伍紹榮。死者另有其人，且死因並不是被雷擊。

我們知道，怡和行原本屬於伍秉鑑的哥哥伍秉鈞，伍秉鈞死時沒有兒子，過繼了伍秉鑑次子伍元蘭，不料伍元蘭很快也死了，伍秉鑑就又把長子伍元芝的次子伍長綿，過繼給伍元蘭。所以，當鴉片戰爭爆發時，伍長綿既是伍秉鈞的繼承人，也是伍秉鑑最年長的孫子。

西元一八四一年四月十五日，一夥英軍竄到河南島海幢寺附近劫掠，這裡毗鄰十三行商人的府邸：潘家花園和伍家花園。聽說手持兇器的英軍在自家門口滋事，伍秉鑑讓家人勸他們離開，伍長綿自告奮勇前往。

沒想到，也許是瓢潑大雨使伍長綿說的英語難以聽清，迎接他的竟是一顆冰冷的子彈。讀者不要忘記，如果英軍的火槍和火炮無法在雨天發射的話，那麼英國將不能征服多雨的印度和東南亞，西元一七五七年決定印度命運的普拉西之戰，英軍就是靠火器在潮濕環境中的良好性能，才能僅以三千人的部隊，打敗了五萬人的印度和法國聯軍。

戰爭是如此殘酷，一旦開始往往就會迅速失去控制。身為天天與英國商人做生意的十三行領袖，伍秉鑑做夢也不會想到，對方居然會對自己的家人痛下殺手。伍長綿一死，伍家花園登時亂成一團，男女老幼爭先恐後登上船隻，前往對岸的廣州城避難。

英軍如入無人之境，大掠伍家花園而去，鄰近的海幢寺和潘家花園雖然曾經庇護過無數外國商人，這時也都受到波及。伍家花園從此凋零，地皮在戰後被分割變賣，如今已全無蹤跡可尋。

暴力固然可以一時得逞，長期看來卻敵不過智慧。伍秉鑑絕非任人宰割的普通商賈，而是精明無比的世界首富，儘管敵人擁有當時世界上最先進的武器，貌似不可戰勝，卻無礙於他為孫子的慘死和宅邸的洗劫構思復仇計畫。

擁有一支私人軍隊，或許是所有富而無權者的夢想。假若這一理想不能獨自實現，勢必要借助組織的力量。在清朝的廣東，有哪一個民間組織能夠在短短數天內召集起上萬百姓，並將他們武裝起來呢？天地會，只有天地會。

前文中曾經提到，海幢寺不是一座普通的佛寺，而是廣東天地會的大本營，周邊的潘家花園和伍家花園，很可能也是天地會的重要活動基地。英軍洗劫伍家花園，並擾及鄰近的海幢寺和潘家花園，等於傷害了天地會。在與清軍作戰時傷害反清組織，這是一個巨大的錯誤。

本來，當英軍在三月十八日完全控制河南島時，海幢寺地區就已經在義律的掌握中了。當晚，義律派伍紹榮去向楊芳請求通商，肯定不是示弱，而是與伍紹榮等十三行商人商議的結果。如上文分析的那樣，擴大廣州的戰事，並不符合英方的利益和政策。

從英方檔案來看，義律此後制定了一個先將主力部隊從珠江三角洲撤出，北上攻廈門，爾後北犯江浙的計畫，伯麥等將領卻以兵力不足為由表示反對，於是他派伯麥回印度向表哥奧克蘭勳爵求援，所以伯麥在三元里抗英時，身在印度。義律的計畫遭到廣泛反對並不奇怪，因為攻打廈門同樣不符合英方的利益和政策，巴麥尊和奧克蘭都沒有要求英軍佔領廈門。

作為紅茶的運輸樞紐，廈門一旦遭到軍事打擊，肯定會嚴重破壞中英貿易。從長遠看，這也許會使奧克蘭勳爵大力扶持的阿薩姆公司得利，但在此之前，英國勢必要蒙受巨大的經濟損失。

可惜這類損人不利己的蠢事，號稱精明的英軍卻在鴉片戰爭中做過不止一次。

英軍洗劫伍家花園，殺害伍秉鑑長孫伍長綿，必然使伍秉鑑父子與義律的關係嚴重惡化。結果，有史以來第一次，伍秉鑑家族背後的天地會決定與清政府聯合起來，打擊侵華敵軍。

伍紹榮於是勸說奕山撕毀停戰協議，向英軍發動火攻以激怒義律，又勸郭富率英國陸軍主力從廣州城西的增步登陸，奔襲城北的越秀山炮台，並告知對方這一路十分平坦，清軍不會有頑強的抵抗，兩天內即可攻破廣州內城，因此，連戰連勝且驕狂的英軍只帶了兩天的乾糧。

這一計畫，肯定還得到了同為十三行商人的潘仕成協助，他在增步地區擁有一座鄉間別墅「海山仙館」，英軍就是從那裡登陸的，顯然是有人特意引導。㉕同時，天地會在三元里一帶組織了上萬名武裝民眾，準備坐山觀虎鬥，等英軍和清軍殺得兩敗俱傷再出手。

檔案中所謂的「升平學社」等民間組織，只是用以掩飾天地會本質的偽裝。在此前和以後，這類「學社」都沒有組織過如此大規模的民間武裝力量。後來，他們的一些領導成員更是搖身一變，又成了反清組織的領袖。

如此天衣無縫的陷阱，必然出自對英軍懷有深仇大恨，而又在廣州擁有巨大民間勢力的智者。可是，伍秉鑑父子沒有想到他們精心構思的完美復仇計畫，在執行過程中出了些紕漏。

儘管兼備天時、地利、人和，加之十倍於登陸英軍的兵力優勢，而且敵人自投羅網，廣州城北的清軍依然在交火兩天後被徹底擊潰，最為重要的越秀山炮台群也落入英軍之手。天地會武裝只好獨自向敵人進攻，依靠靈活的戰術，取得了可觀的戰果。

看到英軍受困，參贊大臣楊芳要出城聯合民眾圍攻英軍，卻被廣州將軍阿精阿阻止。阿精阿

英軍攻陷廈門

廈門是當時主要紅茶出口的樞紐，砲火襲擊，嚴重破壞當時的貿易。

的這一行動看似愚蠢，實則穩妥。身為統率廣州八旗的廣州將軍，阿精阿太瞭解這些民間武裝了。他們很可能是八旗軍的死敵天地會成員。一旦清軍特別是八旗兵出城，弄不好就會遭到英軍和天地會武裝的圍攻，死無葬身之地。

至此，這次抗英行動只能見好就收。表面上看，天地會沒有在三元里抗英事件中取得預期的成果，廣東十三行還為廣州贖城支付了兩百萬銀圓，損失慘重；其實，天地會有理由對事情的結局滿意。

儘管伍秉鑑與英軍有殺孫之仇，然而，任何天地會成員都要服從反清的大局。在鴉片戰爭爆發時，天地會並不確定英軍能給清帝國帶來多麼大的傷害。他們雖然不像對外國一無所知的多數清朝官員那樣，蔑視英軍的陸上作戰能力，但畢竟沒看過他們與清軍的真正較量，鑑於雙方的兵力極為懸殊，天地會仍然認為清軍佔有優勢。

當英軍經過新加坡時，當地很多華人（必定以天地會成員為主）都嘲笑他們，以這麼小的兵力去攻打清帝國，簡直是以卵擊石，肯定將全軍覆沒。可是，當戰爭開始後，英軍的表現證明，他們確實有能力擊敗兵力數十倍於己的清軍，而且眾多天地會成員在三元里切身體會了英軍的武力。既然英軍已經通過了這次最嚴苛的考試，證明了自己確有摧毀清帝國的能力，於是，天地會從此就改變策略，把英軍看作是極為重要的反清力量，與之開展密切合作。

英軍撤離廣州後，迎來了新任公使璞鼎查及其率領的援軍，開始在福建、浙江和江蘇展開一系列新的攻勢。

這就解釋了，為什麼《全粵義士義民公檄》等抗英檄文的作者，錢江、何大庚、卞江殷三人，

清軍在乍浦擊斃英軍上校湯林遜

這場戰役最終仍以英國軍隊獲勝告終。過後，英軍沿著長江口向內地進攻，為清朝最終戰敗埋下了伏筆。

全都不是廣東人。

身為江蘇人和浙江人，他們擔心英軍北上侵略自己的家鄉，希望用這些辱罵英軍的文告激怒對方，讓他們繼續留在廣東作戰。實際上，大部分廣東人對停戰協議都感到滿意，根本沒有委託錢江、何大庚、卞江殷三人，起草什麼抗英檄文。這三人甚至「在粵不為士夫所齒」，後來都被趕出廣東，錢江更在太平天國戰爭中投入自己曾經在檄文中、痛罵為「貪相」的琦善麾下，結果因恃才傲物被殺。

對於接下來的戰事，這裡無須多費筆墨。然而，還有一個重要疑團待解，為什麼璞鼎查就職後，仍然遵循前任義律制定的計畫去攻擊廈門、鎮海、寧波、乍浦等，英國政府並未要求他攻擊的城市？

按照巴麥尊和奧克蘭的指示，他本該從廣東直撲天津，繼而進軍北京；或從廣東直撲上海，繼而進軍鎮江、切斷大運河迫使清朝求和。

如果這樣，第一次鴉片戰爭會比其實際進程早幾乎一年結束，英軍可以節省大量人力、物力和時間，中國多座城市也會免遭塗炭少死幾十萬人，免於毀滅的財產更是不可勝數。中方和英方史料都證實，英軍在這些城市並未進行過大規模掠奪，甚至也沒有駐紮很久。既然如此，這些軍事行動看上去實在是損人不利己。

只有一種解釋是英軍攻擊廈門、鎮海、寧波、乍浦等城市的命令，不來自英國政府，而來自另一個政治組織。

打開西元一八四一年八月至一八四二年八月的鴉片戰爭地圖，熟悉清初歷史的人會立即聯想

第一次鴉片戰爭路線圖

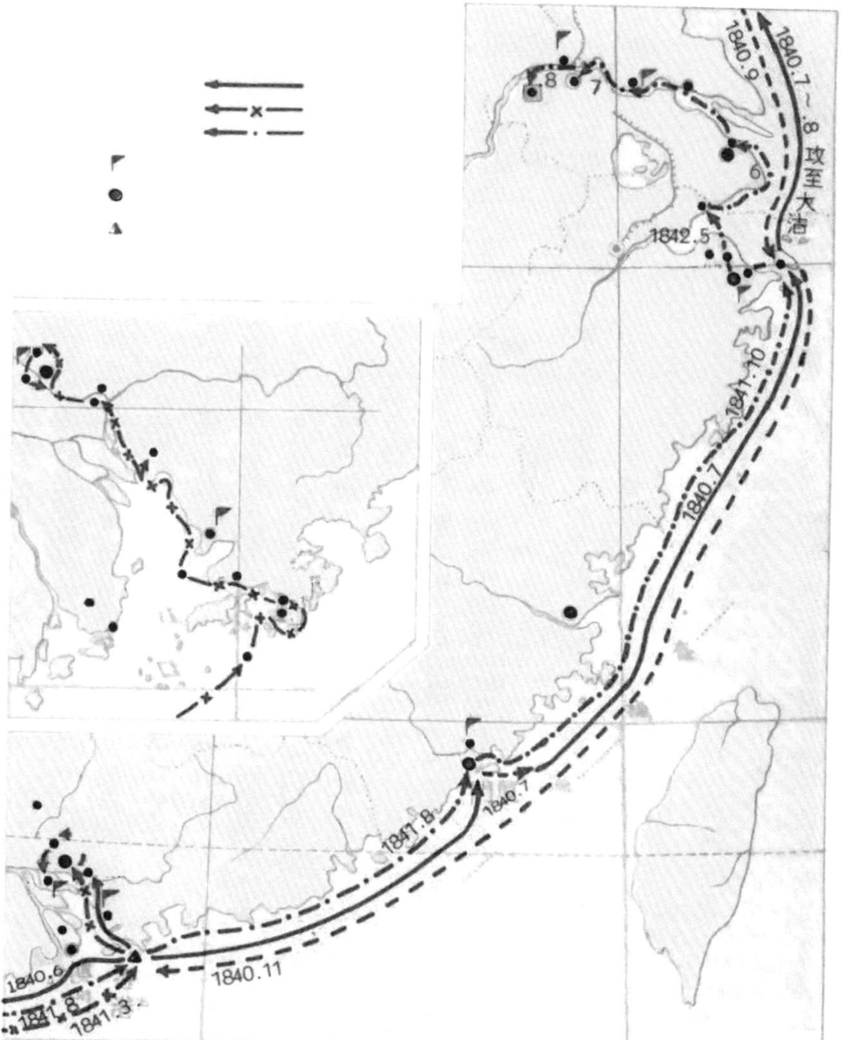

西元一六五三到一六五九年鄭成功、張名振、張煌言北伐南京的地圖，意外與第一次鴉片戰爭的路線重合。

到另一幅地圖，西元一六五三到一六五九年鄭成功、張名振、張煌言北伐南京的地圖。

時隔將近兩個世紀，南明軍北上抗清的路線居然與鴉片戰爭中，英軍北上的路線高度重合！這其中的奧秘，就在於天地會的創始人都是鄭成功的部下，或與其關係密切的人，其中屈大均等人更是直接參與制定了鄭成功、張名振、張煌言北伐南京的路線圖！西元一八四一年八月至一八四二年八月，璞鼎查率領的英軍不僅在為英國政府而戰，也是在為天地會而戰，因為英國需要天地會在鴉片戰爭中提供各種援助，並且對英國在香港和東南亞的殖民統治提供支持！

所以，在此期間會有數以萬計的「漢奸」加入英軍，到米字旗下與清軍作戰。從清方的奏摺、信函和書籍來看，從廣東到江蘇，英軍幾乎每一次軍事行動中都有「漢奸」的參與，他們不僅積極幫助英軍籌措食物、淡水，為英軍偵察情報，還直接與清軍交戰，以至於揚威將軍奕經在奏摺中驚呼，浙江東部「人情險惡，半系漢奸！」另據御史呂賢基調查，廣東「漢奸船隻各立堂名，如『聯義堂』『忠心堂』等，不一而足」。[26]這些組織都可能隸屬天地會，因為天地會的很多分支均以「堂」命名。

看來，天地會要借英軍之手消滅東南沿海的清軍，為自己日後奪取這些地區，完成鄭成功的遺願鋪平道路。

西元一八四二年六月十六日，英軍攻取吳淞口，六月十九日佔領上海，七月五日長驅直入長江，清朝苦心經營多年的沿海防線全盤崩潰。負責長江下游防務的欽差大臣耆英、乍浦副都統伊里布一心求和，在奏摺中表示：「奴才等稔知廣東洋商伍敦元（伍秉鑑）一家素為英夷所親信……已飛諮兩廣總督、粵海關監督，飭調伍敦元前來。儻該商不能分身，於該商兄弟子侄內擇其明幹能事者一二人，務令星速來蘇，以便差遣。」

兩廣總督祁慎、粵海關監督文豐接到耆英的來函，立即召見伍秉鑑，伍秉鑑表示：「身受國恩，值此夷務吃緊之時，自當殫竭血誠，出力報效。只以年逾八旬（其實當年只有七十三歲），行動艱難，恐滋貽誤。茲情願令伊親子伍崇曜（伍紹榮）迅速代伊前往江蘇，聽候差遣。惟伍崇曜年紀尚輕（當年三十三歲），未經歷練，恐難得力，必須有人協同前往。」廣州的官員們聽說，同順行老闆吳天垣的哥哥吳天顯（吳健彰）「明白諳練，且能解夷語，似可協同前往」。於是「傳令伍崇曜、吳天顯來臣衙門詢問，均稱情願一同赴蘇，聽候差遣」。

當月二十一日，英軍血戰攻陷鎮江、封鎖了京杭大運河，大清舉國震動。二十五日，伍紹榮和吳天顯便踏上了北上的旅途。

誰也沒想到，道光皇帝對此事有著不同於封疆大吏們的看法。在耆英、伊里布的奏摺上，他朱批道：「奏請飭調伍敦元或其兄弟子侄前赴江蘇，著不准行！」隨即又專門給廣東當局下旨：「據耆英等奏，現在諮調廣東洋商伍敦元前往江蘇，或令其兄弟子侄前往，以備差委等語。伍敦元系屬廣東洋行商人，江蘇地方無可差遣之處，該督等著不准令其前往！即其兄弟子侄亦無庸前往江蘇！」就這樣，已經上路的伍紹榮和吳天顯只得返回廣州。㉗

道光皇帝禁止熟悉外交事務的廣東十三行商人參與江蘇和談，表面上看似乎是個昏招，其實未必如此。道光皇帝絕非昏君，作為滿蒙貴族集團的首領，他在骨子裡和琦善一樣，早就懷疑十三行商人可能是反清「漢奸」，何況他可能與十三行領袖伍秉鑑還有殺子之仇。

在他看來，一旦伍紹榮和吳天顯抵達江蘇，就可能為英方出謀劃策、洩露情報，對清朝有害

鎮江之戰

鎮江之戰，是發生在中英鴉片戰爭中的一場戰役。

無益，所以才會如此敏感，連續下旨嚴禁二人北上參與談判。與此同時，伊里布又從北京召來了最信賴的僕人張喜。最終，由不懂英語的張喜（而非懂英語的伍紹榮和吳天顯）與英方進行談判，當然一無所獲。

八月四日，英國戰艦抵達南京江面。在此後的四天內，英國陸軍和「紅毛義勇」陸續佔領鐘山、雨花台各地，完成了對南京城的水陸四面合圍。屢戰屢敗的清方無法承受南京失守、東南半壁江山淪陷造成的可怕後果，只能全盤接受英方提出的條件，簽署了《南京條約》。

《南京條約》共分十三款，其中有兩款與廣東十三行直接相關。第二款：「自今以後，大皇帝恩准英國人民帶同所屬家眷，寄居大清沿海之廣州、福州、廈門、寧波、上海等五處港口，貿易通商無礙；且大英國君主派設領事、管事等官住該五處城邑，專理商賈事宜，與各該地方官公文往來；令英人按照下條開敘之列，清楚交納貨稅、鈔餉等費。」該款結束了廣州一口通商的歷史，廣州從此失去了中國外貿中心的地位。

第五款：「凡大英商民在粵貿易，向例全歸額設行商，亦稱公行者承辦，今大皇帝准以嗣後不必仍照向例，乃凡有英商等赴各該口貿易者，勿論與何商交易，均聽其便；且向例額設行商等內有累欠英商甚多無措清還者，今酌定洋銀三百萬銀圓，作為商欠之數，准明由中國官為償還。」該款取締了廣東十三行的外貿特許經營權，並以廣東十三行的「商欠」尚未清償為由，要求清政府向英方再賠付三百萬銀圓，後來這筆鉅款當然也由十三行商人分攤。

顯而易見，《南京條約》是一個對廣東十三行極端不利的條約，徹底摧毀了十三行的經濟基礎和政治地位，等於宣判了十三行的死刑。我們現在已經難以假設，如果與英方進行談判的是行

清朝與英國官員在英國軍艦上簽署《南京條約》

《南京條約》共分十三款，其中有兩款與廣東十三行直接相關，廣州從此失去了中國外貿中心的地位。

商伍紹榮和吳天顯，而非既不懂英文又不懂商業的張喜，《南京條約》的內容是否會有所不同；但從張喜的日記看來，他除了英國人索要的銀圓數額之外，根本沒有仔細研究這兩款條約的其他內容。

西元一八四二年年末，張喜的主子、新任欽差大臣、廣州將軍伊里布抵達廣州，即刻著手落實《南京條約》，卻遭到民眾的激烈抵制，其中反抗最激烈的正是《南京條約》的最大受害者：廣東十三行商人。

據英國媒體稱，年邁的伍秉鑑是「新商約實行的障礙」，「利用其在地方上的勢力及巨額財富，反對這一改革最為激烈」[28]。與此同時，錢江、何大庚四處張貼《全粵義士義民公檄》，並組織了幾千人上街遊行；十一月八日還發生了民眾火燒十三行夷館案，事後清政府向英國賠償了二十六萬七千銀圓，而蒙受巨額損失的廣東十三行商人，則分文未得。

也許是因為與十三行商人多次激烈爭吵，導致血氣攻心，伊里布於西元一八四三年三月四日在內外交困中病逝。伊里布的繼承人耆英抵達廣州後，立即開始為同僚復仇。六月，耆英勒令十三行商人立即支付《南京條約》規定的三百萬銀圓「商欠」，全然不顧《南京條約》第五款明文規定，這筆款項應該「由中國官為償還」，不應再向十三行商人攤派。

不僅如此，耆英還以「鴉片賠款」的名義，向十三行商人索要了一大筆錢。全部算起來，廣東十三行商人們為第一次鴉片戰爭支付的軍費和賠款，總共超過一千萬銀圓，被焚毀和搶奪的財產不計其數，還有多位成員在戰爭中死傷，換來的卻是這般淒涼的結局。在其他通商口岸和商人的競爭下，他們未來在廣州的經營前景一片黯淡。

《南京條約》

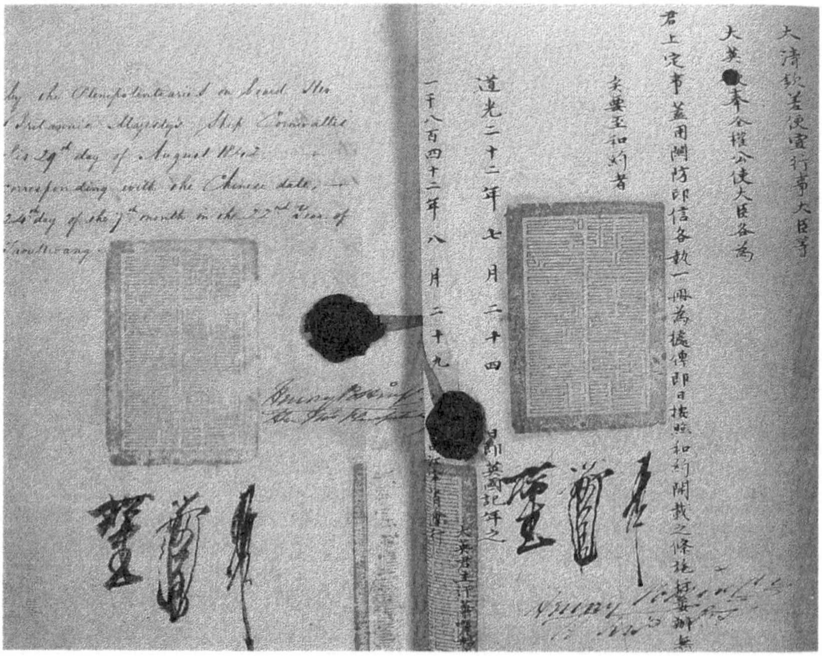

《南京條約》原件之一由英國政府保存；另一份正本由中華民國外交部保存於台北市外雙溪國立故宮博物院。

面對如此沉重、橫暴的壓榨，曾經執全球經濟之牛耳的廣東十三行，終於支持不住了。西元一八四三年九月四日，世界首富伍秉鑑在悲痛和失望中闔然長逝，享年七十四歲。

在內心深處，身為天地會成員的他多麼希望能像交易夥伴，英國東印度公司多次做過的那樣，組織大軍殺入紫禁城，把道光皇帝、恭親王、琦善一夥貴族統統綁赴菜市口、凌遲處死，完成中國歷史上的第一次資產階級革命啊！然而，歷史證明，天地會武裝從未找到克制滿蒙騎兵的軍事方略，因而在抗清鬥爭中屢戰屢敗，道光年間的天地會實力更不及乾隆年間那樣強大。

或許令伍秉鑑臨終前聊以自慰的是，由於英國取得了鴉片戰爭的勝利，反清復明大業在一百多年的黑暗之後，終於重新看到了勝利的曙光。

伍秉鑑死後，廣東十三行被解散，這個傳奇的商業組織就此終結。清政府用自毀「天子南庫」的方法，完成了對天地會「漢奸」的復仇，港英當局也洋洋得意於摧毀了「新商約實行的障礙」。

既然任何企業都可以開展外貿，舊「洋行」便失去了

晚年的伍秉艦

前半生為帝國首富，後半生卻背負著賣國與奸商的汙點。

存在的意義，廣東十三行此時尚存的十家洋行紛紛解散，他們的牌子被輕易轉讓給富於心計的外國商人。怡和行的金字招牌落入鴉片大亨「查頓．馬地臣聯合公司」之手，從此，這家蘇格蘭企業便成為漢語中的「怡和行」。

《南京條約》不僅讓清帝國失去了香港和兩千一百萬銀圓，更失去了在全球市場中的支配地位。在中國茶主宰全球市場近千年之後，印度茶後來居上，成為維持和建設日不落帝國的支柱產業。阿薩姆公司勝利了，廣東十三行瓦解了，中國正在走入一個全新的時代。在這個危機四伏的新時代中，失去了原有貿易優勢的末代廣東十三行商人將何去何從呢？

香港怡和行總部

怡和行除了對香港早年發展有重要的作用外，亦是首家在上海開設的歐洲貿易中心。

第九章

轉型再生：從三藩市到上海的千年商脈

《南京條約》的簽訂，象徵著中國開始進入了半殖民地半封建社會的近代時期。期間，歷屆中國政府面臨的經濟問題都是外債及其帶來的金融枷鎖，這其實是《南京條約》前廣東十三行「商欠」的繼承和發展。

簽訂《南京條約》之後，道光皇帝承受的最直接壓力，不是來自割讓香港造成的輿論沸騰，而是一筆兩千一百萬銀圓的巨額賠款。兩千一百萬銀圓相當於清朝半年的財政收入，這筆款項必須在三年半內還清，給清政府造成的財政壓力可想而知。在此緊急情況下，道光皇帝為了能夠按期支付賠款，自然會對戶部銀庫進行檢查，想搞清楚自己到底還有多少錢可供支付。沒想到，不檢查不要緊，一查就捅出了大婁子。

清朝入關後，以明朝戶部嚴重貪腐為戒，設定了嚴格的戶部財政紀律，甚至規定管理戶部現銀的庫兵，必須由滿族士兵擔任，這些庫兵工作時必須裸體，以防他們將紋銀夾帶在衣物中帶走。

不過道高一尺，魔高一丈，庫兵們世世代代與巨額白銀打交道，逐漸找到了一種裸體夾帶白銀的方法：用肛門去吸！有些庫兵甚至能將一百兩白銀吸入自己的直腸，然後堂而皇之地離開戶部回家揮霍。

經過百餘年，庫兵及戶部官吏們用肛門貪污的銀兩，早已累積成了天文數字，歷代清朝皇帝卻渾然不覺。

直至西元一八四三年春天，道光皇帝迫於鴉片戰爭賠款的壓力，才生平第一次委派刑部官員認真核查戶部銀庫，結果令人震驚：按照檔案記錄，戶部應有一千兩百十八萬兩白銀，實際上庫中僅有兩百九十三萬兩白銀，整整短缺九百二十五萬兩白銀！❶

屋漏偏逢連夜雨。為了彌補九百二十五萬兩白銀的虧空，道光皇帝想出的辦法是向相關官員攤派罰款，但這種傳統方法所得終究有限，而英國催要的戰爭賠款卻不容拖延。在此危急關頭，道光皇帝又想到了他的「天子南庫」：粵海關和廣東十三行。

如上文所述，西元一八四三年六月，欽差大臣耆英勒令廣東十三行商人支付《南京條約》規定的三百萬銀圓「商欠」，他此時無疑已經得知了戶部銀庫盜竊案的結果，這樣做顯然得到了道光皇帝的授意，既然戶部現在拿不出銀子，那麼這筆賠款就必須由十三行商人來承擔。

借此，道光皇帝為瀕臨破產的戶部減輕了約兩百二十萬兩白銀的財政負擔，足以使其熬過災難性的西元一八四三年財政年度，但這不過是權宜之計，朝廷還需要開闢更穩定的財政來源。由於康熙皇帝制訂的「永不加賦」財稅政策不容改變，道光君臣只能從商業特別是外貿上動腦筋。

摧毀廣東十三行的，不僅是《南京條約》。《南京條約》第十款規定：「英國商民居住通商之廣州等五處，應納進口、出口貨稅、餉費，均宜秉公議定則例，由部頒發曉示，以便英商按例交納；今又議定，英國貨物自在某港按例納稅後，即准由中國商人遍運天下，而路所經過稅關不

道光戶部庫存銀元寶

由於康熙皇帝制訂的「永不加賦」財稅政策不容改變，道光君臣只能從商業特別是外貿上動腦筋。

得加重稅例，只可按估價則例若干，每兩加稅不過分。」按照該款，清政府應當自主公佈新稅則，以便英國商人遵守。

但是，在道光皇帝的授意下，欽差大臣耆英又向英方交涉，結果在《虎門條約》及附約《通商章程》中，規定了「每噸輸銀五錢」的協定關稅。後人讀史至此，往往以為《虎門條約》比《南京條約》對中國的主權造成了更為嚴重的破壞，使中國喪失了關稅自主權。

可是，《虎門條約》是清政府再三主動向英方提出的，道光皇帝與欽差大臣耆英都具備豐富的行政和財稅經驗，怎麼會犯如此幼稚的錯誤呢？

原來，與未破壞中國主權的《南京條約》第十款相比，《虎門條約》及附約《通商章程》大大增加了清政府的關稅收入。

《通商章程》第十六款規定：「英國之各小船，如二枝桅或一枝桅、三板、划艇等名目，向不輸鈔。今議定，各船由香港赴省、由省赴澳，除僅只搭客，附帶書信、行李，仍照舊例免其納鈔外，倘載有貨物，無論出、入口及已、未滿載，但使有一擔之貨，其船即應按噸輸納船鈔，以昭核實；惟此等小船，非大洋船可比，且不時往來，進口每月數次不等，亦與大洋船之進口後即停泊黃浦者不同，若與大洋船一例納鈔，未免偏枯。」

「嗣後此等小船，最小者以七十五噸為率，最大者以一百五十噸為率，每進口一次，按噸納鈔一錢；其不及七十五噸者，仍照七十五噸計算；倘已逾一百五十噸者，即作大洋船論，仍按新例，每噸輸鈔五錢。」也就是說，以往清朝海關只對排水量一百五十噸以上的外國大船收稅，現在，排水量一百五十噸以下的外國中小船隻，也都必須納稅。

「另外，與鴉片戰爭之前的貨物進口稅率相比，《虎門條約》及附約《通商章程》，幾乎將所有中國出口和外國進口商品的稅率都提高了一倍以上。按照耆英的奏摺，鴉片戰爭前，中國最大項出口商品茶葉每一百斤應納零點八七到零點九二兩白銀的正稅，《虎門條約》及附約《通商章程》將其提升為每一百斤，應納二點五兩白銀的正稅，提高了約百分之一百七十；鴉片戰爭前，中國最大項進口商品棉花，每一百斤應納零點二二兩白銀的正稅，《虎門條約》及附約《通商章程》將其提升為每一百斤，應納零點四兩白銀的正稅，提高了約百分之九十！

結果，粵海關每年僅茶葉出口稅就可收壹佰壹拾多萬兩白銀，棉花進口稅也可收二十多萬兩白銀，僅這兩項收入之和，便遠超鴉片戰爭前粵海關的總收入。照此推廣到全部通商五口，《虎門條約》及附約《通商章程》使清朝的海關年收入，猛增了五、六倍！

難怪道光皇帝看到《虎門條約》後，不僅沒有像看到《南京條約》那樣憤怒，反而十分滿意，朱批讚揚耆英「所辦甚屬正大公誠……所辦可嘉，何罪之有？深得大臣之體！」❷

《虎門條約》及附約《通商章程》，結束了《南京條約》及戶部銀庫盜竊案帶來的西元一八四三年財政危機，從長遠看來，還極大提高了清政府的財政實力。道光皇帝看著海水般湧來的海關稅銀，深感實現清朝的偉大復興指日可待。儘管如此，人們對《虎門條約》及附約《通商章程》仍然頗多微詞，認為它們嚴重傷害了清朝經濟，而清朝經濟也的確從此每況愈下，對外開放的東南沿海尤為明顯。這是為什麼呢？

首先，《虎門條約》及附約《通商章程》雖然提高了大部分進出口商品的稅率，卻取締了幾乎全部規費。舉例來說，鴉片戰爭前，每擔茶葉平均納正稅零點八七到零點九二兩白銀，納規費五點一至五點三兩白銀；每擔棉紗平均納正稅零點四八兩白銀，納規費一點五二兩白銀；每擔棉花平均納正稅零點三兩白銀，納規費一點四五兩白銀。

可見，外貿商人繳納的規費遠比正稅多。正稅全部由海關收繳，其中百分之七十上繳戶部、百分之二十四上繳內務府，中央政府共得百分之九十四，地方政府僅得百分之六；規費則全部落入地方官吏兵丁之手，其中一部分以各種方式流入地方政府，也為地方社會提供了很多就業機會。

所以，《虎門條約》及附約《通商章程》提高正稅、取締規費，等於提高了清朝中央政府的財力，削弱了地方政府和官民的財力。結果，《虎門條約》及附約《通商章程》給通商口岸所在的地方政府和官民帶來的經濟損失，遠遠大於利益，中國東南沿海因此變得比五口開關之前更貧困了。清政府由此加強了財政方面的中央集權，北京朝廷與東南沿海地方政府的關係由此變得緊張，東南沿海地方政府的行政治安能力也由此降低了。

其次，《虎門條約》及附約《通商章程》雖然提高了中國茶葉和印度棉花等大宗商品的稅率，卻以紡織品市場不景氣為名，降低了紡織品的稅率。舉例來說，南京棉布的稅率從之前的每擔一點八四兩白銀（加規費實征二點六五兩白銀）降低為每擔一兩白銀，英國雙幅細布的稅率從之前的每丈零點七一兩白銀（加規費實征一點二四兩白銀）降低為每丈零點一五兩白銀。

鴉片戰爭之前，英國對華出口的主要商品是紡織品，但英國紡織品質量低劣，在中國普遍滯銷，導致許多承銷英國紡織品的廣東十三行商人虧本甚至破產。然而，隨著英國工業化的發展，英國紡織品的品質逐漸提高，加之美國紡織品的興起，到了鴉片戰爭前夕，進口紡織品的品質已經較為接近中國紡織品，又因為依靠機器生產，擁有較低的生產成本優勢，對中國本土手工生產的紡織品形成了威脅。

《虎門條約》及附約《通商章程》降低紡織品稅率的政策，導致中國一夜之間變成英美資本家傾銷洋布的天堂，中國本土紡織品蒙受沉重打擊，不僅無法依靠出口稅降低的優惠政策擴大海外市場，反倒在本土市場遭到洋布衝擊而嚴重滯銷。

《虎門條約》簽署後的西元一八四六年，包世臣在給友人的信中說：「木棉梭布、東南杼軸之利甲天下，松太錢漕不誤，全仗棉布。今則洋市盛行，價當梭布而寬則三倍，是以布市消滅。蠶棉得豐歲而皆不償本，商賈不行，生計路絀。」[3]

作為擁有諸多相關行業的清朝支柱性產業，中國紡織業的崩潰牽一髮而動全身，造成了中國各地特別是紡織業集中的長江流域經濟嚴重滑坡。

就這樣，《虎門條約》及附約《通商章程》增強了北京朝廷的財力，卻破壞了清朝中央政府與地方政府的關係，並摧毀了東南沿海和長江流域的小農經濟。結果，清帝國內部出現了嚴重的南北對立局面，愈來愈多的失業農民、商販和手工業者發現，除了加入反清組織，自己別無選擇。清帝國的未來已岌岌可危，實際上，它能夠再延續半個多世紀，簡直是一個奇蹟。

與失業的農民和手工業者相似，原十三行商人失去了官商的地位和外貿壟斷權，於是只剩下兩種選擇：一是以普通商人身分繼續在商海打拚；二是從此離開商界，另謀高就。

鴉片戰爭的結束，一度令曾經傲視全球的中國市場，似乎獲得了重振雄風的良機。《虎門條約》簽訂後的西元一八四四年和一八四五年，廣州賣出了四千九百四十六萬磅和四千九百七十七萬磅的茶葉，以及一七百八十七包和兩千六百零四包絲綢，堪與戰前最好的年份相比。

市場如此紅火，因此許多十三行商人堅守著自己從前的商鋪，繼續同老主顧做買賣。但是，從西元一八四六年起，廣州的外貿額便一落千丈，直至一百三十年後的改革開放時期，才重新達到一八四五年的貿易額。

依附於廣東十三行的上下游產業鏈隨之崩塌，華南無數企業倒閉。倖存下來的少數企業中有詹世鸞的茶行「萬孚行」，但業務已大為縮水，詹家成員因此紛紛改行。後來，詹世鸞的孫子詹天佑參加了首批留美幼童班，最終成長為中國最早的鐵路工程師。企業倒閉潮不可避免地引發失業潮，無數華南民眾因此失業。

華南民眾在西元一八四六年之後大量失業，推動了一種新興宗教的崛起，這是起源於廣東的「拜上帝教」。

西元一八四六年之前，洪秀全、馮雲山等人的傳教事業進行得很不順利，但自一八四六年起，成員迅猛發展，規模急劇擴大，很快就達到上萬人的規模，最終得以在一八五一年發動金田起義，向清朝發起強有力的挑戰。

「拜上帝教」的早期成員有兩個特點，一是以客家人為主，二是以小知識份子、手工業者和小商販為主。客家人由於進入華南晚，擁有的土地少，往往無法完全依賴農業生存，小知識份子、手工業者和小商販，又特別容易受經濟波動打擊，因此在西元一八四六年起的廣東經濟大衰退中受到的打擊尤為強烈。太平天國戰爭的爆發，又進一步加劇了廣東經濟特別是外貿的淪落。

廣東外貿之所以會淪落百年，倒不是因為中國的絲綢和茶葉已經在國際市場上失去了競爭力：日後中國絲綢的勁敵義大利絲綢和日本絲綢，此時尚未完全形成氣候；印度茶葉的發展也不像英國政府期盼的那樣順利，由於無法生產出質優量足的茶葉，義律家族苦心培植的阿薩姆公司幾乎在西元一八四八年破產，此時英國東印度公司的破產清算尚未完成，阿薩姆公司董事會還認真討論了將公司資產重新劃入英國東印度公司名下的可能性。

西元一八五二年，阿薩姆公司扭虧為盈，真實原因可能是一群蜜蜂對阿薩姆的茶樹進行了恰到好處的傳粉，從而創造出能夠媲美中國上等茶的新品種。到了一八五七年，阿薩姆公司的茶葉出口形勢一片大好，印度各地的茶葉公司爭相開張上市，英國就又發動了第二次鴉片戰爭。與第一次鴉片戰爭一樣，第二次鴉片戰爭也沒給英國經濟帶來多少好處。

西元一八六五年茶葉泡沫破裂，印度茶葉公司紛紛倒閉，受此影響，中國茶葉銷量大增，價格也達到歷史最高水準，清朝隨之迎來了「同光中興」。

可是好景不長，西元一八七二年，英國人威廉·傑克森發明揉撚機，八千具揉撚機可以代替一百五十萬名茶工，大大降低了印度茶的製茶成本，這樣製成的茶葉還比用腳揉撚茶葉的中國傳統做法衛生得多，一八六九年蘇伊士運河的開通，更大大降低了英國到印度的航運成本。

同時，中國茶不斷爆出用礦物染色、陰光、摻土等醜聞，漫長的戰爭更使中國茶農無心工作，茶葉的品質劇烈波動，中國茶成為劣質茶的代名詞。

到了西元一八八一年，中國茶葉在國際市場上的價格已經跌到一八六七年的一半，在國際市場上的銷量，也先後被印度茶葉和日本茶葉超過，短暫的「同光中興」至此戛然而止。大英帝國終於主宰了國際茶葉市場，從此不再需要對中國發動戰爭了。❹

西元一八四六年後廣州的外貿趨勢每況愈下，不是因為中國茶葉在外貿市場上失去了競爭力，而是《南京條約》規定的「五口通商」。外貿市場有個基本原則：港口離產地距離越近，運輸成本就愈低，產品也愈新鮮。

當時，外國商人來華主要是購買紅茶和絲綢，如果要購買紅茶，他們會發現，離紅茶主產地武夷山最近的口岸是福州，而不是廣州，所以自西元一八四六年起，福州的茶葉外銷量就超過了廣州；如果要購買絲綢，他們會發現，離絲綢主產地湖州最近的口岸是上海，而不是廣州，所以自一八四六年起，上海的絲綢外銷量就超過了廣州。

如果要做其他生意，特別是非法的鴉片走私，那麼英國統治的香港無疑比廣州更方便。因此，從西元一八四六年起，廣州便讓出了已保有一百多年的、中國最大港口的桂冠，逐步淪為一座平凡的省會城市。

瞭解鴉片戰爭後全球茶葉市場的趨勢，有助於我們更好地理解主營茶葉外銷的原廣東十三行商人們，在鴉片戰爭之後的命運。

作為擁有幾十年以至上百年從商經驗的商業世家，十三行商人們的商業嗅覺非常人可比。早在鴉片戰爭爆發時，他們就看得很清楚，無論這場戰爭的過程和結局如何，廣州的經商環境都會惡化，廣州的經濟地位必將沉淪。有鑑於此，他們展開了大規模的分散投資和資產轉移。

西元一八四二年十二月二十三日，得知《南京條約》內容後不久，伍秉鑑就給已經返回美國的乾兒子、旗昌洋行股東羅伯特．福布斯寫信說：「如果我現在是青年，我將認真地考慮乘船前往美國，到你附近的某處定居。」同日，他又致函另一位美國商人約翰．顧盛，表示自己若非年紀過大，經不起漂洋過海的折騰，實在很想移民美國。

伍秉鑑的確有先見之明，在未來的一個世紀，美國將飛速崛起為世界頭號經濟體，而中國經濟則每況愈下，淪為全球經濟版圖中積貧積弱的三流國家。在十九世紀中葉，看似還遠不如歐洲和東亞富裕和發達的美國，才是世界上最有前途的投資國。

生前，伍秉鑑就已經透過旗昌洋行開始了在美國的初步投資，雖然他自己沒能移民美國，但他的兒子伍紹榮卻將對美國的投資規模，提升到一個前所未有的高度。

西元一八四三年，隨著伍秉鑑的離世，年方三十三歲的伍紹榮，完全接管了父親留下的龐大外貿企業。然而，這筆令全世界都垂涎的巨額遺產，卻讓他寢食難安，因其置身鴉片戰爭後的內憂外患危局，稍不留神就會給伍家帶來滅頂之災。處在伍紹榮的位置上，任何一個人恐怕都會採取謹慎保守的經營策略。但是，伍紹榮與眾不同。

作為一個自幼養尊處優的富二代，儘管他無經商的天賦，卻歷經了許多大場面，具備過人的視野而且胸懷大志。父親生前想要移居美國的願望，以及向羅伯特·福布斯的投資，都在時刻提醒他這份家業守是守不住的，主動出擊，才是唯一的希望。

五口通商初期，由於外國商人對其他四座口岸的商情並不熟悉，覺得「新商經理貿易，總不如舊商之可靠，故夷商之有資本者，多不肯舍舊而趨新」，伍紹榮等廣東十三行舊行商，依然不愁客源。更重要的是，由於阿薩姆公司經營不善，中國茶商此時完全感受不到來自印度茶葉的壓力，《虎門條約》及附約《通商章程》提高正稅、取締規費的做法，實際上降低了中國茶葉的出口成本，從而提升了中國茶葉在國際市場上的份額，出口額一直處於非常高的水準，僅廣東口岸的茶葉年出口額就相當於鴉片戰爭前的三倍左右。

這樣，雖然失去了外貿壟斷權和「怡和行」的金字招牌，伍紹榮等原廣東十三行商人卻依然透過出口茶葉，賺取了豐厚的利潤。但對廣利行盧繼光、同孚行潘紹光（潘正煒）、東興行謝有仁、天寶行梁承禧等原十三行商人而言，繁榮的外貿已經與他們沒有關係了，因為在《南京條約》簽訂以後，他們不看好廣東未來的外貿前景，紛紛自願歇業，將家族的人力、財力轉移到科舉考試、古玩收藏和房地產等傳統領域。

到了道光末年，還在廣州外貿前線活躍的、原廣東十三行商人，只剩下伍紹榮與吳天垣兩家，吳天垣還有後來居上之勢。在他們兩家的努力下，到了西元一八四九年十一月，舊行商們已經資本充足，為了搞好官商關係，準備重建「公所基金」。由於《南京條約》的限制，當然不可能再叫「公所基金」這個名字，而改名叫「茶用」。經過與廣東當局協商，出口茶葉「每百斤收銀二錢」，但當年就漲到五錢，僅在一八五〇年便「共抽銀七十萬兩」，相當於粵海關年收入的四成，後來這筆錢主要用於鎮壓太平天國。❺

伍紹榮與吳天垣等舊行商自願向政府繳納大筆「茶用」，最終目的是重建廣東十三行，並再度確立其外貿壟斷地位。但由於《南京條約》的限制、上海與福州等口岸的競爭，以及外商的激烈反對，他們在這方面的努力始終沒有成效。看到國內的合法貿易發展空間有限，伍紹榮便將投資目光轉向了國內黑市及國外市場。

《南京條約》的簽訂，使中國的鴉片走私變本加厲。早在鴉片戰爭末期的西元一八四二到一八四三貿易年度，從印度輸入中國的鴉片數量就已恢復到戰前水準的每年三萬餘箱，一八四八到一八四九貿易年度更達到四點三萬箱，此後連創新高，一八五四到一八五五貿易年度竟達六點五萬箱之多，相當於林則徐禁煙時的兩倍。

如上文所述，伍秉鑑家族與鴉片走私的關係由來已久，可以追溯到怡和行成立之初，因為怡和行本身就從被其並購的遠來行那裡，繼承了當時中國最大的鴉片走私網。

鴉片戰爭之後，鴉片走私的猖獗無疑給伍紹榮帶來了更多的利潤，而他打算從事的非法貿易還遠不止於此。

如果說世界上還有什麼走私行為比販毒更可怕，那非販賣人口莫屬。早在大航海時代，東南亞華人就多次向歐洲殖民者證明過自身的價值；而在拿破侖戰爭前後，華工又在印度、巴西、聖赫勒拿島等地大顯身手。與此同時，英國廢除奴隸制度，並派遣義律兄弟等海軍將領在全球緝捕販奴船隻，使原先極受歡迎的黑奴貿易遭到重挫。

於是，十九世紀中葉，全球都出現了勞動力短缺的問題。在這種情況下，以熱帶作物種植園為支柱產業，因此對農業勞動力有著極大需求的美洲各國發現，「中國移民是耐勞的、馴良的、服從的，如同奴隸一樣，而且很省錢……無論在任何條件下，他們都將創造出一種難以與之抗衡的競爭力量」。

《南京條約》恰在此時簽訂，五個通商口岸便很快成為走私華人去美洲務工的基地。在中外商人的配合下，廣州、福州、廈門、寧波、上海、香港和澳門都建立了「豬仔館」，將成千上萬的貧苦華人以「豬仔」的名義，運往美洲當苦力。只有很少的華人像伍秉鑑那樣對美洲有所瞭解，是自願出國的，大部分都是被拐騙上船的，並由於支付不起船票和其他旅費，而背上了沉重的債務（名為「賒單」），被美洲雇主視為債務奴隸。

描繪華工出洋的神態與穿著打扮

避開太平天國時期血雨腥風的華工，視美國為「幸福」的世外桃源，稱聖法蘭西斯科市為「三藩市」。

在美洲各國中，盛產蔗糖的古巴、盛產鳥糞的秘魯和剛發現加利福尼亞金礦的美國對引進華工最為熱衷，前往這三個國家的華工，佔整個十九世紀中葉出國華工總數的三分之二左右。在那個巴拿馬運河尚未開鑿的年代，從中國繞道火地島前往古巴的航程，是最為艱苦的，超過三分之一的華工尚未抵達目的地，就因船員的殘酷折磨和營養不良死在途中，屍體都被扔進大海餵鯊魚。去秘魯挖鳥糞的旅行是最危險的，由於工作條件極為惡劣，抵達秘魯的數萬華工幾乎無人倖存。

相較之下，去美國淘金似乎是華工最好的選擇，可是由於美國一直存在蓄奴制度，美國雇主們對華工異常殘忍，來美國淘金的歐洲新移民（特別是因家鄉的馬鈴薯災荒，大批移民美國的愛爾蘭人）又嫉恨能幹耐勞的華工奪走了他們的就業機會，策劃了多次針對華工的屠殺。

儘管如此，與太平天國時期到處血雨腥風的中國相比，美國依然被華工們視為「幸福」的世外桃源，他們因此稱聖法蘭西斯科市為「三藩市」。

由於盛產毛皮和黃金的美國西部迅速繁榮起來，愈來愈多的人從美國東部前往西部，希望一圓發財的「美國夢」。

為了解決由此引發的交通問題，加快美國西部的開發，藉以打擊南部分裂勢力，林肯總統於西元一八六二年南北戰爭期間，宣佈成立「中央太平洋鐵路股份公司和聯合太平洋股份公司」，共發行一億美元的股票，興建連接美國東西海岸的太平洋鐵路。

負責鐵路西段建設的中央太平洋鐵路股份公司很快發現，白人和黑人大都不能勝任在洛磯山脈造鐵路的艱苦工作，於是想到了以吃苦耐勞著稱的華工，在四年內先後雇用了約三萬名。在全長近一千一百公里的中央太平洋鐵路上，有百分之九十五的工作是華工完成的。從某種意義上說，成就現代美國的，不是南北戰爭，而是太平洋鐵路。

然而，近一萬名華工在此期間付出了生命，號稱「每根枕木下面都有一具華工的屍骨」。時至今日，仍有無數的華工白骨躺在美國腹地的崇山峻嶺中，尚未掩埋，他們用生命換來了美國的統一和繁榮，自己和家人卻失去了一切。❻

無論是將華工運往古巴去種甘蔗，或是將華工運到秘魯海島上挖鳥糞，還是將華工運到美國去建太平洋鐵路，背後都少不了原廣東十三行商人們的身影。他們是與外國商人聯繫最密切、海外關係最多的中國商人團體，沒有他們的幫助，外國商船不可能把幾十萬華工偷偷運出中國領土，特別是規模最大、用工最多的太平洋鐵路項目，原廣東十三行商人更是起了主導性作用，因為末代十三行總商伍紹榮，就是中央太平洋鐵路股份公司的大股東！

早在鴉片戰爭之前，伍秉鑑就曾經給乾兒子羅伯特·福布斯五十萬銀圓，用於在美國的投資。他死後，伍紹榮又多次給旗昌洋行匯款（其中一筆為三十萬銀圓，有兩筆為五十萬銀圓），加大在美國的投資。

旗昌洋行用這些錢購買了大量股票，獲益豐厚，後來，伍紹榮更是直接以自己的名義購買美國股票，尤其鍾愛美國基礎建設股。例如太平洋鐵路和檀香山鐵路。中央太平洋鐵路股份公司能僱得到這麼多華工，並對他們進行高效的管理，無疑與伍紹榮的幫助息息相關。

在一定程度上可以說，伍紹榮在美國前後投資的數百萬美元鉅資，不但幫助林肯總統打贏了南北戰爭，自己也獲益豐厚。據說在南北戰爭之前，不算股價的上漲，他每年可獲得二十多萬兩銀子的美國股息。❼

參加太平洋鐵路建設的華工

透過十三行商的安排，中央太平洋鐵路股份公司大量僱入華工，並對他們進行高效的管理。

結果，伍紹榮「富益盛」名下資產，又大大超出了父親伍秉鑑留下的遺產，穩居世界首富寶座。❽

儘管在美國股市發了大財，伍紹榮卻並非只想著海外投資。五口通商之後，多位原廣東十三行商人，都把投資眼光投向了新開埠的另一個口岸：上海。鴉片戰爭前後，人們一致公認上海擁有比廣州和香港更為優越的經商環境。西方商人發現，「上海的生活條件比廣州要舒適得多，有廣大的空間足供愉快的生活，又沒有商館的限制，而且還有前往四鄉去的自由……上海人比廣州人客氣有禮……」❾

可是在開埠之初，外國商人卻在上海遇到了一個大難題：上海知縣出於避免政治風險的考慮，宣稱上海沒有多餘的房屋可以租給外國人。正當雙方僵持不下之際，一位廣東商人的出現，解決了這個難題。

早在《南京條約》簽署後不久，此君便攜重資從廣州來到上海，買下了大片房地產，等著租給外國商人。換言之，他設計了一個上海版的「十三行夷館」，期待靠自己先知先覺的外貿嗅覺，在上海灘大發橫財。

當時上海的大商人的確多半都來自廣州，以至於社會上有種說法，上海人的生意頭腦，都是向廣東人學的。可惜，無論廣東商人的貿易頭腦多麼精明，到頭來，還是在動盪的現實面前碰得頭破血流。

西元一八四四年四月，廣東商人與英商寶順洋行達成的首份上海地產租賃協議規定，每畝土地押金九萬九千八百七十文、年租金三千五百七十四文。但經過英國領事巴富爾與上海最高官員、蘇松太道宮慕久協商，租賃協議被改為每畝土地押金一百五十七萬九千四百三十文、年租金一千五百文，而且押金和租金直接經外國銀行匯給清朝政府，不入中國業主帳戶。就這樣，增長了十五倍多的押金，變成了事實上的土地出讓金，下降了一多半的租金則變成了事實上的物業稅。

貪圖大筆押金的宮慕久，還在《上海土地章程》中進一步規定，外國商人「租地建房之後，只准商人稟報不租，不准原主任意退租，更不准再議添租價」。

就這樣，上海租界的房地產租金永遠不許上漲，而且，中國業主一旦將房地產租給外國人，就必須永久出租，除非外國租戶主動要求退租。實際上，由於上海經濟在開埠後的發展，上海房地產租金大漲，沒有外國租戶會主動退租給中國業主，即便自己不再需要，也會樂得充當「二房東」，以高出原租金幾倍至幾十倍的價格轉租給其他人，清政府對此熟視無睹。

於是乎，購買上海房地產租給外國商人的廣東商人，既不能得到押金和租金，也不能改變或終止租約，事實上被清政府剝奪了全部房地產所有權，而外國商人則以增加押金為代價，獲得了永久性土地使用權。對伍紹榮、吳天垣等原廣東十三行商人來說，他們在上海房地產上的投資成了一個巨大的財富黑洞，與利潤豐厚的美國股票相比有天淵之別。

儘管如此，原廣東十三行商人依然不肯放棄上海，而是加大投入。他們已經下定決心，要從萬惡的宮慕久手中奪走整個上海的統治權。[10]

西元一八四七年，透過《上海土地章程》給清政府帶來大筆財政收入的宮慕久，晉升江蘇按察使，原廣東十三行商人的機會終於來了。

這一年，已近風燭殘年的道光皇帝，破例親自召見了一位原十三行商人，授予他署蘇松太

開埠時的上海

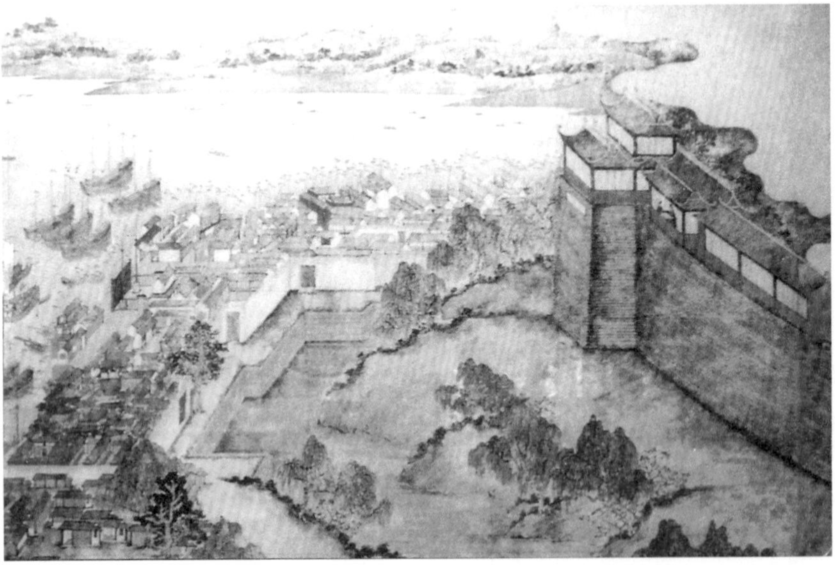

洋行林立、商船如雲的上海，迅速發展為遠東最大港口，號稱「冒險家的樂園」。

道兼江海關監督的重任。此君正是同順行老闆吳天垣的三哥，吳健彰（吳天顯），曾經在西元一八四二年與伍紹榮一同被耆英召往南京，參加中英和談。

經過艱苦的努力，上海灘的廣東商人們似乎終於可以揚眉吐氣了。與鮑鵬一樣，吳健彰也出生於「中國買辦之鄉」廣東香山，兄弟三人原本做家禽生意，綽號「賣雞爽」，後來都轉而經營外貿。

據江蘇巡撫吉爾杭阿介紹：「吳健彰自二十歲時，即在粵東與夷商貿易，以然諾不欺為外夷所信服。」靠著多年經商積累的資本，吳家三兄弟於西元一八三四年創建同順行，一八四一年即上升為十三行中的第七位。

在那個外貿凋敝、舊行商紛紛破產的時代，吳健彰經商如此順利，不僅由於他的商業信用，更由於他有一副漂亮的面孔和別致的小鬍子，是公認的美男子，極富魅力。

《南京條約》簽署時，耆英急調剛剛考取監生的吳健彰和伍紹榮兩位行商領袖，從廣東前往南京參加談判。得知和約簽署後，伍紹榮返回廣州，但吳健彰卻留在江蘇，因為耆英等大臣的賞識暫時代理蘇松太道。

可是他的屁股還沒坐熱，進士出身的宮慕久便抵達上海，他只得離任。他並不死心，靠著雄厚的財力，長期旅居南京，鑽營江蘇官場，企圖重獲肥缺。好不容易等到宮慕久卸任，蘇松太道卻被耆英賞給了他的老部下咸齡。偏偏咸齡剛剛到任，上海就發生了中國水手與英國傳教士群毆的「青浦教案」，咸齡的裁決對英國傳教士不利，釀成外交事件。

在英國軍艦的壓力下，清政府被迫將咸齡革職，派「深悉夷情」「素諳夷語」的吳健彰去上海查辦，嚴懲了涉案水手，獲得英國官員的讚賞，吳健彰於是順理成章正式出任蘇松太道。

儘管當上了道台，後來又獲得了二品頂戴、記名按察使的顯要職位，吳健彰卻從未放棄過外貿商人的身分。在廣東就與他有頻繁聯繫的外國商人來到上海以後，對他「見輒呼其行次，拜會不分旦夕」。

與伍紹榮一樣，吳健彰也購買了美國股票，名列旗昌洋行的七大股東之一。此外，吳健彰還與當時主營鴉片走私的英商顛地洋行（寶順洋行）、怡和行（查頓．馬地臣洋行，與伍秉鑑父子無關）來往密切。在他的袒護下，上海很快發展為全球最大的鴉片市場，苦力市場也日益興隆。

然而，英、法、美列強並不滿足於他的這些袒護措施，而是變本加厲、不斷迫使他出讓中國利益，首當其衝的便是擴大租界。

西元一八四八年，剛剛上任的吳健彰不僅未能替中國業主要回租界的收租權，反而被迫同意將英租界擴大近三倍，並新劃了法租界和美租界，三個租界加起來的總面積超過了上海縣城！由於吳健彰大大增加了上海租界的押金、租金額和海關的稅收額，他的這些行為全都獲得清政府的默許。

在吳健彰的寬鬆統治下，上海迅速發展為洋行林立、商船如雲的遠東最大港口，號稱「冒險家的樂園」，而上海灘上最大的冒險家，無疑正是道台自己。同時，伍紹榮也在上海大發橫財，「適旗昌洋行之西人乏貲，（伍紹榮）即以巨萬畀之，得利數倍。西人將計所盈以與之，伍（紹榮）既巨富，不欲多得，乃曰：『姑留汝所。』西人乃為置上海地及檀香山鐵路，而歲計其人以相畀」[11]。

可是，好景不常，西元一八五三年三月十九日，太平軍攻陷南京，吳健彰的轄區危在旦夕。手足無措的咸豐皇帝慌忙命令吳健彰雇傭船炮、抵禦太平軍，又命伍紹榮在廣東雇傭船炮馳援上海。吳健彰前後購買和租賃了十幾艘外國商船、上百艘中國船隻及數百門火炮，還雇用了數百名外國船員組成一支可觀的水師。但沒過兩個月，這支水師就因發不出軍餉一哄而散。

西方列強由於懷疑清朝即將被太平天國推翻，紛紛宣佈「中立」，甚至禁止清朝官吏和軍人進入上海租界，吳健彰多次向他們「借師助剿」，全都無功而返。八月，太平軍北伐至天津，清朝的滅亡看來已指日可待。正在此時，吳健彰突然後院起火了。

西元一八五三年九月七日，吳健彰的帳房先生劉麗川率領「義興公司」（即天地會支派小刀會）成員起兵，殺死上海知縣袁祖德、軟禁了吳健彰。吳健彰幾度試圖自殺，可是「會黨群尼之，乃殺雞發誓而與之盟」，他於是「暗示要參加叛軍，否則就發誓回鄉」，「並且命令他的部下為叛軍服務」。

次日，在劉麗川的默許下，吳健彰逃入旗昌洋行，其家眷則被接回廣東。咸豐皇帝嚴令立即收復上海，吳健彰於是以上海關稅為抵押，向外商借了十萬兩白銀，用以雇傭兵船圍攻上海，但他本人此時已聲名狼藉，在清朝官場上被稱為「王八」，他雇來的「該船等亦蔑視王八，每月則需其費幾萬，坐索銀兩而不打仗，數月不見打一仗」。

到了次年四月，甚至發生了西方僑民襲擊清軍大營的「泥城之戰」，清軍的慘敗迫使吳健彰向英國領事阿禮國求和，代價是改組上海海關，規定此後上海道台委派英國人、法國人和美國人各一名擔任上海海關稅務委員，由道台和三國領事組成的四人混合法庭監督其工作。

小刀會暴動

小刀會成員「殺雞發誓而與之盟」，就是典型的天地會儀式。

自此，中國海關成為西方使領館的附屬機構，近代中國海關稅務司制度，從而得以確立。同時，三國領事又強迫吳健彰在他們自己商定的《上海英美法租界地皮章程》上簽字，徹底剝奪了租界原中國業主名義上的土地所有權，並允許三國在租界建立政府機構，自行管理稅收和司法。這一系列賣國條約奠定了上海日後繁榮的制度基礎，卻也斷送了吳健彰的仕途，他立即被以「通夷養賊」的罪名革職抄家拿問。

奇怪的是，儘管吳健彰的罪行罄竹難書，在朝廷裡樹敵甚多，清政府也早已查明小刀會暴動時，「該王八（吳健彰）實係在城內，起事之劉麗川，即王八之管帳，其賊匪即王八所練之勇；事發時，王八但挈其妻子奔寄於夷鬼船上，與夷狎焉，其庫內公項三四十萬以之遺賊……」他還是得到了赦免，西元一八五八年又當上了候補道台。

此時，陸續傳來英法聯軍攻陷廣州，繼而登陸天津、佔領北京、火燒圓明園的消息。吳健彰覺得清朝時日無多，於是稱病辭職，回澳門養老去了。[12]

為什麼無論是志在反清的小刀會，還是清政府內的政敵，都無法奪走吳健彰的性命？原來，與以往多位成功的廣東十三行商人一樣，吳健彰也是天地會成員。他被俘後與小刀會成員「殺雞發誓而與之盟」，就是典型的天地會儀式。

劉麗川不殺吳健彰，不僅是因為吳健彰是他的老領導和香山老鄉，還因為他與吳健彰同屬天地會成員。正因為同屬天地會，吳健彰並不急於收復上海，故意「數月不見打一仗」。

那麼，清政府內的政敵為什麼也無法奪走吳健彰的性命？還是因為吳健彰與天地會的密切關係。

原來，第一次鴉片戰爭結束後，華南和華東的八旗軍主力已經蕩然無存，清朝在華南和華東的統治搖搖欲墜。在這些區域，不要說普通民眾，就連大部分官吏、綠營軍和義勇都已經加入了天地會。眼看勝利就在眼前，天地會內部卻產生了分歧。

天地會的主旨是「反清復明」，反清固然成功在望，復明卻遙不可及。天地會領袖發現，他們找不到任何一個原明朝皇室的朱姓成員值得擁戴。既然「復明」毫無意義，那麼「反清復明」的主張就極待修正。

部分天地會成員認為應該「反清自立」，參加了太平天國暴動；另一部分成員則認為，乾脆也不必再「反清」了，繼續過以前的日子為妙。這一部分天地會成員得到了清政府的大力扶持，在第一次鴉片戰爭後不久便把「反清復明」的宗旨改為「安清保清」，另立門戶，成立了「安清幫」，控制了京杭大運河及其周邊地區，其中包括上海。

因為出自「洪門」，所以「安清幫」又叫「清洪門」，近代訛傳為「青幫」或「青紅幫」。洪門（天地會）對背叛自己的「安清幫」極為痛恨，規定「由青轉洪，披紅掛彩；由洪轉青，抽筋剝皮。」上海小刀會暴動，便是「安清幫」自天地會（洪門）中分裂出的重要事件，吳健彰則是關鍵的過渡人物，清政府為了維持自己的統治，無論如何都是不敢對他下殺手的。

換言之，吳健彰實為「安清幫」大佬，他被革職之後，繼續對長江三角洲施加著巨大影響，上海也繼續掌握在吳家成員吳煦的手裡，從此開始了青幫控制上海的近百年歷史。

與青幫命運類似的，是天地會的另一個重要支派——主要活躍於長江中游的哥老會（又稱「袍哥」「漢留」或「紅幫」）。

「哥老會者，本起四川，遊民相結為兄弟，約緩急必相助。軍興，鮑超軍中多四川人，相效為之，湘軍中亦多有。」湘軍統帥曾國藩雖然和林則徐一樣，年輕時熱衷於鎮壓天地會，但當太平天國興起，他開始組建湘軍時，才發現自己根本無法避免與哥老會合作。

他自己這樣解釋湘軍大多加入哥老會的原因：「一曰在營會聚之時，打仗則互相救援，有事則免受人欺；二曰出營離散之後，貧困而遇同會，可周衣食；孤行而遇同會，可免搶劫。因此同心入會。」

由於曾國藩的放任，「各營相習成風」，「楚師千萬，無一不有結盟拜兄弟之事」。[13]曾國藩麾下大將劉坤一回憶，湘軍的哥老會士兵「晝則拜營官、百長之前，及會中有事，則此為散勇者傳集其党於山壑間，夜升高座，營官、百長反從而跪拜之，予杖則杖，予罰則罰，無敢嘩者」。[14]

成功鎮壓太平天國之後，湘軍已經完全成為哥老會的世界，曾國藩也感歎部下「怯於公戰，而勇於私鬥」。

同為天地會的分支，哥老會為何成為替清朝鎮壓太平天國的主力了呢？與青幫一樣，哥老會創立於鴉片戰爭後、太平天國前的道光末年。不同的是，哥老會的政治立場相對中立，雖然不再熱衷於「反清復明」，卻也不熱衷於「安清保清」。但是，激進的太平天國運動試圖用基督教義全面改造中國文化，特別是消滅所有的傳統宗教信仰，不僅要摧毀所有佛寺、道觀和孔廟，也包括原天地會廣泛信仰的關帝等神祇，以及清朝民間無處不在的「天地君親師」牌位。

這樣一來，太平天國威脅到了其他天地會派別的生存基礎。曾國藩所謂的「粵匪竊外夷之緒，崇天主之教。自其偽君偽相，下逮兵卒賤役，皆以兄弟稱之，謂惟天可稱父，此外凡民之父皆兄弟也，凡民之母皆姊妹也。農不能自耕以納賦，而謂田皆天王之田；商不能自買以取息，而謂貨皆天王之貨；士不能誦孔子之經，而別有所謂耶穌之說、《新約》之書，舉中國數千年禮義人倫、詩書典則，一旦掃地蕩盡。此豈獨我大清之變，乃開闢以來名教之奇變，我孔子、孟子之所痛哭於九原，凡讀書識字者，又烏可袖手安坐，不思一為之所也？自古生有功德，沒則為神，王道治明，神道治幽，雖亂臣賊子窮凶極醜，亦往往敬畏神祇。」

「李自成至曲阜不犯聖廟，張獻忠至梓潼亦祭文昌。粵匪焚郴州之學官，毀宣聖之木主，十哲兩廡，狼藉滿地。嗣是所過郡縣，先毀廟宇，即忠臣義士如關帝岳王之凜凜，亦皆汙其宮室，殘其身首。以至佛寺、道院、城隍、社壇，無朝不焚，無像不滅。斯又鬼神所共憤怒，欲一雪此憾於冥冥之中者也。」⑮

曾國藩對太平天國的聲討，觸及了哥老會最關心的領域，使雙方在鎮壓太平天國的問題上找到了共同的訴求。也正是由於這個原因，太平天國一滅亡，湘軍就開始內訌，曾國藩被迫將其逐步解散，甚至考慮予以屠殺，還為此佈置自己在湖南的親戚遠走高飛，以免遭到報復。

太平天國興起後，類似的問題也擺在了廣東天地會成員面前，以伍紹榮為首的舊十三行商人，再次站到了歷史舞台的風口浪尖。

《虎門條約》簽署後，廣東的局面一度趨於和平，中間雖有因英方要求租地和入城而生的一些波折，但由於伍紹榮、潘正煒等原十三行商人的調停，並組織民眾抗議，最終都以英方的退讓而終止。但在太平天國起兵後，廣東的政治氣氛大為緊張，清政府祭出老辦法，要求外貿商人捐款助剿，伍紹榮還以候補道員的身分主持大佛寺勸捐總局。

但當太平軍攻陷南京，逼近天津的消息傳來，鑑於清朝隨時可能被推翻，廣東的局勢也發生了本質變化。西元一八五四年六月，廣東天地會大舉起兵反清，七月聚眾二十萬人圍攻廣州城，成員均頭戴象徵洪門的紅布，號稱「洪兵」或「紅兵」（上海小刀會軍隊也這樣稱呼自己）。

為逃避戰火，廣州富人紛紛攜鉅資、逃亡香港（其中就包括油畫家「啉呱二世」關喬昌），此前一直陷於經濟困境的香港，由此開始發展為富裕的大城市。在此危急關頭，欽差大臣、兩廣總督葉名琛，向伍紹榮問計，伍紹榮與上海的老友吳健彰異曲同工，向他提出兩條建議：一是向港英當局「借師助剿」，二是借外債。「借師助剿」的計畫因為港英當局「意近要脅」而終止，但伍紹榮還是分兩筆向英美財團借了六十六萬兩白銀，又向廣州居民募捐三百余萬兩白銀，用以支付軍餉和購買西方軍火。

西元一八五五年秋，「紅兵」終於被鎮壓下去，咸豐皇帝聞訊，封葉名琛為大學士，伍紹榮加布政使銜，賞二品頂戴。但究其原因，並不是葉名琛指揮有方、伍紹榮破家為國（他一直勸別人捐款，自己卻幾乎分文未捐），而是此時太平軍北伐和小刀會佔領上海均遭失敗，清軍接連取勝，建立江南和江北大營圍困南京，曾國藩的湘軍也收復了武昌，太平天國敗象已露，「紅兵」便逐漸潰散了。[16]

作為天地會資深成員，伍紹榮與「紅兵」不可能是敵我關係，所以他表面上勸說別人捐款，自己並不捐；表面上要向西方「借師助剿」，實際上又多方掣肘。可想而知，如果「紅兵」攻下了廣州，也絕不會殺伍紹榮，他和吳健彰一樣，早就做好了兩手準備，無論清朝取勝，還是太平天國取勝，自己都將立於不敗之地。他的這種兩面性，在「紅兵」暴動後的第二次鴉片戰爭中，體現得更加明顯。

在第二次鴉片戰爭中，伍紹榮、梁綸樞、易景蘭、俞文照等，原廣東十三行商人，多次辦理對外交涉，卻毫無成果可言，廣州最終被英法聯軍攻破，欽差大臣兼兩廣總督葉名琛被俘。據說，廣州失陷的一個主要原因，竟是伍紹榮借機貪污了葉名琛的軍費。

戰爭期間，十三行夷館和商鋪被憤怒的廣州市民完全焚毀，伍紹榮甚至還被英國領事巴夏禮扇了耳光，但他們在廣州的政治地位反而進一步上升，傀儡巡撫柏貴等「日坐愁城，束手無計，惟聽紳商畫計而已。柏貴等每聞伍、俞、易、梁四大人至，即欣欣然色喜」。

這時，由於葉名琛已被英軍俘虜，咸豐皇帝派寵臣黃宗漢接任兩廣總督，伍紹榮、梁綸樞、易景蘭、俞文照等又多次與其會商，達成黃宗漢駐留惠州、不進廣州的協議，聽任英法聯軍繼續佔據廣州。

有趣的是，黃宗漢本是原廣東十三行商人的死敵，在書信中多次稱吳健彰為「王八」，但當吳健彰倒台後，卻屢次為其開脫，至此又與伍紹榮等人一見如故，配合默契。黃宗漢對十三行商人的態度，在極短的時間內發生了大轉彎，除受賄之外，另一個原因應當是，他明白了，與天地會搞好關係對清政府有多麼重要。

《天津條約》簽訂後，黃宗漢認為恢復和平的時機已經成熟，便委託伍紹榮、梁綸樞、易景蘭、俞文照四人去與英國領事巴夏禮交涉，要求英法聯軍撤出廣州城。

巴夏禮向伍崇曜說：「從前六百萬即由爾父經手（指伍秉鑑於西元一八四一年向英軍交納廣

州贖城費六百萬銀圓）……若將六百萬交清，我們便退城。」伍崇曜答：「此時粵東是何情形，軍餉不繼汝等知之，六十萬且不能，況六百萬乎？」

其實，此時的伍紹榮比父親當年更有錢，《清朝野史大觀》稱他較伍秉鑑「富益盛」，總資產估計遠超六千萬銀圓，六百萬銀圓應當不在話下，完全可以獨自承擔。所謂「六十萬且不能，況六百萬乎？」之言，只能說明，他根本就不希望英法聯軍撤出廣州，因為此時英法聯軍仍在繼續擴大對華戰爭，太平天國也有死灰復燃的跡象。作為飽受清朝官員壓榨的外貿商人和天地會秘密成員，他是打心眼希望清朝早點滅亡的。

〈八里橋之戰〉

八旗軍的末日

令伍紹榮失望的是清朝的生命力異常頑強，即便八旗軍主力在八里橋覆沒、北京失守、圓明園被焚，清朝也沒有垮台反而開始復興。第二次鴉片戰爭結束，英法聯軍撤離廣州後，伍紹榮等原廣東十三行商人，被責成支付外債和戰爭賠款。

太平天國起兵時，咸豐皇帝在選擇鎮壓太平軍主帥人選時，最先想到的就是當時賦閒在家，據說「百戰百勝」、自稱「為官十四省，統兵四十萬」的林則徐，於是立即封他為欽差大臣，命令林則徐「馳驛迅赴廣西，蕩平群醜」。可是，天有不測風雲，人有旦夕禍福，離開福州剛半個月，林則徐就在潮州病倒，上吐下瀉，三天後去世。

關於林則徐的死因，他的後代一致認為是因為伍紹榮派人下毒。他的曾孫林蘭岑這樣說：「禁煙事起，廣州之十三行食夷利者，恨林公則徐刺骨……後公再起督師粵西，彼輩懼其重來，將大不利，則又預以重金賄其廚人某，施謀毒。公次潮陽，廚人進糜，而以巴豆湯投之，巴豆能瀉，因病瀉不已，委頓而卒。」[18]

《東莞縣誌》說得更清楚：「則徐抵粵，即鎖拿洋商伍到粵秀書院……咸豐初發逆（太平天國）亂起，則徐起為廣西巡撫，伍憂其複督粵也，遣親信攜重金賄其廚人，以夷藥鴆之，使泄瀉不已，行至潮州，遂委頓而卒。後所遺親信白日為雷擊死。（按：《清朝野史大觀》等史料說法與此大同小異，林則徐六世孫林岷還曾於西元一九八四年在《北京晚報》上撰文《林則徐係被害而死》一文，堅持這一說法）」

雖然有些學者認為，林則徐年事已高，出發前就有病，加之旅途勞累、公務繁忙，導致病情加劇，應屬自然死亡，但是時至今日，其後代與伍秉鑑的後代仍如岳飛和秦檜的後代一般，水火不容。

回首林則徐之死，伍紹榮確實有作案條件。林則徐在廣東禁煙時，不僅曾經從十三行聘用過

英法聯軍與中國盜匪洗劫圓明園

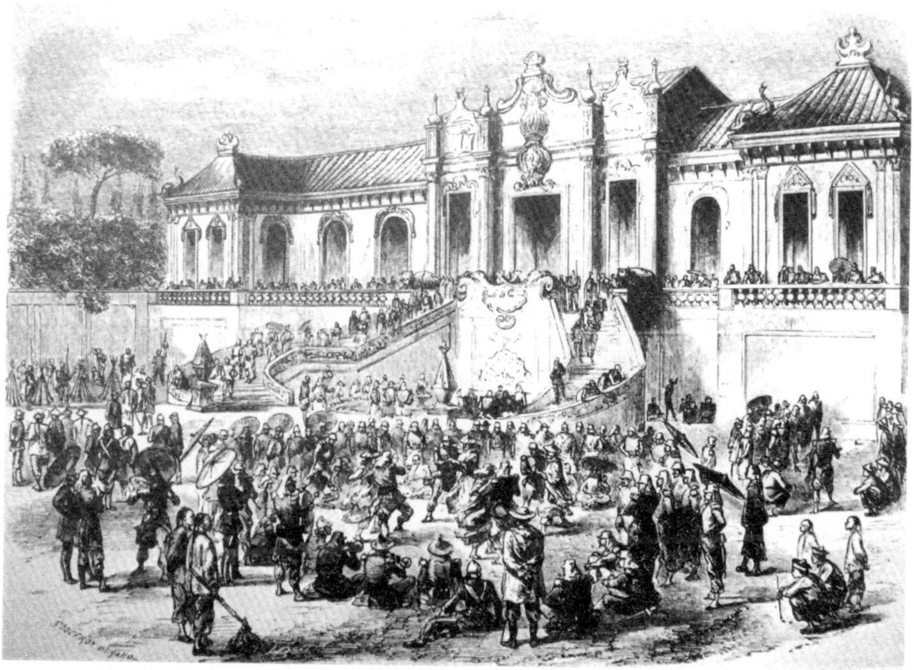

圓明園在英法聯軍之役中被洗劫破壞後放火焚毀，文化大革命期間再次遭到破壞，歷經戰亂劫掠，現時僅存遺址。

翻譯，還聘用過廚師。他死前高呼「星斗南」三字，被解釋為廣東十三行街區的新豆欄街，指的有可能是新豆欄街上的「博愛醫院」（他曾經去那裡看過西醫），但更可能指新豆欄街上的怡和行。但是，伍紹榮想弄死林則徐，西元一八三九年在廣州便有大把機會下手，何必等到一八五〇年派人跑到潮州去投毒？更何況，林則徐在廣東期間並沒有過多為難伍家，特別是在義律繳煙以後，更是對伍家相當信任，為其經商提供了很多便利。

不過，西元一八五〇年確實有很多人想弄死林則徐，那就是他奉旨前去討伐的太平天國成員。在他們看來，林則徐不是可敬的民族英雄，而是十惡不赦的「清妖」「滿奴」，必須不擇手段予以剷除。

太平天國起兵初期，得到了大部分天地會成員的支持，西元一八五三年後，兩者才分道揚鑣。如果伍紹榮和其他原廣東十三行商人對林則徐下了殺手，那麼他們這樣做的目的，並不是說明他們自己，而是在幫助太平天國。

這群舊廣東十三行商人們，很可能一直在資助太平天國，這點從伍紹榮病逝於西元一八六三年、蘇州太平軍投降之日，半年後南京陷落來看，假設伍紹榮不死，太平天國恐怕沒那麼容易滅亡。

只有愚蠢的商人，才會把所有雞蛋都放到同一個籃子裡。在戰爭中兩面下注、對沖政治風險，才是聰明的行為。當然，聰明反被聰明誤的例子，綜觀歷史上也不少，十三行的復興即將遭遇重大挫折。

尾聲

星星與花火

伍紹榮死後，由於國際茶葉市場逐步被印度茶和日本茶蠶食，加之家族不斷分裂、西方股市動盪和清政府沉重的經濟負擔，伍家及其他原廣東十三行商家族，都逐漸衰落。與此同時，「中國製造」在太平天國戰爭和西方商品傾銷的衝擊下，一敗塗地，品質、產量和銷量都江河日下。

胡雪巖在西元一八八五年的自殺，體現了中國傳統商人的絕望心態。面對這場「三千年未有之大變局」，清政府拿不出任何有效的應對方法，結果，茶葉等傳統優勢行業，被英國等西方列強相繼顛覆。

繼奧克蘭勳爵之後出任印度總督的亨利．哈丁這樣分析道：

「依我看來，北京政府完全有可能在幾年內，將中國的鴉片種植合法化，這裡的土地，已被證明像印度一樣適宜這種作物的生長，可能導致（英國）政府目前主要的財政來源之一徹底枯竭；基於這種推斷，我認為最理想的對策，是盡可能地鼓勵在印度進行茶葉種植。依我之見，後者（在印度種茶）從長遠來看，很可能為國家提供（與鴉片生產）同等收益，並且是比當下鴉片的壟斷銷售，更加保險的財政來源。」

「我經過深思熟慮後，覺得我們如果種植這種茶葉的話，很可能只要短短幾年時間，就能為我們的國家開闢一座收益極其可觀的金礦。我們在喜馬拉雅山區推廣這種茶葉的種植，甚至無限擴大它的種植面積都沒有什麼明顯的困難。」

「我敢打包票，在並不遙遠的將來，這種茶葉的產量不，光可以滿足印度市場可能出現的巨大需求，而且無論在數量還是品質上，都將足以與中國茶葉在歐洲市場上競爭。有了它，英國就

能在一定程度上擺脫那個外邦（中國）在這種生活必需品上的嚴格控制。」❶

英國人既是這麼想的也是這麼做的。隨著英國東印度公司的破產、清算逐漸完成，鴉片被英政府完全拋棄，茶葉生產得到極力推廣，大多數罌粟園都被茶園取代。太平天國戰爭之後，印度茶葉的產量和銷售額甚至超過了中國茶，很快日本茶葉也趕了上來。

與此同時，大片中國茶園則被罌粟園取代，中國本土的鴉片生產商，也在各級政府的默許和支持下，積極改進鴉片生產技術，使國產鴉片更加適合中國人的口味。西元一八五九年，咸豐皇帝宣佈中國的鴉片生產合法化，鴉片從此成為中國的王牌產品，不僅很快將外國鴉片從中國市場上擠了出去，而且暢銷全球。一九〇六年，中國生產了兩萬九千噸鴉片，幾乎佔全球鴉片總產量的百分之九十！❷

然而，光靠鴉片是拯救不了大清國運的。儘管英國從中國手中奪走國際茶業市場後，心滿意足，停止了對中國的軍事侵略，但在中法戰爭和甲午戰爭中，清朝軍隊一敗再敗。在反清勢力看來，這是天賜良機。甲午戰爭剛結束，在境外勢力的支持下，東南沿海就發生了一系列反清暴動。

西元一八九四年十一月二十四日，孫中山在美國檀香山成立興中會，但成員很少，很快便分崩離析。次年初，他來到香港，將興中會與香港本地的反清組織輔仁文社合併，正趕上李鴻章與日本簽署《馬關條約》，清政府備受指責，興中會實力大增，於是決定發動廣州起義，因為實力和經驗不足，很快被清政府破獲。孫中山被迫流亡海外，鼓吹其反清事業，但收效甚微。

西元一八九六年，他來到美國，不料多數美國華人傾向於康有為的「保皇派」，對資助孫中山的反清事業毫無熱情，他的香山老鄉更是「最惡之，所到皆餉以閉門羹」。他的講座聽眾寥寥，被迫轉赴英國，卻被清朝間諜抓獲，險些被引渡回國處死。

由於在歐美得不到多少支持，他只好又返回東亞，來往於日本、中國香港之間。西元一九〇〇年，孫中山經多年準備，發動惠州起義，結果被清軍迅速擊潰，精英損失大半，無計可施又返回美國。

他發現，美國華僑幾乎都是天地會組織致公堂成員，為了獲得支持，他於西元一九〇四年一月十一日加入致公堂，成為致公堂盟長黃三德麾下的「洪棍」，會內人稱「孫大哥」。

此時正逢日俄戰爭爆發，外國侵略軍在滿族的發祥地東三省打仗，清政府竟宣佈中立，黃三德等天地會領導者都意識到：「今滿洲為其祖宗發祥之地，陵寢所在之鄉，猶不能自保，而謂其能長有我中國乎？此必無之理也。」於是決心致力於反清事業。

透過在美國的親身體驗，許多美國華人都意識到，「反清復明」的口號早就過時了，與中國傳統的「家天下」相比，美國的民主共和制度更為優越。經過黃三德與孫中山等人的討論，致公堂於西元一九〇五年二月四日改組，選舉黃三德為「總理」，頒行新章程，宣佈「本堂以驅除韃虜，恢複中華，創立民國，平均地權為宗旨」。

當年七月三十日，孫中山在日本成立「中國同盟會」，和黃三德一樣擔任「總理」，宣佈的革命宗旨也是「驅除韃虜，恢復中華，創立民國，平均地權」，與致公堂新章程的宗旨一字不差。

可以說，中國同盟會就是致公堂的東亞分會。孫中山加入致公堂以後，獲得黃三德等天地會領導者的全力支持，每位美國天地會成員每年向他捐款兩塊銀圓，此外還專門設立「洪門籌餉局」，動員美國華僑捐款，很多人出售或抵押了自己的房子來資助革命，後來黃三德甚至抵押了致公堂的總部大樓。

可以說，美國天地會把自己的大部分財產都交給了孫中山，同時還不惜人力物力，為孫中山在世界各地的媒體上造勢，使其成為國際名人。在美國華僑的資助和宣傳下，世界各地華僑紛紛慷慨解囊，特別是東南亞華僑，大批返回大陸參加革命。同為天地會成員，廣東十三行商人的很多後代都響應組織號召，加入了支援孫中山反清鬥爭的隊伍。

然而，孫中山組織的反清暴動屢戰屢敗。西元一九一一年六月，孫中山命令中國同盟會的殘餘成員併入致公堂。出乎孫中山、黃三德等天地會領導人意料，就在中國同盟會併入致公堂之後極短的時間，哥老會領導的保路運動和武昌起義卻修成正果，完成了辛亥革命的偉業。

蔣翊武、黃興等哥老會成員領導的武昌起義能夠成功，與哥老會在湖北清軍中勢力龐大，有直接關係。然而，武昌起義一直是瞞著孫中山、黃三德等天地會領導人組織的，因為孫中山等人一直堅持革命要由海外華僑領導，首先在廣東發動反清暴動，控制整個廣東省之後再北伐，看不起哥老會，認為他們太「土氣」，只配給天地會打下手。

結果，海外華僑領導的天地會起義軍雖然擁有先進的美式裝備，卻因水土不服，紛紛失敗，哥老會的「泥腿子」卻一舉成名天下知了。

由於八旗軍主力早已在鴉片戰爭中被英法聯軍殲滅，清朝不得不起用北洋軍閥袁世凱，鎮壓武昌起義。袁世凱是李鴻章舊部，北洋軍脫胎於淮軍，其核心多為青幫成員。三大會黨見面一合計，自相殘殺太愚蠢，不如乾脆把清朝滅了，大家一起坐江山。面對這場華南洪門、華中哥老會和華東青幫攜手同心的反清運動，清政府毫無抵抗的能力，只能黯然下臺。

清朝滅亡以後，在如何處理滿族的問題上，軍事力量最強的青幫還堅持「安清保清」，經濟力量最強的天地會仍要「驅除韃虜」，像太平天國一樣，對滿族大開殺戒。孫中山雖然是天地會大佬，此時卻為了國家利益，避免國家分裂，支持青幫的立場，主張滿族和漢族都是中國人，應當納入民族主義的保護團結範疇，不要再打壓殺害，結果大大觸怒了天地會。

更有甚者，孫中山配合袁世凱，拒絕承認天地會為合法組織，黃三德親自去廣州懇求，孫中山、胡漢民都置之不理，使天地會仍處於黑社會地位。後來，國民黨史學家都說，袁世凱是「竊國大盜」，但在黃三德等天地會領導人看來，孫中山以「驅除韃虜」的名義，籌措了上千萬兩白銀的天地會成員捐款，革命成功後卻不「驅除韃虜」，還拒絕承認天地會為合法組織，斷了弟兄們的官運，又遲遲不肯償還借天地會的鉅款，比袁世凱更可惡。[3]

為了支持辛亥革命，成千上萬的海外天地會家庭家破人亡，倖存者也淪為社會最底層，只能靠非法手段謀生，海外華人的地位因而大大下降。於是，辛亥革命後，孫中山與天地會的關係迅速惡化，特別是孫中山領導的同盟，與天地會的革命組織光復會，很快就發展為你死我活的關係。打響雙方第一槍的人，名叫蔣介石。

西元一九一一年年底，青幫大佬陳其美與天地會成員、光復會領導人李燮和爭奪滬軍都督之位。本來，李燮和是解放上海的主將，還在戰鬥中親手救出被清軍俘虜的陳其美，但沒想到革命剛成功，陳其美就派青幫殺手襲擊李燮和，擊斃了李燮和的衛兵，李燮和僅以身免，被迫逃離上海。

次年初，野心膨脹的陳其美又與另一位天地會大佬、光復會領導人、浙江參議部長、南洋華僑陶成章競選浙江都督，陶成章競選資金雄厚，呼聲較高。陳其美見選情不利，於是派自己的青幫小弟蔣介石（青幫二十三代悟字輩）於一月十四日在上海廣慈醫院內開槍，打死因病住院的陶成章，蔣介石由此聞名全國，光復會也因此瓦解。

孫中山雖然悼念陶成章，卻放任蔣介石逃往日本（當時陳其美等人說，陶成章手裡，有孫中山勾結日本賣國的證據），後來還將陳其美、蔣介石視為心腹，在他們的協助下建立了中華革命黨和中國國民黨。

至此，大部分天地會成員都與孫中山決裂。沒有天地會的支持，孫中山失去了政治和經濟力量，幾次討袁護法均告失敗，被迫返回廣東老家。

廣東天地會與孫中山、胡漢民的關係也不好。辛亥革命後，廣東都督胡漢民簽發的第一份命令，居然就是槍決天地會和同盟會成員、廣東民團團長黃世仲，十二天後，又槍斃了另一位天地會成員許雪秋，雙方從此結下血仇。

西元一九一六年陳其美遇刺後，蔣介石等青幫成員緊隨孫中山，對他產生越來越大的影響，國民黨與天地會的關係也越來越壞。天地會在廣東的主要領導人、廣東省長兼粵軍司令陳炯明，一直力圖調和雙邊關係，但在一九二二年仍不免兵戎相見。由於徐世昌辭職後，孫中山拒絕履行與其一同下野的諾言，受到段祺瑞、蔡元培、胡適等社會名流的抗議。

受其影響，陳炯明的部下發動反孫兵變，孫中山與蔣介石親自上軍艦開炮轟擊陳炯明軍營，陳炯明戰敗後被迫辭職並逃亡海外。

在此期間，黃三德等天地會領導人一直堅定地支持陳炯明，還在報刊上嘲笑孫中山為「孫大炮」，諷刺說：「今先生『大炮』之徽譽騰於內外，偉人變作匪人。先生利用洪門（天地會）之伎倆又出。先生衰時，則倚庇於洪門，盛時則鄙屑洪門，避之若浼。今盛而復衰，又欲與洪門親密。先生休矣！」❹

晚年的孫中山與天地會勢同水火，廣東十三行商人的後代，也就和其他大多數天地會成員一樣，在國民政府中遭到邊緣化，他們之前對辛亥革命、護法運動的財力和人力貢獻，隨之被淡化。與此同時，他們的經濟狀況也每況愈下。清朝末年，以陳啟源為代表的一批歸國華僑，將西方工業帶入中國（按：陳啟源於西元一八七二年在南海簡村建立的繼昌隆繅絲廠是中國第一家近代民族資本工廠，象徵著中國民族資本主義的興起），很快取代了舊洋商和鹽商，成為廣東最富有的商人集團。辛亥革命後，為了在軍閥割據時期維護商業利益，廣東商人仿效歐洲東印度公司，購買軍火，組織了自己的武裝力量：廣東商團，陳啟源的孫子陳廉伯，靠雄厚的財力被推舉為廣東商團團長。

孫中山返回廣東後，一開始與廣東商團關係親密，多次接受其捐款，廣東商團在陳炯明兵變時，有效地維持了廣州城內的秩序，幫了孫中山不小忙。但是，廣東商團的規模日益擴大，至西元一九二四年年初已超過兩萬人，引起了國民黨的猜忌。在蔣介石和蘇聯代表鮑羅廷的影響下，一九二四年八月，廣州政府扣押了陳廉伯合法進口的一批槍械。

十月，孫中山查明真相後批示放行槍械，但鮑羅廷卻鼓動廣東工團遊行阻止，與商團發生流血衝突，孫中山發兵夜襲位於廣東十三行舊址的廣東商團西關總部，陳廉伯等商團領導人戰敗後逃亡香港。廣東十三行舊址在這場戰火中再次遭到破壞，幾乎被夷為平地。

廣東商團事件，徹底毀掉了國民政府與十三行商人後代的關係。天地會商人對國民黨如果有過幻想，在廣東商團事件之後也徹底破滅了。一個月後，孫中山離開廣州，抵達北京後不久便病逝了。他的死在中國大陸引起廣泛哀悼，但在海外、特別是美國，卻引起天地會成員的慶祝，黃三德等人還專門著書立說，對孫中山進行嚴厲批判：「孫文之利用洪門，確是忘恩負義，只為其自立私黨起見，而背大公無私之訓。」5

在黃三德的支持下，西元一九二五年十月十日，陳炯明、唐繼堯等天地會大佬，在美國三藩市將洪門致公堂改組為中國致公黨。因受國民黨的迫害，直到一九四九年，致公黨才得以返回中國大陸。

蔣介石政權雖然表面上維護商人權益，但它維護的都是青幫商人的權益，而青幫與天地會是死對頭，天地會內有「由青（青幫）轉紅（洪門，即天地會）」，掛彩披紅；由紅轉青，剝皮抽筋」之說。於是，在蔣介石統治時期，國民政府內幾乎完全看不到十三行商人後代的身影了，他們往返於粵港澳之間，艱難地維持著各自的生計，直到迎來解放和改革開放。

廣東十三行曾經是時代的弄潮兒。在大一統帝國的懷抱中，在「士農工商」排序的傳統社會裡，十三行商人不僅成為中國最早的「紅頂商人」，並且光彩奪目地登上世界舞臺。

當摩根、洛克菲勒、福特等大財閥尚未出世的時候，潘、伍等控制海上絲綢之路貿易的十三行商人們，一次又一次決定了世界各主要國家的命運，成為歐洲各國東印度公司爭相籠絡、合作的對象，在大發洋財的同時，巧妙地暗中守護著自己「反清復明」的夢想。

儘管富可敵國，但他們隨時可能被抄家、發配充軍乃至丟掉性命。不過，天地會成員的身分，決定了他們從不缺少與清政府的鬥爭經驗與決心。他們幫助清朝君臣享受到了各種外國奢侈品，並用稅收和賄賂塞滿了清朝君臣的錢包，因此成為大清帝國無法捨棄的重要集體。

清朝君臣指責廣東十三行商人包庇鴉片走私，實際上，廣東十三行本身，就是清帝國戒不掉的鴉片。最終，鴉片戰爭的炮火敲響了大清帝國的喪鐘，廣東十三行求仁得仁，完成了自己的歷史使命。

對於中華民族，廣東十三行有大過也有大功。

一部十三行，半部中國近代史。偉哉，廣東十三行！（全書完）

參考文獻

第一章

❶ 馬士《東印度公司對華貿易編年史（卷一、二）》／區宗華譯，廣州：中山大學出版社，（1991：411）

❷ 同上：746—754

❸ 梁嘉彬《廣東十三行考》／廣州：廣東人民出版社，（1999：156）

❹ 蔡香玉《廣東十三行與清代中外關係：乾隆末年荷使在廣州親歷的國禮與國宴》／趙春晨、冷東編，北京：世界圖書出版公司，（2012：248—250）

❺ 羅炤《天地會探源 [N]》／中華工商時報：1994 年 10 月 19 日

❻ 孫昉、劉旭華《海外洪門與辛亥革命》／北京：中國致公出版社，（2011：337—338）

❼ 亨特《廣州番鬼錄：舊中國雜記》／馮樹鐵、沈正邦譯，廣州：廣東人民出版社，（2009：384—385）

❽ 中國人民大學清史研究所《中國第一歷史檔案館：清史資料叢刊，天地會（第一冊）》／北京：中國人民大學出版社，（1982：13—16）

❾ 帕萊福、魯日滿、衛匡國《韃靼征服中國史》、《韃靼中國史》、《韃靼戰紀》／何高濟譯，北京：中華書局，（2008：367）

❿ 黃宗羲《日本乞師記》

⓫ 《明永歷朝王太后致諭羅馬教皇因諾曾爵書》；黃一農《南明永歷朝廷與天主教 [D]》；《中

梵外交關係史國際學術研討會論文集》／輔仁大學歷史學系，（2003：79—118）
⑫ 雪珥《大國海盜》／太原：山西人民出版社，（2011：145—147）
⑬ 馬士《東印度公司對華貿易編年史（卷一、二）》／區宗華譯，廣州：中山大學出版社，（1991：760）
⑭ 亨利・艾理斯《阿美士德使團出使中國日誌》／劉天路、劉甜甜譯，北京：商務印書館（2013：285—286）
⑮ 馬士《東印度公司對華貿易編年史（卷一、二）》／區宗華譯，廣州：中山大學出版社，1991：611—612）
⑯《清史稿（卷三百五十）》；《李長庚列傳》；魏源《聖武記（卷八）：嘉慶東南靖海記》
⑰ 蕭令裕《英吉利記》
⑱ 魏源《聖武記（卷八）：嘉慶東南靖海記》；雪珥《大國海盜》／太原：山西人民出版社，（2011：194）
⑲ 楊國楨《林則徐傳》／北京：人民出版社，（1995：1—23，53）

第二章

❶ 陳瑞林《廣東十三行與清代中外關係：十三行、啉呱、醫學圖畫與近代中國寫實繪畫的興起》／趙春晨、冷東編，北京：世界圖書出版公司，（2012：478—490）；陳繼春《錢納利與澳門》／澳門基金會，（1995：139—158）；亨特《廣州番鬼錄：舊中國雜記》／馮樹鐵、沈正邦譯，廣州：廣東人民出版社，（2009：473—482）

❷ 老尼克《開放的中華：一個番鬼在大清國》／錢林森、蔡宏寧譯，濟南：山東畫報出版社，（2004：43—47）

❸ 亨特《廣州番鬼錄：舊中國雜記》／馮樹鐵、沈正邦譯，廣州：廣東人民出版社，（2009：50—51）

❹ 潘有度《義松堂遺稿：西洋雜詠》

❺ 佩雷菲特《停滯的帝國：兩個世界的撞擊》／王國卿等譯，北京：三聯書店，（1993：445—450）

❻ 馬士《東印度公司對華貿易編年史（第三卷）》／區宗華譯，廣州：中山大學出版社，（1991：252）

❼ 孫昉、劉旭華《海外洪門與辛亥革命》／北京：中國致公出版社，（2011：14—15，89）

❽ 董叢林《華工史話》／北京：社會科學文獻出版社，（2011：130—132）

❾ 威廉・烏克斯《茶葉全書（上卷）》／儂佳等譯，上海：東方出版社，（2011：225）

❿ 譚樹林《美國傳教士伯駕在華活動研究》／北京：群言出版社，（2010：109—111）

⓫ 同上：105—163

第三章

❶譚元亨《國門十三行——從開放到限關的逆轉》／廣州：華南理工大學出版社，（2011：221—223）

❷錢泳《履園叢話》；汪鼎《雨韭盦筆記》；亨特《廣州番鬼錄：舊中國雜記》／馮樹鐵、沈正邦譯，廣州：廣東人民出版社，（2009：432）；埃里克·傑·多林《美國和中國最初的相遇：航海時代奇異的中美關係史》／朱穎譯，北京：社會科學文獻出版社，（2014：183—185）

❸亨特《廣州番鬼錄：舊中國雜記》／馮樹鐵、沈正邦譯，廣州：廣東人民出版社，（2009：107）

❹譚元亨《國門十三行：從開放到限關的逆轉》／廣州：華南理工大學出版社，（2011：223）

❺梁嘉彬《廣東十三行考》／廣州：廣東人民出版社，（1999：238—240）

❻同上：195

❼約瑟夫·H·瑞恰夫《前一千年的簡明自然史》／范小青、沈倩譯，上海：學林出版社，（2011：74—88）

❽田家康《氣候文明史》／范春飆譯，北京：東方出版社，（2012：178—184）

❾梁嘉彬《廣東十三行考》／廣州：廣東人民出版社，（1999：213—216）

❿亨特《廣州番鬼錄：舊中國雜記》／馮樹鐵、沈正邦譯，廣州：廣東人民出版社，（2009：52—53）；埃里克·傑·多林《美國和中國最初的相遇：航海時代奇異的中美關係史》／朱穎譯，北京：社會科學文獻出版社，（2014：171—173）

⓫ 埃里克・傑・多林《美國和中國最初的相遇：航海時代奇異的中美關係史》／朱穎譯，北京：社會科學文獻出版社，（2014：87—93）

⓬ 亨特《廣州番鬼錄：舊中國雜記》／馮樹鐵、沈正邦譯，廣州：廣東人民出版社，（2009：56）

⓭ 同上：283—284

⓮ 譚元亨《國門十三行：從開放到限關的逆轉》／廣州：華南理工大學出版社，（2011：220）

第四章

❶ 章文欽《廣東十三行與早期中西關係》／廣州：廣東經濟出版社，（2009：47）

❷ 同上：47

❸ 《大清仁宗睿皇帝實錄（卷三百七十四）》；包世臣《戴均元墓碑記》；高換婷《嘉慶王朝》／北京：中國青年出版社，（2009：235—242）

❹ 倪玉平《道光王朝》／北京：中國青年出版社，（2008：21—25）

❺ 同上：（244—252）．

❻ 魏源《聖武記．武事餘記》

❼ 章文欽《廣東十三行與早期中西關係》／廣州：廣東經濟出版社，（2009：46）；馬士《東印度公司對華貿易編年史（卷三）》／區宗華譯，廣州：中山大學出版社，（1991：77，93）

❽ 潘健行《代怡和洋商伍敦元作分家產議約》

❾ 譚瑩《樂志堂詩集（卷二）》

❿ 梁廷枏《粵海關志（卷二十七）》；陳徽言《南越遊記（卷二）》；馬士《東印度公司對華貿易編年史（卷四）》／區宗華譯，廣州：中山大學出版社，（1991：200—201）

⓫ 伍長華《兩廣鹽法志（卷二十九）》

⓬ 《中國時報（卷二）》，（47—48，96）

⓭ 梁嘉彬《廣東十三行考》／廣州：廣東人民出版社，（1999：248）

第五章

❶ 汪熙《約翰公司：英國東印度公司》，上海：上海人民出版社，（2007：250—251）；馬士《中華帝國對外關係史（卷一）》／張匯文等譯，上海：上海世紀出版集團，（2006：133）；馬士《東印度公司對華貿易編年史（卷四）》／區宗華譯，廣州：中山大學出版社，（1991：245）

❷ 魏源《道光洋艘征撫記（上卷）》；《夷艘寇海記（上卷）》

❸ 梁廷枏《粵海關志（卷二十七）》

❹ 馬士《東印度公司對華貿易編年史（卷四）》／區宗華譯，廣州：中山大學出版社，（1991：49，61，243）

❺ 汪熙《約翰公司：英國東印度公司》／上海：上海人民出版社，（2007：198—199）

❻ 馬士《中華帝國對外關係史（卷一）》／張匯文等譯，上海：上海世紀出版集團，（2006：98—102）；埃里克·傑·多林《美國和中國最初的相遇：航海時代奇異的中美關係史》／朱穎譯，北京：社會科學文獻出版社，（2014：186—187）

❼ 柯南道爾《福爾摩斯探案集，四簽名》

❽ 安格斯·麥迪森《世界經濟千年統計》／伍曉鷹、施發啟譯，北京：北京大學出版社，（2009：266—269）

❾ 馬士《中華帝國對外關係史（卷一）》／張匯文等譯，上海：上海世紀出版集團，（2006：

100—101）
❿ 威廉・烏克斯《茶葉全書（上卷）》／儂佳等譯，上海：東方出版社，（2011：872—873）
⓫ 安格斯・麥迪森《世界經濟千年統計》／伍曉鷹、施發啟譯，北京：北京大學出版社，（2009：266—269）
⓬ 威廉・烏克斯《茶葉全書（上卷）》／儂佳等譯，上海：東方出版社，（2011：154—156）
⓭ 羅伊・莫克塞姆《茶：嗜好、開拓與帝國》／畢小青譯，北京：三聯書店，（2010：90—91）；梁英明，梁志明《東南亞近現代史（上冊）》／北京：昆侖出版社，（2005：242—245）
⓮ 威廉・烏克斯《茶葉全書（上卷）》／儂佳等譯，上海：東方出版社，（2011：155）；羅伊・莫克塞姆《茶：嗜好、開拓與帝國》／畢小青譯，北京：三聯書店，（2010：92—93）
⓯ 梁英明、梁志明《東南亞近現代史（上冊）》，北京：昆侖出版社，（2005：244—250）
⓰ 威廉・烏克斯《茶葉全書（上卷）》／儂佳等譯，上海：東方出版社，（2011：156—162）；羅伊・莫克塞姆《茶：嗜好、開拓與帝國》／畢小青譯，北京：三聯書店，（2010：93—95）
⓱ 威廉・烏克斯《茶葉全書（上卷）》／儂佳等譯，上海：東方出版社，（2011：162—170）；羅伊・莫克塞姆《茶：嗜好、開拓與帝國》／畢小青譯，北京：三聯書店，（2010：94—100）

第六章

❶ 馬丁・布思《鴉片史》／任華梨譯，海南出版社，（1999：1—8，18—38）

❷ 鍾偉民《茶葉與鴉片：十九世紀經濟全球化中的中國》／北京：三聯書店，（2010：95—100）

❸ 同上：100—102

❹ 馬士《東印度公司對華貿易編年史（卷一、二）》／區宗華譯，廣州：中山大學出版社，（1991：214—215）

❺ 馬士《中華帝國對外關係史（卷一）》／匯文等譯，上海：上海世紀出版集團，（2006：192—195）

❻ 馬丁・布思《鴉片史》／任華梨譯，海南出版社，（1999：131）

❼ 馬士《東印度公司對華貿易編年史（卷一、二）》／區宗華譯，廣州：中山大學出版社，（1991：398—400）

❽《中國叢報 [N]》，第 5 卷第 12 期第 4 篇，1837 年 4 月

❾ 馬士《東印度公司對華貿易編年史（卷一、二）》／區宗華譯，廣州：中山大學出版社，（1991：399—403）

❿ 同上：405—406，411

⓫ Weng Eang Cheong（張榮祥）《Hong Merchants of Canton：Chinese Merchants in Sino Western Trade》，（1684-1798，263）

⑫ 同上
⑬ 汪康年《莊諧選錄》；蕭令裕《粵東市舶論》
⑭ 連東《鴉片經濟：以中國、東南亞和印度為視域（1602—1917）》／北京：社會科學文獻出版社，（2013：49—53）
⑮ 馬士《中華帝國對外關係史（卷一）》／匯文等譯，上海：上海世紀出版集團，（2006：233—235）
⑯ 埃里克·傑·多林《美國和中國最初的相遇：航海時代奇異的中美關係史》／朱穎譯，北京：社會科學文獻出版社，（2014：168—173）
⑰ 包世臣《安吳四種：齊民四術，庚辰雜著二》
⑱ 連東《鴉片經濟：以中國、東南亞和印度為視域（1602—1917）》／北京：社會科學文獻出版社，（2013：121）
⑲ 《籌辦夷務始末（道光朝）第一冊》／北京：中華書局，（1960：12）
⑳ 魏源《道光洋艘征撫記（上卷）》；夷艘寇海記（上卷）》
㉑ 馬士《中華帝國對外關係史（卷一）》／匯文等譯，上海：上海世紀出版集團，（2006：233—235）
㉒ 連東《鴉片經濟：以中國、東南亞和印度為視域（1602—1917）》／北京：社會科學文獻出版社，（2013：166）

第七章

❶《大清宣宗成皇帝實錄（卷三百一十六）》
❷林則徐集《日記》；楊國楨《林則徐傳》／北京：人民出版社，（1995：34—38，191—193）
❸《大清宣宗成皇帝實錄（卷二百九十八—卷三百一十七）》
❹林則徐集《日記》
❺雷瑨《蓉城閒話》
❻《龔自珍全集（上冊）》／北京：中華書局，（1959：169—171）
❼林則徐《龔定庵書》
❽沈渭濱《道光十九年：從禁煙到戰爭》／上海：華東師範大學出版社，（2014：48—52）
❾信修明《老太監的回憶》／北京：北京燕山出版社，（1992：2）
❿吳義雄《條約口岸體制的醞釀：19 世紀 30 年代中英關係研究》／北京：中華書局，（2009：92—98）
⓫同上：296；亨特《廣州番鬼錄：舊中國雜記》／馮樹鐵、沈正邦譯，廣州：廣東人民出版社，（2009：390）
⓬章文欽《廣東十三行與早期中西關係》／廣州：廣東經濟出版社，（2009：57）
⓭林則徐《信及錄：諭洋商責令夷人呈繳煙土稿》；《東莞縣誌》
⓮楊國楨《林則徐傳》／北京：人民出版社，（1995：217—218）

⑮ 亨特《廣州番鬼錄：舊中國雜記》／馮樹鐵、沈正邦譯，廣州：廣東人民出版社，（2009：469—471）

⑯ 黃啟臣《廣東十三行與清代中外關係：十三行商領潮接納西方文化，廣州十三行商與廣州城市文化研究之二》／趙春晨、冷東編，北京：世界圖書出版公司，（2012：305—313）

⑰ 賓漢《英軍在華作戰記：鴉片戰爭第五冊》，中國史學會主編，神州國光社，（1954：25—26）；亨特《廣州番鬼錄：舊中國雜記》／馮樹鐵、沈正邦譯．／廣州：廣東人民出版社，（2009：138）

⑱ 馬士《中華帝國對外關係史（卷一）》／匯文等譯，上海：上海世紀出版集團，（2006：241—242）；特拉維斯．黑尼斯三世，弗拉克．奈薩羅《鴉片戰爭——夷館帝國的沉迷和另一個帝國的墮落》／北京：三聯書店，（2005：49）

⑲ 馬士《中華帝國對外關係史（卷一）》／張匯文等譯，上海：上海世紀出版集團，（2006：221—224）

⑳ 茅海建《天朝的崩潰——鴉片戰爭再研究》／北京：三聯書店，（2005：108—109）

㉑ 亨特《廣州番鬼錄：舊中國雜記》／馮樹鐵、沈正邦譯，廣州：廣東人民出版社，（2009：141）

㉒ 奕山《粵省軍務大定摺：鴉片戰爭（第四冊）》，中國史學會主編／神州國光社，（1954：266）

㉓ 馬士《中華帝國對外關係史（卷一）》／張匯文等譯，上海：上海世紀出版集團，（2006：247—249）

㉔ 連東《鴉片經濟：以中國、東南亞和印度為視域（1602—1917）》／北京：社會科學文獻出版社，（2013：223—224）

㉕ 林則徐《信及錄：諭洋商責令夷人呈繳煙土稿》

㉖ 林則徐《信及錄：飭拿販煙夷犯顛地稿》

㉗ 林則徐《信及錄：示諭夷人速繳鴉片煙土四條稿》

㉘ 林則徐《英吉利等國煙販躉船鴉片盡數呈繳折，籌辦夷務始末（道光朝）第一冊》／北京：中華書局，（1960：96）

㉙ 梁廷枬《夷氛聞記》

㉚ 林則徐《林則徐奏稿：公牘，日記補編：義律複不敢私領賞還茶葉稟》

㉛ 亨特《廣州番鬼錄：舊中國雜記》／馮樹鐵、沈正邦譯，廣州：廣東人民出版社，（2009：239）

第八章

❶ 包世臣《安吳四種：齊民四術，答蕭枚生書》

❷ 包世臣《安吳四種：齊民四術，致廣東按察姚中丞書》

❸ 林則徐《英夷非不可制應嚴諭將英船新到煙土查明全繳片，籌辦夷務始末（道光朝），第一冊》／北京：中華書局，（1960：127—129）

❹ 連東《鴉片經濟：以中國、東南亞和印度為視域（1602—1917）》／北京：社會科學文獻出版社，（2013：223—227）

❺ 茅海建《天朝的崩潰：鴉片戰爭再研究》／北京：三聯書店，（2005：400）

❻ 譚樹林《美國傳教士伯駕在華活動研究》／北京：群言出版社，（2010：176）

❼ 同上：172—184

❽ 包世臣《安吳四種：齊民四術，致廣東按察姚中丞書》

❾ 楊國楨《林則徐傳》／北京：人民出版社，（1995：354—355）

❿ 《籌辦夷務始末（道光朝）第一冊》／北京：中華書局，（1960：348）；張喜《撫夷日記》

⓫ 《籌辦夷務始末（道光朝）第一冊》／北京：中華書局，（1960：280—287）

⓬ 張集馨《道威宦海見聞錄》／北京：中華書局，（1981：154）

⓭ 馬士《中華帝國對外關係史（卷一）》／張匯文等譯，上海：上海世紀出版集團，（2006：718）

⑭《會審琦善親供：鴉片戰爭第四冊》，中國史學會主編／神州國光社，（1954：209—214）
⑮《籌辦夷務始末（道光朝）第一冊》／北京：中華書局，（1960：327—335）
⑯賓漢《英軍在華作戰記．鴉片戰爭第五冊》，中國史學會主編／神州國光社，（1954：95）
⑰《籌辦夷務始末（道光朝）第一冊》／北京：中華書局，（1960：340—341）
⑱包世臣《安吳四種：齊民四術，答果勇侯書》
⑲茅海建《天朝的崩潰：鴉片戰爭再研究》／北京：三聯書店，（2005：223—225）
⑳《籌辦夷務始末（道光朝）第一冊》／北京：中華書局，（1960：428）
㉑亨特《廣州番鬼錄：舊中國雜記》／馮樹鐵、沈正邦譯，廣州：廣東人民出版社，（2009：429）
㉒馬士《中華帝國對外關係史（卷一）》／張匯文等譯，上海：上海世紀出版集團，（2006：718）
㉓茅海建《天朝的崩潰：鴉片戰爭再研究》／北京：三聯書店，（2005：293—309）
㉔黃宰均《金壺七墨：附羊城日報七則、伍紹榮等》
㉕亨特《廣州番鬼錄：舊中國雜記》／馮樹鐵、沈正邦譯，廣州：廣東人民出版社，（2009：146）
㉖《籌辦夷務始末（道光朝）第二冊》／北京：中華書局，（1960：330）
㉗《籌辦夷務始末（道光朝）第二冊》／北京：中華書局，（1960：367，442—443）
㉘章文欽《廣東十三行與早期中西關係》／廣州：廣東經濟出版社，（2009：64）

第九章

❶ 倪玉平《道光王朝》／北京：中國青年出版社，（2008：202—209）
❷ 《籌辦夷務始末（道光朝）第一冊》／北京：中華書局，（1960：673—675）
❸ 包世臣《安吳四種：齊民四術，致前大司馬許太常書》
❹ 威廉．烏克斯《茶葉全書（上卷）》／儂佳等譯，上海：東方出版社，（2011：172—182）
❺ 章文欽《廣東十三行與早期中西關係》／廣州：廣東經濟出版社，（2009：65）
❻ 董叢林《華工史話》／北京：社會科學文獻出版社，（2011：28—60）
❼ 雷麥《外人在華投資》／蔣學楷譯，北京：商務印書館，（1959：181—182）
❽ 徐珂《清稗類鈔：農商類》
❾ 馬士、宓亨利《遠東國際關係史》／姚曾廙譯，上海：上海書店出版社，（1998：140）
❿ 王垂芳《洋商史：上海，1843—1956》，上海：上海社會科學出版社，（2007：185—189）
⓫ 徐珂《清稗類鈔：農商類》
⓬ 章文欽《廣東十三行與早期中西關係》／廣州：廣東經濟出版社，（2009：96—128）
⓭ 李榕《十三峰書屋全集（卷七），湘潭縣梅震榮到任稟批》
⓮ 劉蓉《養晦堂文集（卷八）：複李筱泉制軍書》
⓯ 曾國藩《討粵匪檄》
⓰ 章文欽《廣東十三行與早期中西關係》／廣州：廣東經濟出版社，（2009：68—70）
⓱ 同上：70—76
⓲ 張幼珊《果庵隨筆》

茶金帝國與海上絲路 II
廣東十三洋行的變遷與重生

作　　者　羅三洋

發 行 人　林敬彬
主　　編　楊安瑜
編　　輯　王藝婷、李睿薇
內頁編排　方皓承
封面設計　陳語萱
編輯協力　陳于雯、高家宏

出　　版　大旗出版社
發　　行　大都會文化事業有限公司
11051 台北市信義區基隆路一段 432 號 4 樓之 9
讀者服務專線：（02）27235216
讀者服務傳真：（02）27235220
電子郵件信箱：metro@ms21.hinet.net
網　　　址：www.metrobook.com.tw

郵政劃撥　14050529 大都會文化事業有限公司
出版日期　2021 年 12 月初版一刷
定　　價　420 元
ISBN　978-626-95163-4-6
書　　號　History-148

◎本書由重慶指文化行文化傳播有限公司授權繁體字版之出版發行。
◎本書如有缺頁、破損、裝訂錯誤，請寄回本公司更換

國家圖書館出版品預行編目（CIP）資料

茶金帝國與海上絲路 II: 廣東十三洋行的變遷與重生 /
羅三洋著. -- 初版. -- 臺北市 : 大旗出版社 :
大都會文化發行, 2021.12
352 面 ; 17X23 公分
ISBN 978-626-95163-4-6(平裝)
1. 國際貿易史 2. 明代 3. 清代

558.092　　　　110018725